新编21世纪高等职业教育精品教材·金融类

区块链金融

Blockchain Finance

主 编 李 馨 石立哲
副主编 王绪峰 卢 毅

中国人民大学出版社
·北京·

图书在版编目（CIP）数据

区块链金融 / 李馨，石立哲主编 . -- 北京 ：中国人民大学出版社，2023. 6
新编 21 世纪高等职业教育精品教材. 金融类
ISBN 978-7-300-30863-0

Ⅰ. ①区… Ⅱ. ①李… ②石… Ⅲ. ①区块链技术-应用-金融-高等职业教育-教材 Ⅳ. ①F830. 49

中国版本图书馆 CIP 数据核字（2022）第 138919 号

新编 21 世纪高等职业教育精品教材 • 金融类
区块链金融
主　编　李　馨　石立哲
副主编　王绪峰　卢　毅
Qukuailian Jinrong

出版发行	中国人民大学出版社		
社　　址	北京中关村大街 31 号	**邮政编码**	100080
电　　话	010－62511242（总编室）		010－62511770（质管部）
	010－82501766（邮购部）		010－62514148（门市部）
	010－62515195（发行公司）		010－62515275（盗版举报）
网　　址	http://www. crup. com. cn		
经　　销	新华书店		
印　　刷	北京溢漾印刷有限公司		
开　　本	787 mm×1092 mm　1/16	**版　　次**	2023 年 6 月第 1 版
印　　张	13. 5 插页 1	**印　　次**	2025 年 6 月第 2 次印刷
字　　数	292 000	**定　　价**	38. 00 元

前言

Preface

党的二十大报告指出："完善科技创新体系。坚持创新在我国现代化建设全局中的核心地位。完善党中央对科技工作统一领导的体制，健全新型举国体制，强化国家战略科技力量……提升国家创新体系整体效能……形成具有全球竞争力的开放创新生态。"并提到："加快实施创新驱动发展战略……加快实现高水平科技自立自强。以国家战略需求为导向，集聚力量进行原创性引领性科技攻关，坚决打赢关键核心技术攻坚战。加快实施一批具有战略性全局性前瞻性的国家重大科技项目，增强自主创新能力。"

区块链作为一项颠覆性技术，正在引领全球新一轮技术变革和产业变革，推动"信息互联网"向"价值互联网"变迁。区块链技术利用自身去中心化、可追溯、难篡改、公开透明等特点，解决了金融领域诸多业务痛点，并与金融场景不断融合创新，在支付结算、供应链金融、电子发票、国际贸易等领域展开广泛探索。区块链技术在推动新的技术革新和产业变革方面显示出了巨大潜能，必将成为数字经济时代未来发展的一项核心技术。金融业应顺应时代发展潮流，积极探索"区块链＋金融"深度融合的创新模式为业务创新发展赋能，充分发挥区块链在解决金融行业信任、效率、成本控制、风险管理以及数据安全等方面问题的巨大潜能，进一步推动资产数字化和产业数字化转型，重构传统金融的运作方式，紧密融合实体和金融产业，打造行业新业态。为满足高职高专财经商贸类专业的教学需求，了解前沿技术，我们特编写了本书。

本书主要从区块链技术、区块链金融应用和区块链金融监管三个方面入手。第一部分为第一章到第三章，介绍了区块链技术，主要包括区块链导论、区块链的组成与基本原理和智能合约基本原理。第二部分为第四章到第十章，详述了区块链金融应用场景，主要涵盖区块链金融基础、区块链电子发票、区块链跨境支付、区块链供应链金融、区块链国际贸易、区块链保险、数字货币，每一章均讲述了传统领域的概况、痛点以及区块链技术解决方案和典型案例。第三部分为第十一章，讲述了区块链金融监管。

本书是双元制教材，充分体现了校企合作和兄弟院校合作精神。本书的结构框架和写作思路由李馨、石立哲和卢毅共同承担。各章分工为：第一、二章由北京智谷星图科技有限公司卢毅和山东劳动职业技术学院王绪峰团队撰写，第三章由四川财经职业学院余忻潼撰写，第四、五章由四川财经职业学院李馨撰写，第六章由武汉软件工程职业学院程瑶撰写，第七章由四川财经职业学院李琳撰写，第八、十章由武汉软件工程职业学院石立哲撰写，第九章由四川财经职业学院王超撰写，第十一章由四川财经职业学院王倩倩撰写。全书由李馨、石立哲任主编，王绪峰、卢毅任副主编。

在本书编写中我们力求完美，但限于编者水平，书中难免有不妥之处，望广大读者批评指正，不胜感激。

编　者

2023 年 4 月

目录
Contents

第一章
区块链导论

思维导图

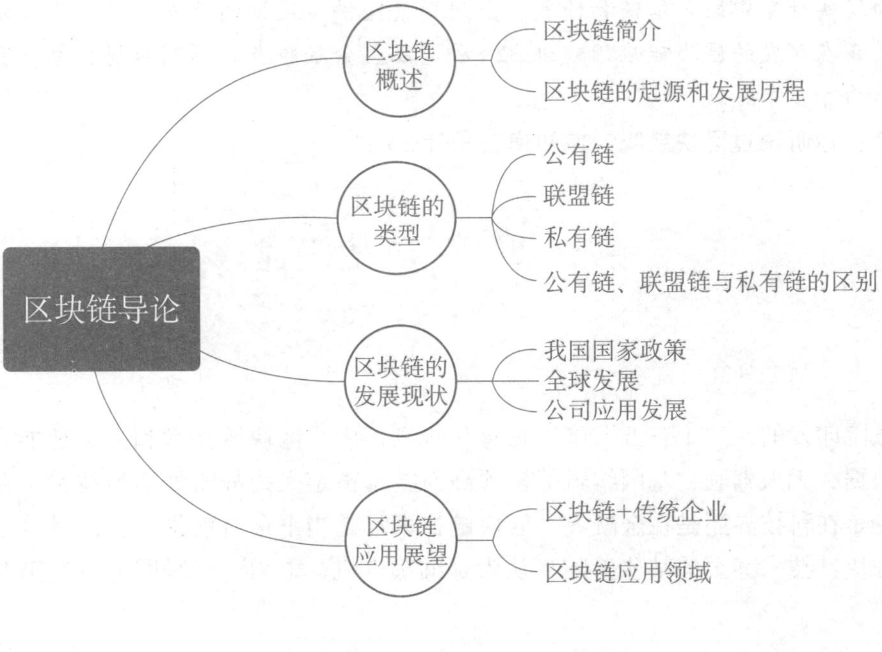

知识目标

1. 掌握区块链的基本概念、特性及分类，学会根据不同的场景区分区块链的种类；
2. 了解区块链的发展历程，能够说出区块链 1.0 到 3.0 的主要发展方向；
3. 了解区块链的发展现状以及应用展望。

能力目标

能够理解区块链在传统企业的应用，说出几个典型的应用领域。

案例导入

区块链元年的由来

2016 年经常被人们称为区块链元年，因为在这一年，区块链技术的价值真正被世界所认可。这一年，各国政府开始研究准备发行自己的数字货币，超过 50 家世界级银行组成联盟研发区块链银行间服务，上千家区块链行业的创业公司如雨后春笋般兴起。

2016 年 1 月，“以太坊”这个名不见经传的区块链品牌的总市值仅有 7 000 万美元。在短短两个月之后，以太坊市值最高上涨到 11.5 亿美元，涨幅达 1 600%。而此时，大家才慢慢发觉以太坊这个区块链底层应用平台的真正价值。以太坊在比特币的区块链技术基础上添加了智能合约功能。所谓智能合约，其本质是“合同”与“仲裁者”的合体。传统意义上的合同，仅规定了合同的内容，而合同中所规定的权利义务则由执法机关保护。而智能合约由于使用代码的方式，保证了合同的条款的强制执行力；将智能合约与区块链相结合，使得合约的条款一旦设定，就没有第三方可以篡改。以太坊的智能合约技术，为现实世界中缺乏信任和仲裁的应用场景提供了便捷的开发工具。基于以太坊平台，当前正在研发的区块链应用超过 328 种，涵盖金融服务、预测市场、电子竞技、彩票和云算力等多个领域。

思考：你听说过区块链吗？你知道它是什么吗？

第一节　区块链概述

一、区块链简介

国务院印发的《“十三五”国家信息化规划》中，区块链技术和人工智能、虚拟现实、大数据、无人驾驶、基因编辑等多项高新技术被定义为战略性前沿技术。在此前提下，无论是在科技界还是在金融界，区块链技术都是当下最有前景但又最具分歧的技术之一。区块链技术甚至被某些追随者认为是继蒸汽机、电力、互联网之后的第四次工业革命的关键技术之一。目前，区块链技术已经成为全球关注的焦点，从上市公司到初创企业，从商业领袖到技术“大咖”，从行业联盟到国家战略，纷纷投身这个充满可能性的技术领域。

（一）区块链的定义

近两年，比特币被炒得沸沸扬扬，并且价格跌宕起伏。而在比特币发展的起起伏伏中，有一个既陌生又熟悉的名词——“区块链”进入人们的视野，被越来越多的人所提起。那么，区块链究竟是什么？

区块链是一种计算机技术，最初作为比特币实现的底层技术。后来因为此技术的应用模式采用了分布式数据存储、点对点网络、共识机制、加密算法等特点，逐渐受到重视。

根据工信部指导发布的《中国区块链技术和应用发展白皮书（2016）》的内容来解释区块链：

> 狭义来讲，区块链是一种采用密码学算法和链式关联结构组织数据块，由参与节点共同维护以保证数据几乎不可能被修改、最终保证数据一致性的分布式数据存储技术；是一种按照时间顺序将数据块以顺序相连的方式组合成的一种链式数据结构，并以密码学方式保证的不可篡改和不可伪造的分布式账本。
>
> 广义来讲，区块链是指在所有节点均不可信的点对点网络中，通过共识机制和经济学常识建立信任机制，并最终实现节点数据存储一致性的网络系统。

专业的解释或许有些拗口，我们可以从生活中理解区块链到底是什么。

举例来讲：现金在我们生活中的存在感越来越低，大到商场，小到水果摊，都可以使用微信二维码或者支付宝二维码来支付，钱财逐渐变成大家线上支付的一个一个数字，而且大家都相信，这些数字确实代表财富。微信或者支付宝记录了每个人的每一笔账目，相当于为千千万万用户记账的“账本”，所有用户的收入和支出都变成了数字，由“账本”记下来。所以，只要有一个可靠的账本，能够把账记清楚，哪怕是没有实体的钱币，整个交易系统也不会乱套。

以上内容我们称为传统的线上支付，虽然表面上看只是交易双方的直接交易，但是实际上，每一笔交易的背后都有一个第三方的交易中介。这个中介往往是一个值得信赖的权威机构，比如政府、银行或者一些大公司；这个中介也是一个交易中心，负责记录系统中的每一次交易信息，并且把这些信息整理成一个巨大的账本，但是一旦这个交易中心被黑客攻击或是账本被恶意篡改，那整个系统就可能因此陷入危机。

而在基于区块链的交易系统中，并不存在这样一个传统的交易中心，所以整个交易系统也就没有从中心崩溃的风险。在区块链系统里，每个节点都有机会参与记账，每发生一次交易，系统会选择记账最好最快的节点，把交易内容记到账本上，并且把交易信息广播到整个交易系统里，然后系统中的所有节点备份，使每个节点都有相同的账本。这样区块链系统中的账本就并不是由一个单一的交易中心掌管的，而是同时由系统中的每一个参与者共同掌管，是去中心化的，除非黑客可以同时攻击系统中的所有节点，否则这个账本就不会消失。延伸来讲，最好最快的节点获得了记账权，系统会给予数字奖励，类似我们玩游戏获得的经验值等，而这个奖励在比特币系统里就是我们现在说的比特币了。

在传统的中心化记账模式中，有大众信任的中心化机构帮我们记账，比如淘宝的账本是由阿里巴巴进行记账的，阿里巴巴保证数据的真实性。那么在去中心化的区块链系统中，怎么保证账本数据的真实性呢？

这就要靠区块链中一些基于密码学的规则。在区块链系统中，每过一段时间，就会产生一个新的区块（也就是“账本”），用来存储刚刚产生的交易信息（也就是“记账”）。

但是系统中有很多节点（也就是区块链系统中的参与者），该让哪个节点进行记账呢？在区块链系统中，所有节点必须竞争解决一个密码学的难题，谁先给出答案，谁就能获得记账权，并获得一定的奖励。第一个解决难题的节点会把答案记在这个区块的末尾，并且向全系统广播这个完整的区块，其他的节点收到这个消息，得知这个难题已经被解决之后，就会停下手中的工作去解决下一个区块的难题。而前一个区块的哈希函数值会放在下一个区块的开头。这样，这些难题就像成语接龙一样，把一个个区块串成了一个链条，这样就形成了区块链。

刚刚所说的密码学难题，就是找到一个随机数，把这个随机数添加到区块末尾之后，可以使整个区块的哈希函数值的前 N 位变成 0。

任何长度的数据都可以通过哈希函数转化为一个 256 位的 0 和 1 组成的代码（见图 1-1），原数据任意一点小小的改都会使最后的代码发生巨大的变化，并且不可能从某个已知代码逆推出原本数据是什么。所以，如果想要得到一个特定的代码，除了穷举（一个一个地试）之外没有别的办法。

图 1-1　哈希运算示意图

如果有人想要篡改其中某一个区块的内容，不仅需要重新破解这个区块上新的难题，而且要把链上这个区块之后所有的难题都解决，相当于以一己之力对抗系统中其他所有的人，并且在相同的时间内完成加倍的工作量，当系统中有很多人参与时，这种操作可以说是不可能完成的。

2008 年，中本聪根据比特币的模型，让区块链技术破壳而出。因为比特币交易的底层技术就是运用了区块链技术，而比特币运行多年都非常稳定，所以人们注意到了比特币的底层技术。但区块链技术并不局限于数字代币。作为一个在没有强大中介参与的情况下依旧安全可信的数据管理系统，区块链技术或许可以帮助解决金融、产权、公益、物联网等很多领域的问题，给整个社会带来翻天覆地的变化。

（二）区块链的特性

通常，一个成熟的区块链系统具备透明可信、防篡改可追溯、隐私安全保障以及系统高可靠四大特性。

1. 透明可信

（1）“人人”记账保证“人人”获取完整信息，从而实现信息透明。

在去中心化的系统中，网络中的所有节点均是对等节点，大家平等地发送和接收网络中的消息。因此，系统中的每个节点都可以完整观察系统中节点的全部行为，并将观察到的这些行为在各个节点进行记录，即维护本地账本，整个系统对于每个节点都具有透明性。

这与中心化的系统是不同的，中心化的系统中不同节点之间存在信息不对称的问题。中心节点通常可以接收到更多信息，而且中心节点也通常被设计为具有绝对的话语权，这使得中心节点成为一个不透明的黑盒，而其可信性也只能借由中心化系统之外的机制来保证。

（2）节点间决策过程共同参与，共识算法保证可信性。

区块链系统是典型的去中心化系统，网络中的所有交易对所有节点均是透明可见的，而交易的最终确认结果也由共识机制保证了在所有节点间的一致性。所以整个系统对所有节点均是透明、公平的，系统中的信息具有可信性。

所谓共识，简单理解就是指大家达成一致的意思。其实在现实生活中，有很多需要达成共识的场景，比如投票选举、开会讨论、多方签订一份合作协议等。而在区块链系统中，每个节点通过共识机制来让自己的账本跟其他节点的账本保持一致。

2. 防篡改可追溯

现在很多区块链系统都利用了防篡改可追溯这一特性，使得区块链技术在物品溯源等方面得到了大量应用。

“防篡改”和“可追溯”可以被拆开来理解。“防篡改”是指交易一旦在全网范围内经过验证并添加至区块链，就很难被修改或者抹除。刚刚我们介绍了区块链的共识机制，一方面，这从设计上保证了交易一旦写入区块便无法被篡改；另一方面，区块链系统的篡改难度及花费都是极大的。若要对此类系统进行篡改，不仅需要重新破解这个区块上新的难题，而且要把链上这个区块之后所有的难题都解决，这需要攻击者控制全系统超过51%的算力。且攻击行为一旦发生，区块链网络虽然最终会接受攻击者计算的结果，但是攻击过程仍然会被全网见证，当人们发现这套区块链系统已经被控制以后便不再会相信和使用这套系统，这套系统也就失去了价值，攻击者为购买算力而投入的大量资金便无法收回，因此一个理智的个体不会进行这种类型的攻击。在此需要说明的是，“防篡改”并不等于不允许编辑区块链系统上记录的内容，只是整个编辑的过程被以类似“日志”的形式完整记录了下来，且这个“日志”是不能被修改的。

“可追溯”是指区块链上发生的任意一笔交易都是有完整记录的，我们可以针对某一状态在区块链上追查与其相关的全部历史交易。“防篡改”特性保证了写入进区块链上的交易很难被篡改，这为“可追溯”特性提供了保证。

3. 隐私安全保障

区块链的去中心化特性决定了区块链的“去信任”特性：由于区块链系统中的任意节点都包含完整的区块校验逻辑，因此任意节点都不需要依赖其他节点完成区块链中交易的确认过程，也就是无需额外地信任其他节点。“去信任”特性使得节点之间不需要互相公开身份，因为任意节点都不需要根据其他节点的身份进行交易有效性的判断，这为区块链系统保护用户隐私提供了前提。

区块链系统中的用户通常以公私钥体系中的私钥作为唯一身份标识，用户只要拥有私钥即可参与区块链上的各类交易。至于谁持有该私钥则不是区块链所关注的事情，区块链也不会去记录这种匹配对应关系，因此区块链系统只知道某个私钥的持有者在区块链上进行了哪些交易，但并不知道这个持有者是谁，进而保护了用户隐私。

从另一个角度看，快速发展的密码学为区块链中用户的隐私提供了更多保护方法。同态加密、零知识证明等前沿技术可以让链上数据以加密形态存在，任何不相关的用户都无法从密文中读取到有用信息，而交易相关用户可以在设定权限范围内读取有效数据，这为用户隐私提供了更高层次的保障。

4. 系统高可靠

区块链系统的高可靠体现在以下方面：

（1）每个节点对等地维护一个账本并参与整个系统的共识。也就是说，如果其中某一个节点出了故障，整个系统依然能够正常运转。这就是为什么我们可以自由加入或者退出比特币系统网络，而整个系统仍然工作正常。

（2）区块链系统支持“拜占庭容错”。传统的分布式系统虽然也具有高可靠特性，但是通常只能容忍系统内的节点发生崩溃现象或者出现网络分区的问题，而系统一旦被攻克，或者说被修改了节点的消息处理逻辑，则整个系统都将无法正常工作。

二、区块链的起源和发展历程

图 1 - 2 为区块链发展示意图。下面将详述区块链的起源和发展历程。

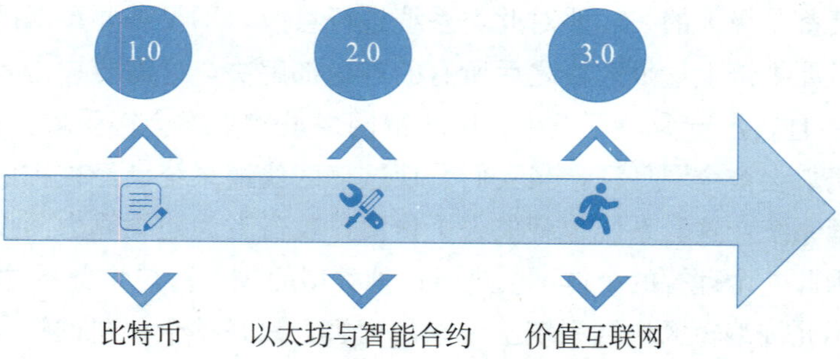

图 1 - 2　区块链发展示意图

（一）区块链 1.0——比特币

说到比特币的诞生，就不得不提到中本聪这个神秘人物。在 2008 年全球金融危机中，他发现美国政府可以无限增发货币，因为在这个体系里只有美国政府有记账权。中本聪觉得这样很不合理，于是他思考能不能有这样一种现金支付体系：它不需要一个中心来记账，大家都有记账的权力，货币不能超发，整个账本完全公开透明，十分公平。这就是比特币产生的原因和动机。

中本聪之所有这种想法，相信大家也已经看到了原因所在。

货币记账必须有一个地方来记账，必须有一个记账方，这个记账方多数时候是银行或第三方支付机构等，这是一个中心化的记账方式。中心化是由银行或第三方支付机构的信用来担保的，如果银行受到类似黑客的攻击，数据是有可能被篡改的，并且它高度依赖银行的信用，如果银行失信，就存在不安全的可能。

而如果由一个中心变为多个中心，由原来只能由银行记账，变成了人人都能参与记账，是不是就可以化解这个问题呢？是的，这也就是“去中心化”概念的由来，也是中本聪发明了比特币的由来。

比特币实现了在没有中心机构记账的情况下，能够安全地进行货币的发行、记账和激励。而比特币的底层技术，正是区块链技术。

那么我们来详细看看，比特币到底是怎么诞生的。

中本聪的《比特币白皮书》最早发布于密码朋克电子邮件组里。

1992 年，英特尔的高级科学家蒂姆·梅（Tim May）发起了密码朋克电子邮件组。

1993 年，埃里克·休斯（Eric Hughes）写了一本书，叫《密码朋克宣言》，正式提出“密码朋克”（Cypherpunk）的概念。《密码朋克宣言》的发布，宣告着密码朋克正式成为一项运动。

1997 年，亚当·巴克（Adam Back）发明了哈希现金（Hashcash）算法机制，他提出用时间戳确保数位文件安全的协议。这就是今天区块链技术的雏形，这种技术保证了数据的可追溯以及不可篡改。

1999 年，创立 Napster 的尚恩·范宁（Shawn Fanning）与沙恩·伯克（Shaun Parker）对点对点网络技术进行开发。

2005 年，哈尔·芬尼（Hal Finney）设计了“工作量证明机制”（POW）的前身——“可复用的工作量证明”（RPOW）。

2008 年，中本聪发表《比特币：一种点对点的电子现金系统》。据统计，比特币诞生之前，失败的数字货币或支付系统多达数十个，其中不少密码朋克的活跃用户就有参与其中。这些失败的实验，也给了中本聪很多灵感和技术上的铺垫。

2010 年 12 月 12 日，中本聪在比特币社区发布最后一个帖子后消失了，再未现身。之后加文·安德烈森（Gavin Andresen）以首席科学家的身份接管了比特币网络。

后来，随着比特币在全球的发展，比特币在不同的国家受到不同的政策对待。一谈起比特币，人们就闻声色变。于是人们就想着用另外的词语来代替比特币底层技术。恰巧的是，人们把之前提到过的时间戳、工作量证明机制等技术综合起来，提出了“区块”和“链”的概念，英文分别叫作 block 和 chain，两个单词合并起来，组成了“区块链”

(Blockchain)，用来指代所有底层技术的集合。

因此，区块链是计算机技术，但不是一个单一的技术，而是一系列技术的集合。

比特币则是通过“挖矿”来生成的，而“挖矿”实质上是通过用计算机解决一项复杂的数学问题，来保证比特币网络分布式记账系统的一致性。比特币网络会自动调增数学问题的难度，让整个网络得到一个合格的答案。随后比特币网络会新生成一定量的比特币作为赏金，以奖励获得答案的人。

（二）区块链 2.0——以太坊与智能合约

接着，我们来看看区块链 2.0 的时代，关于以太坊与智能合约。

1. 以太坊的诞生

说起以太坊，就不得不提它的传奇创始人——19 岁就创建了以太坊的天才少年维塔利克·布特林（Vitalik Buterin)。

Vitalik 在中学时，和很多中学生一样，痴迷于一款网络游戏《魔兽世界》，他经常沉迷在游戏世界中。直到有一天，当时的暴雪娱乐公司（《魔兽世界》的制作公司）决定移除游戏的损坏部分，导致 Vitalik 最喜爱的游戏形象被碎化了。从这件事之后，Vitalik 开始意识到中心化的弊端，这对他之后的行动和思想，产生了深刻的影响。

高中毕业后，Vitalik 进入加拿大滑铁卢大学，攻读计算机专业。然而入学仅 8 个月后，由于学业让 Vitalik 无法全心投入加密货币的探索中，他选择了辍学。辍学之后 Vitalik 便专心研究区块链技术，与此同时，他开始周游各国，结交各类加密货币技术极客，和全球的区块链爱好者一起交流，投入比特币的转型工作中。

当时全球的比特币爱好者都在努力地为比特币添加各种新功能，打造比特币 2.0。也正是这个时候，Vitalik 同时在为以太坊的诞生做准备。

在 Vitalik 看来，出于安全的考虑，中本聪使用了复杂的脚本语言来编写比特币协议，因此当时大多改良比特币的想法，都会使得比特币的安全性下降，更容易受到黑客的攻击。于是，Vitalik 决定重新打造一个新的图灵完备的区块链平台，让所有的开发者能在这个新平台上构建自己的区块链应用程序。

很快，2013 年底，19 岁的 Vitalik 便写出了《以太坊白皮书》。他向比特币社区提出过自己的设想，想将想法融入现有的比特币系统中来，然而被比特币社区拒绝。随后，他开始招募开发者，进行以太坊的开发工作，并于 2014 年成立了非营利组织以太坊基金会。2014 年，20 岁的 Vitalik 超越 Facebook 的创始人马克·扎克伯格，获得了 2014 年的世界科技奖，赢得了来自硅谷著名风险投资人彼得·蒂尔的 10 万美元奖金。

在 2014 年迈阿密举办的比特币会议中，Vitalik 宣布了以太坊计划，向全世界的加密货币爱好者展示了以太坊，受到了众多加密货币爱好者的认可和支持。

2. 以太坊的含义

那么，以太坊究竟是什么，发展得如何呢？

从 2013 年《以太坊白皮书》发布至今，以太坊在智能合约领域里一直处于非常领先的地位，目前它是全球知名、应用广泛的区块链智能合约底层平台。

以太坊建立了一个可编程的、图灵完备的区块链。在这个区块链之上，用户可以通过简单的程序实现各类数字资产的生产，也可以通过编写程序对以太坊上流通的区块链资产的状态进行精确地控制，比如这个资产是待支付还是被锁定还是有额度限制、这个账户是黑名单还是白名单、以太坊和其他数字资产的自动兑换等。在以太坊，任何人都能创建和使用基于区块链技术的去中心化的应用程序。与比特币一样，没有人控制或拥有以太坊，它是一个由全世界的许多人所共同创建的开源项目。不同于比特币的是，以太坊被设计成灵活的、可根据需求修改的模式。

以太坊是建立在区块链技术和区块链资产的概念之上的一个全新开放的区块链平台。它允许任何人在平台上通过使用区块链技术建立和运行去中心化的应用。

3. 以太坊面临的问题

但是以太坊也面临一些问题和挑战。第一，以太坊的吞吐量较低，吐出量即每秒可以支持多少笔交易，当前的以太坊主链速度的确很慢，平均每秒仅能向区块链中装入 30 笔交易；第二，以太坊的拓展性较差，所有合约、交易都跑在一个相同的主链上，无法满足定制化需求，且一个主链速度过慢，会影响平台上所有的应用；第三，以太坊的安全性被质疑，区块链智能合约是图灵完备的，也就是说具备完整的编程能力，而以太坊的智能合约学习门槛又特别低，这也造成了很多人直接操作，忽略了许多细节，存在权限问题、溢出问题等。

4. 智能合约

那么智能合约又是什么呢？1993 年，华盛顿大学前法学教授尼克·萨博（Nick Szabo）首先提出了“智能合约”的概念：智能合同是一种执行合同条款的计算机化的交易协议。那个时候还没有区块链，尼克·萨博描述它是一种数字自动售货机。

智能合约，英文为 Smart Contract，可以理解为可以由信息化方式传播、验证或执行的计算机协议。方便起见，我们可以把智能合约理解为区块链环境里一种在满足一定的条件时，就可以执行的代码。例如自动售货机，就类似一个智能合约系统：顾客向自动售货机投入足够的硬币，按下按钮；售货机接收到这个信息后，将货物从出货口放出来；然后售货机回到最初的等待状态，等待下一次被触发。

智能合约允许在没有第三方的情况下进行可信交易，这些交易可追踪且不可逆转。智能合约使得区块链的扩展性更强，且实现上更简洁。

在区块链领域，很多的公有链都具有智能合约的功能，且实现方式各有不同。以太坊的智能合约，是一个最重要的代表，它开启了区块链 2.0 时代，可以说以太坊是由区块链和智能合约组成的。

（三）区块链 3.0——价值互联网

互联网的出现极大地降低了信息传递的成本，使得信息可以以极低的成本在全球自由、迅速地传输，信息的交换变成了一件简单的事情。但互联网在给人们生活带来便利的同时，也暴露出种种弊端，例如高度中心化、信任缺失、价值垄断等。

区块链技术通过分布式账本、点对点传输、加密算法、共识机制等技术手段，解决了传统互联网存在的公平、信任和价值传递等问题，逐步实现从现阶段“信息互联网”到“价值互联网”的转变。

区块链价值的传递，不同于互联网的信息传递。互联网不依赖于某一机构或者某一国家而运行。在这个网络世界里，人们可以很轻易地传送信息。不论你是在美洲，还是在非洲，甚至在太空，只要有互联网，就能实现点对点的信息传递，而互联网传递信息的方式是复制。假如你有一张照片，传给了朋友，其实不是把照片本身传给了朋友，而是发给了他一份副本。照片副本传递给你朋友之后，你手里还有这张照片，你朋友手机里多了一张照片的副本而已。

互联网这种通过副本的传递信息方式，在诸如版权、货币、票据等价值载体的传递中会出现问题。举一个例子，你给别人转过去一笔钱，你自己将不可能再拥有这笔钱。

价值传递和信息传递的区别在于：价值的传递要求信息的传递与价值的转移同时进行。而区块链就是这样一个在没有中心化机构的情况下，能够实现在全球范围内的价值传递的技术。如同互联网将人类社会带入信息时代一样，区块链有可能成千上万倍地加速人类资产的交换，人类社会将有可能进入一个全新的价值交换时代。

总结三个阶段，互联网的发展，也伴随着区块链技术的成长。中本聪为了避免中介存在所产生的各种问题，提出了比特币电子支付系统，建立了一个全球共享、去中心化的分布式账本系统，于是出现了以比特币为代表的区块链 1.0 时代。

随着时间的推进，区块链技术早已不是原先单纯的数字货币发行和投资，以太坊和智能合约开启了区块链 2.0 时代。以太坊搭建了一个可以共享的开源区块链底层技术的平台，使得区块链技术的应用得到了极大的增加和发展，不光是数字货币，所有的区块链应用都可以更快地实现落地。

在即将到来的区块链 3.0 时代，区块链将渗透到生产生活的方方面面，充分发挥审计、监控、仲裁和价值交换的作用，确保技术创新向着让人们的生活更加美好、让世界更加美好的目标发展。

第二节　区块链的类型

根据网络范围及参与节点特性，区块链可被划分为公有链、联盟链、私有链三类。

一、公有链（Public Blockchain）

公有链中的“公有”，就是指任何人都可以参与区块链数据的维护和读取，不受任何单个中心机构的控制，数据是完全开放透明的，它是所有人都可以参与的区块链，所有人都可以访问、发送、接受、认证交易的区块链网络，比如比特币、以太坊就是公有链。

在公有链系统中，每个人都可以参与共识过程。比如说你参加一个辩论赛，辩题是“公司李总是不是业务骨干”，所有人都有权参加这个辩论赛，没有人可以干涉你的发言，并且每个人都有权访问公司李总的“奋斗史”。更重要的是，你是匿名的，所以不用担心李总事后追究。一旦有 51%的人答案是肯定的，那么辩论赛将以“公司李总是业务骨干”结束，并且他将终生被贴上“业务骨干”的标签。

也就是说，公有链系统是完全去中心化的，没有中心机构管理，依靠事先约定的规则来运作，并通过这些事先约定好的规则在不可信的网络环境中构建起可信的网络系统。公有链一般适用于需要公众参与、需要最大限度保证数据公开透明的系统，比如说数字货币系统等。

但是公有链也有一些缺点。

在效率方面，一般而言，公有链中每个区块需要等待若干个基于它的后续区块的生成，才能够以可接受的概率认为该区块是安全的。但是对于大多数企业而言，这样效率太低，根本无法接受。

在隐私方面，公有链上传输和存储的数据都是公开可见的，这对于某些涉及大量商业机密和利益的业务而言是不可接受的。另外在现实世界的业务中，很多业务（比如银行交易、贷款）都有实名制的要求，因此在实名制的情况下，当前公有链系统的隐私保护确实令人担忧。

在激励方面，为促使参与节点提供资源，自发维护网络，公有链一般会设计激励机制，以保证系统健康运行。但现有大多数激励机制，在需要发行类似于比特币这类数字货币时，不一定符合各个国家的监管政策。

二、联盟链（Consortium Blockchain）

联盟链是指共识过程受到预选节点控制的区块链，由一个联盟组织构成并对其进行管理，写入需要授权接入，联盟成员共同维护区块链的健康运转。联盟链通常在多个相互已知身份的组织之间构建，比如多个银行之间的支付结算、多个企业之间的物流供应链管理、政府部门之间的数据共享等。因此，联盟链系统一般都需要严格的身份认证和权限管理，节点的数量在一定时间段内也是确定的，适合处理组织间需要达成共识的业务。联盟链是一种公司与公司、组织与组织之间达成联盟的模式。

比如说阿里巴巴、腾讯和百度在成都的分公司各有一个读书俱乐部，如果要组织 3 个读书俱乐部参加一次活动，需要 2 个俱乐部同意，这个活动才能进行，并且这 3 个俱乐部的个人信息，有可能允许每个人看到，也可能让某一个俱乐部看不到。所以联盟链只是部分去中心化，因为每个联盟都存在自己的中心化。

在效率方面，联盟链较公有链有很大提升。联盟链的成员之间互相知道彼此在现实世界的身份，支持完整的服务管理机制，成员服务模块提供成员管理的框架，定义了参与者身份及验证管理规划。在一定的时间内成员个数确定且节点数量远远小于公有链，成员对于要共同实现的业务在线下已经达成一致理解。

在隐私方面，联盟链和公有链相比，有更好的安全隐私保护。数据仅在联盟成员内开放，非联盟成员无法访问联盟链内的数据。即使在同一个联盟内，不同的业务之间的数据也进行一定的隔离。不同的厂商也会做大量的隐私保护增强，比如华为公有云的区块链服务提供了同态加密，对交易金额信息进行保护；通过零知识证明，对交易参与方身份进行保护等。

在激励方面，联盟链不需要代币进行激励。因为联盟链中的参与方为了共同的业务收益而共同配合，各自贡献算力、存储、网络的动力，所以它一般不需要通过额外的代币对成员进行激励。

在此介绍 3 个联盟链行业应用案例。

（一）商务合同

商务合同能够通过编码，使双方或更多参与者自动执行合约条款，并且保证诚信。虽然区块链上的信息本质上是公开的，但是商对商合约要求具备隐私保护的机制，来保护敏感的商业信息，防止信息泄露给同样能够访问账本的外部人员。

虽然说保密协议对商务合同而言很重要，但是也有很多场合需要也应该做到合约公开，从而保证账本上所有人员都能轻松获取消息。例如用来确定报价以供竞标的账本，这种合约就需要标准化，这样竞标人就可以很快获取信息。

（二）资产存管

金融证券之类的资产必须在区块链网络上实现去中心化，这样所有同种资产的利益相关方就能直接访问每一份资产，从而发起交易，获取相关信息，而不再需要通过层层中间人来进行。交易基本实现实时结算，而且也必须保证所有利益相关方能够实时掌握资产情况。对任何资产种类，利益相关方都应有权增加商务规则，这样也能通过自动化逻辑应用来减少运营成本。创造资产的人必须实现资产及相关交易规则保密或者公开。

（三）供应链

区块链框架必须保证供应链网络中的每一位参与者都能够输入并追踪原材料来源，记录部件生产的遥测数据，追踪航运商品的出处，保证包括成品生产、贮存、销售及后续事宜在内的所有记录都不可改变。除了前文描述过的商务合约及资产存管，供应链这一用例更多强调的是其深度搜索性，保证可以在过去的层层交易中追溯所需记录。其核心是为每一个从其他组件品中制造出来的商品创建出处。

三、私有链（Private Blockchain）

私有链与公有链是相对的概念，属于联盟链的一种特殊形态。所谓“私有”就是不对外开放，仅仅在组织内部使用。即联盟中只有一个成员，比如企业内部的票据管理、账务审计、供应链管理，或者政府部门内部管理系统等。私有链通常具备完善的权限管理系统，要求使用者提交身份认证。

所以在私有链环境中，参与方的数量和节点状态通常是确定的、可控的，且节点数目要远小于公有链。

在效率方面，私有链规模较小，同一个组织内已经有一定的信任机制，即不需要对付可能捣乱的人，确认和写入效率较公有链和联盟链都有很大的提高，与中心化数据库的性能相当。

在隐私方面，私有链大多在一个组织内部，因此可充分利用现有企业的信息安全防护机制，同时信息系统也是组织内部信息系统，相对联盟链而言隐私保护要求弱一些。相比传统数据库，私有链最大好处是加密审计和自证清白，没有人可以轻易篡改数据，即使发生篡改也可以追溯到责任方。

在激励方面，私有链不需要通过额外的代币进行奖励。

四、公有链、联盟链与私有链的区别

这三类区块链特性对比如表 1-1 所示。

表 1-1　区块链特性对比图

对比项目	公有链	联盟链	私有链
参与者	任何人自由进出	联盟成员	链所有者
共识机制	POW/POS 等	分布式一致性算法	SOLO/PBFT 等
记账人	全同参与者	联盟成员协商确定	链的所有者
激励机制	需要	可选	无
中心化程度	去中心化	弱中心化	强中心化
基本特点	信用的自创建	效率和成本优化	安全性高、效率高
承载能力	一般<100 笔/秒	一般<10 万笔/秒	视配置决定
典型场景	加密货币	供应链金融、银行、物流、电商	大型组织、机构
代表项目	比特币、以太坊	R3、Hyperledger	—

拓展阅读

区块链相关名词解释

共识机制：在分布式系统中，共识是指各个参与节点通过共识协议达成一致的过程。

去中心化：是相对于中心化而言的一种成员组织方式，每个参与者高度自治，参与者之间自由连接，不依赖任何中心系统。

多中心：多中心化是介于去中心化和中心化之间的一种组织结构，各个参与者通过多个局部中心连接到一起。

激励机制： 鼓励参与者参与系统维护的机制，比如比特币系统对于获得相应区块记账权的节点给予比特币奖励。

总结一下，公有链就是任何人可以自由地进出，联盟链核心的记账权属于联盟成员，私有链的记账权归属于链的所有者。三种区块链的共识机制也不一样，公有链一般是类似抽签式的共识，联盟链可能是投票式共识，因为它的节点是相对固定的。公有链的记账人是全网参与者，联盟链的记账人是联盟成员协商决定的，而私有链的记账人是链的所有者。在激励机制方面，公有链需要激励机制。联盟链可以要也可以不要激励机制，私有链不需要激励机制；公有链是去中心化的。联盟链是弱中心化的，而私有链是强中心化的；公有链的特点是信用的自创建，联盟链的特点是效率和成本优化，私有链的特点是安全性高、效率高。

央行数字货币就是典型的私有链。央行数字货币是由央行本身推出，归央行所有，相当于把国家的信用用区块链的方式进行传递，把主权国家的信任进行传递。联盟链的代表是 Facebook 的 Libra，相当于几个机构一起来做稳定币。比特币是典型的公有链，所有人都可以参与，没有中心，完全的去中心化，大家都可以参与。央行数字货币代表了主权国家在区块链方面的探索，联盟链代表了大公司在区块链的探索，公有链代表了普通群众在区块链的探索。

第三节 区块链的发展现状

一、我国国家政策

我国针对区块链这一新兴技术相继出台了相关国家政策。

2016 年 10 月，工信部发布《中国区块链技术和应用发展白皮书（2016）》。

2016 年 12 月，国务院印发《“十三五”国家信息化规划》，首次将区块链技术列入国家级信息化规划内容。

2017 年 1 月，国务院办公厅发布的《关于创新管理优化服务培育壮大经济 发展新动能加快新旧动能接续转换的意见》提到了区块链和其他技术交叉融合，构建若干产业创新中心和创新网络。

2018 年 5 月 20 日，工信部发布《2018 中国区块链产业白皮书（2018）》。

2018 年 6 月 23 日，CCTV-2《对话区块链》中提出了三大观点：

（1）区块链是互联网的第二个时代；

（2）区块链的价值是互联网的十倍；

（3）区块链是制造信任的机器。

2019 年 1 月，国家互联网信息办公室发布《区块链信息服务管理规定》，为区块链信息服务的提供、使用、管理等提供法律依据。

2019年10月24日，中央政治局就区块链技术发展现状和趋势进行第十八次集体学习。中共中央总书记习近平在主持学习时强调，区块链技术的集成应用在新的技术革新和产业变革中起着重要作用。我们要把区块链作为核心技术自主创新的重要突破口，明确主攻方向，加大投入力度，着力攻克一批关键核心技术，加快推动区块链技术和产业创新发展。

硅谷洞察在2019年的报告《全球区块链产业应用如人才培养白皮书》中提到，区块链和政府行业的结合点在于提高效率，要减少官僚主义带来的障碍、减少代理商之间的摩擦以及通过智能合约促进自动化。

总体而言，政府鼓励探索研究区块链技术的应用，以加速区块链的落地应用，服务实体经济，构建新型数字经济。目前我国的区块链项目大多还在探索阶段，监管政策有待完善。但是随着区块链技术的快速发展和政府相关政策的日渐完善，我国区块链产业的发展也会更加稳健。

二、全球发展

随着区块链逐渐成为价值互联网的重要基础设施，很多国家都积极“拥抱”区块链技术，开辟国际产业竞争新赛道，抢占新一轮产业创新的制高点，以强化国际竞争力。根据IBM的区块链相关研究报告数据显示，全球约有90%的政府正在规划区块链投资，并在2018年进入实质性阶段。

作为区块链技术的前沿阵地，美国将区块链技术上升到“变革性技术”，成立国会区块链决策委员会，不断完善与区块链技术相关的公共政策。

欧盟努力把欧洲打造成全球发展和投资区块链技术的领先地区，建立“欧盟区块链观测站及论坛”机制，加快研究国际级区块链标准，并为区块链项目提供资金。

韩国将发展区块链技术上升到国家级战略层面，全力构建区块链生态系统，推出“I-Korea 4.0区块链”战略，计划在物流、能源等核心产业内展开试点项目。

随着全球区块链发展的政策、技术和应用环境不断优化，新兴信息技术的发展和应用不断加速，各国抢占未来前沿领域技术优势的力度空前加大，国际竞争将更加复杂和激烈。

三、公司应用发展

近10多年的时间，区块链技术从概念走向实际应用，越来越多的资金流向区块链的创业企业及相关领域的创新项目。区块链凭其去中心化、不可篡改、可追溯等特性吸引着人们纷纷投身到这一新兴的技术领域。各国际金融巨头早已深度布局区块链领域。

例如，阿里巴巴在区块链领域已经布局数年，在金融、物流、电商诸多领域齐发力，旗下的蚂蚁金服更是中国拥有区块链专利最多的公司。现在，蚂蚁金服更是在一年一度的“双11”全民购物狂欢节中，将新兴的区块链技术与传统电商平台结合，正式上线蚂蚁区块链商品溯源，在售卖假货、交易失信、消费者信息泄露频繁的今天，为顾客的购物保驾护航。

在这次电商的变革中，商品不再由商家自主录入信息，而是用区块链技术将商品溯源系统数据上链，实现数据透明、共享，且不可篡改。天猫自建的这套溯源体系是通过蚂蚁区块链技术将商品溯源系统数据以联盟形式上链，相较于公链及私链更具备隐私性和可信度，充分加强了跨境电商平台买卖双方的信任感，有效促进了更多商品的交易。这种大规模的尝试对整个电商行业都起到了积极的推进作用。

除了大家熟知的阿里巴巴，还有各大行业的巨头公司，都早已在区块链领域默默布局。不管是国内的华为、小米、网易，还是国外的亚马逊、谷歌、微软等，在区块链领域，都已占领一席之地。例如：华为推出华为云区块链 BCS，小米推出加密兔，网易推出网易星球等，大有百花齐放之势；而谷歌、微软早在多年前就开始投资区块链创业公司，包括以太坊、Ripple 等；小米早在 2017 年 4 月就宣布启动基于区块链技术的数据营销协作技术，并在招聘平台发布了招募区块链相关人士的消息，开放包括区块链专家、资深区块链开发工程师等岗位。除此之外，腾讯、华为、苏宁等公司也纷纷颁布了自己的区块链白皮书，并发布了自己的 BaaS 平台。

不仅大公司，大银行也跻身区块链的浪潮中。央行旗下的中国印钞造币总公司（中钞集团）在杭州成立了中钞区块链技术研究院，布局区块链，研究央行法定数字货币。此外，中国银联、中国工商银行、中国农业银行和交通银行也是首批加入银行间市场区块链技术研究组的成员，着力于银行间市场区块链技术、监管及法律框架的前瞻性研究以及与 R3 等国际区块链联盟的联系。目前已有 10 多家商业银行“触链”，涉及 20 多个应用场景。其中，融资、数字票据和跨行支付 3 个场景应用范围最广，参与银行业最多。

大量主流金融机构都在有限尝试各区块链应用。华尔街投行是区块链金融应用的积极探索者，摩根大通、高盛还推出了自有区块链平台，正在积极构建基于自由区块链平台的新金融生态。

第四节　区块链应用展望

一、区块链+传统企业

（一）传统企业面临的问题

传统企业一般有以下几个普遍的问题：

1. 股权激励问题

传统企业通常通过分配股权的方式实现与某些员工的利益捆绑，避免核心员工离职造成企业损失。但是股份分配得过多，又容易产生企业控制权不牢靠的问题，影响企业的管理。

对上市公司而言，需要对股东负责，但普通用户只是使用公司的产品，产品好用就行，与公司股份无关；供应商想的是拿到货款就行，也与公司股份无关；公司大多数基层员工，主要收入来源是工资，同样与公司股份无关。

2. 行业竞争问题

一般企业只能在行业中自己的领域内自娱自乐，而通常情况下，人们知道的是领域内的巨头企业。在相同领域内各企业之间普遍存在竞争关系，这会产生大量的内耗。

3. 地域扩展问题

传统企业的业务很难跨地域、跨国界，即使是互联网企业，也存在这样的地域问题。

4. 用户疲劳问题

一些传统领域的业务，已经处于用户疲劳的阶段，很难再次获得用户特别的关注，需要强刺激才能带来质的变化。

（二）区块链能够提供的价值

针对上述几个问题，传统企业若引入区块链，可以：

1. 获得区块链的通证激励价值

对企业而言，通过通证实现员工与企业的利益捆绑，避免了用分配股权的方式来绑定员工的利益，既实现了股权节约，又可以激励员工，还能正常维持企业的核心管理和控制权；对于投资方而言，对股权持股时间的限制，无疑是很多投资人的担心所在，但通过对区块链通证模型的设置，可以激励通证的持有者，并允许投资人提前退出，降低风险；对企业运营的参与者而言，可以通过通证将他们“绑定到一条船上”，既让参与者享受到企业发展带来的利润，又能调动他们的积极性，达成一种共赢的关系。

2. 区块链可以带来行业生态价值

简单地说，区块链能够使得行业内成员从“自己玩”到“一起玩”。例如Q币，它可以实现在腾讯这一个体系内通用，是在体系内运行的一个典型的货币系统。例如航空积分，在联盟内，各个成员航空公司在某个市场、某条航线上成为伙伴，将航线网络扩大，通过航空积分可以将贵宾候机室共享、值机、买票等服务融入体系，使整个行业形成一个联盟服务系统。

3. 区块链能带来全球价值的流通

最初作为一个支付系统，比特币实现了全球化点对点的支付，真正地跨越国界、跨越地域。与蒸汽机打破物理国界、互联网打破信息国界一样，区块链也会打破金融国界。而正是因为这个特性，区块链让传统企业的业务范围有了跨越地域、跨越国界的能力，扩展了其业务的生态范围。

4. 区块链具有风口的价值

“风口”这个词在当今是一个高频热词，它是指一个机遇时间和机遇期。在这个风口下，区块链的技术优势和传统企业本身的商业驱动结合起来，会受到前所未有的关注。

二、区块链应用领域

那么区块链有哪些应用领域呢？

（一）金融

区块链能够提供信任机制，具备改变金融基础架构的潜力，各类金融资产如股权、债券、票据、仓单、基金份额等都可以被整合到区块链体系中，成为链上的数字资产，在区块链上进行存储、转移和交易。区块链的去中心化，能够降低交易成本，使金融交易更加便捷、直观和安全。区块链技术与金融相结合，必然会创造出越来越多的业务模式、服务场景、业务流程和金融产品，从而给金融市场、金融机构、金融服务及金融业态发展带来更多影响。随着区块链技术的改进及区块链技术与其他金融科技的结合，区块链技术将逐步适应大规模金融场景的应用。

区块链在金融领域的应用可以是交易清算、积分共享、保险、贸易金融等方向。

比如在保险方向，农业保险是国家大力支持发展的政策性保险之一，但是目前国内的商业保险公司经营农业保险的积极性并不高，其中的重要阻碍之一便是农业保险的风险结构具有特殊性，高风险与高赔付率并存，这也对农业保险的风控追踪以及真实性核查提出更高要求，而农业保险区块链可以在欺诈、灾害赔付即时响应上提供新支持。区块链技术具有“时间戳”功能，能够确保时间的唯一性，配合物联网或者生物识别技术，一旦数据经过验证并添加到区块链，将会被永久存储，不可篡改。此外，数据还能实时共享给农户投保的保险公司，使保险公司可以实时监控农业生产的全过程，对农户资产的风险评估也就更准确，提供了风险定价和风险控制的依据，降低保险的风控风险和评估成本。

（二）公共服务

传统的公共服务依赖于有限的数据维度，获得的信息可能不够全面且有一定的滞后性。区块链不可篡改的特性使链上的数字化证明可信度极高，产权、公证及公益等领域都可以以此建立全新的认证机制，改善公共服务领域的管理水平。公益流程中的相关信息如捐赠项目、募集明细、资金流向、受助人反馈等，均可存放于区块链上，在满足项目参与者隐私保护及其他相关法律法规要求的前提下，有条件地进行公开公示，方便公众和社会监督。

区块链在公共服务领域的应用可以是电子政务、公益、医疗、版权等方向。

以区块链在医疗领域的应用为例。当前，医疗领域中的各级医疗卫生机构大多是互不连通的，形成了医疗信息孤岛，分级诊疗难以实现。同时，隐私和数据安全是医疗领域无法回避的关键问题，是妨碍移动医疗、智慧医疗、新兴治疗技术发展的原因之一。此外，一些医保药店在利益驱使下违规使用医保，违背了建立医疗保障制度的初衷。

而将区块链应用到医疗数据管理中，可以保证用户的医疗检测结果的真实性和可靠性，使得医院之间可以共享检测结果，有效连接各级医疗卫生机构，降低用户分级诊疗的难度。区块链技术可以提高用户和相关方的医疗信息整合度，实现医疗数据跨平台共享。同时可以在保护病人隐私的前提下，利用个人健康信息创造新的社会和经济价值。此外，区块链还可为药品的溯源和医保控费检查工作提供新的技术手段。

（三）信息安全

利用区块链可追溯、不可篡改的特性，可以确保数据来源的真实性，还能保证数据的不可伪造性，区块链技术将从根本上改变信息传播路径的安全问题。

区块链在信息安全领域的应用可以是征信、电子证据存证（如电子发票）、审计等方向。

就区块链在电子发票方向的应用而言，传统的电子发票面临一些问题，例如数据孤岛的问题，电子发票的存储依然分散在不同的电子发票供应商中，形成了数据孤岛，数据的集成、验证和追踪较为复杂，带来重复报销问题。

举个例子：某人拿了一张电子发票，去A公司报销完之后，还能去B公司报销，因为两家公司之间的数据不互通，这就是数据孤岛的弊端。

电子发票还可能面临的是可以多次打印的问题，纸质发票报销一次可能就被收走了，但是电子发票可以多次打印，造成了多次报销。

而区块链电子发票通过分布式账本技术将消费者、商户、公司、税务局等所有和发票有关系的节点都连接到同一个系统中，每一笔通过线上支付完成的交易数据都被视为一张“发票”。发票数据生成、发票开票申请、发票报销、拿到报销款等各个流程，都用时间戳形式记录下来，并实时同步给系统中各节点。区块链具有全流程完整追溯、信息不可篡改等特性，与发票逻辑吻合，能够有效规避假发票，完善发票监管流程，涉费信息更加安全。区块链电子发票将连接每一个发票干系人，可以追溯发票的来源、真伪和报销等信息，让发票信息全场景流通成为现实，解决发票流转过程中一票多报、虚报虚抵、真假难验等难题，为现有电子发票提供了可优化方案。

（四）物联网

“区块链＋物联网”可以让物联网上的每个设备独立运行，整个网络产生的信息可以通过区块链的智能合约进行保障。

传统的物联网设备极易遭受攻击，数据易受损失且维护费用高昂。物联网设备典型的信息安全风险问题包括固件版本过低、缺少安全补丁、存在权限漏洞、设备网络端口过多、未加密的信息传输等。区块链的全网节点验证的共识机制、不对称加密技术及数据分布式存储将大幅降低黑客攻击的风险。

传统物联网由中心化的云服务器进行管控，由于设备的安全性和中心化服务器的不透明性，用户的隐私数据难以得到有效保障。而区块链是一个分布式账簿，各区块既相互联系又有各自独立工作的能力，保证链上信息不会被随意篡改。因此分布式账本可以为物联网提供信任、所有权记录、透明性和通信支持。

受限于云服务和维护成本，物联网难以实现大规模商用。传统物联网实现“物物”通信是经由中心化的云服务器。该模式的弊端是，随着接入设备的增多，服务器面临的负载也更多，需要企业投入大量资金来维持物联网体系的正常运转。而区块链可以直接实现点对点交易，省略了中间其他中介机构或人员的劳务支出，可以有效减少第三方服务所产生的费用，实现效益最大化。

（五）供应链

供应链由众多参与主体构成，存在大量交互协作，信息被离散地保存在各自的系统中，缺乏透明度。信息的不流畅导致各参与主体难以准确地了解相关事项的实时状况及存续问题，影响供应链的协同效率。当各主体间出现纠纷时，举证和追责耗时费力。

区块链可以使数据在各主体之间公开透明，从而在整个供应链上形成完整、流畅、不可篡改的信息流。这可以确保各主体及时发现供应链系统运行过程中产生的问题，并有针对性地找到解决方案，进而提升供应链管理的整体效率。

区块链在供应链领域的应用可以是供应链管理、金融、溯源、物流等方向。

例如区块链在供应链管理方向的应用。区块链可以实现海运物流过程中各节点的全程监控，如货物来源、关税代码、装箱单信息、海关报送价值、运输状态等相关的货物信息，而且整个信息技术是透明且安全的。同时，区块链有可能打破电子信息数据服务商的中心节点地位，结合实时和离线同步等方式，将传感器收集的数据写入区块链，成为防篡改的电子证据，提升各参与主体造假的成本。同时，根据实时搜集的数据，可以及时了解物流的最新进展，采取相应的措施，增强了多方协作的可能，有助于清楚地界定各方的责任，提高付款、交收、理赔的处理效率。

在供应链流程中，货物交付、提单质押、尾款结余、实时仓库、实时物流等信息可以记录在区块链上，可确保信息的真实性。同时承运人或某个交易方的信用记录也可以记录在区块链中，当与金融机构产生金融业务时，金融机构可以使用区块链中的信用数据和供应链数据进行风险评估，为交易方提供保险或贷款。

本章小结

1. 区块链是一种按照时间顺序将数据区块以顺序相连的方式组合成的一种链式数据结构，并以密码学方式保证的不可篡改和不可伪造的分布式账本。它具备透明可信、防篡改可追溯、隐私安全保障以及系统高可靠四大特性。

2. 区块链 1.0 时代，区块链随着比特币的诞生而诞生，它是比特币的底层技术，是一系列技术的集合；区块链 2.0 时代，以太坊诞生了，它建立了一个可编程的、图灵完备的区块链，它允许任何人在以太坊平台上通过使用区块链技术建立和运行去中心化的应用，以太坊是是由区块链和智能合约组成的。区块链 3.0 时代将逐步实现从现阶段“信息互联网”到“价值互联网”的转变。

3. 根据网络范围及参与节点特性，区块链可被划分为公有链、联盟链、私有链三类。在公有链中，任何人都可以参与区块链数据的维护和读取，不受任何单个中央机构的控制，数据是完全开放透明的；联盟链就是共识过程受到预选节点控制的区块链，由一个联盟组织构成并对其进行管理，写入需要授权接入，联盟成员共同维护区块链的健康运转；私有链就是不对外开放，仅仅在组织内部使用的区块链。

4. 在区块链的发展方面，我国从 2016 年至今出台了一系列区块链相关政策，国家将把区块链作为核心技术自主创新的重要突破口，政府也是现阶段中国区块链企业的最大客户；除了中国，美国、欧盟、韩国等地区也积极“拥抱”区块链技术，开辟国际产业竞争新赛道，抢占新一轮产业创新的制高点，以强化国际竞争力；各国际金融巨头也早已深度布局区块链领域；腾讯、华为、苏宁等等大公司也纷纷颁布了自己的区块链白皮书，并发布了自己的 BaaS 平台；除了企业，银行、主流金融机构也都在尝试各区块链应用。

5. 目前传统企业面临股权激励、行业竞争、地域扩展和用户疲劳等问题，区块链可以为这些传统企业提供通证激励、行业生态价值、全球价值的流通和风口的价值；区块链在金融、公共服务、信息安全、物联网和供应链等方面有诸多应用发展，例如区块链农业保险、区块链医疗、区块链电子发票、区块链供应链管理等。

课后习题

一、单选题

1. 区块链运用的技术不包含（　　）

A. P2P 网络　　B. 密码学　　C. 共识机制　　D. 大数据

2. 以下（　　）不是区块链目前的分类。

A. 公有链　　B. 私有链　　C. 唯链　　D. 联盟链

3. 以下（　　）不是区块链特性。

A. 不可篡改　　B. 去中心化　　C. 高升值　　D. 可追溯

4. 联盟链带来的模式改变是（　　）。

A. 从“免费”模式变为“收费”模式

B. 从“单方”模式变为“多方”模式

C. 从“串联”模式变为“并联”模式

D. 部分“免费”模式和部分“收费”模式

5. 区块链中不包含下列哪个有助于消除安全威胁的关键原则？（　　）

A. 审计　　B. 核算　　C. 数据库安全　　D. 连续性计划

二、多选题

1. 下面关于区块链说法正确的是（　　）。

A. 以太坊是一个开源的支持智能合约的区块链平台

B. 比特币是一种加密数字货币

C. 在公有链上全球参与，任何人可自由使用

D. 可以基于以太坊开发区块链应用

2. 区块链系统可以分成（　　）三大类。

A. 联盟链　　B. 公有链　　C. 数据链　　D. 私有链

3. 以下（　　）是成熟的区块链系统拥有的技术特性。

A. 透明可信　　B. 防篡改可追溯

C. 隐私安全保障　　　　　　　　　　D. 系统高可靠

4. 下面关于区块链说法正确的是（　　）。

A. 区块链是万能的

B. 区块链具有防篡改可溯源的特性

C. 区块链可以理解为分布式的数据库

D. 区块链在审计和溯源上具有很大的作用

5. 下面关于区块链防篡改可追溯特性说法正确的是（　　）。

A. “防篡改”特性保证了写入到区块链上的交易很难被篡改，为“可追溯”特性提供了保证

B. “可追溯”是指区块链上发生的任意一笔交易都有完整的记录

C. 区块链上存储的状态（比如余额）不会发生变化

D. 区块链上存储的状态（比如余额）可以发生变化

6. 下面关于以太坊说法正确的是（　　）。

A. 以太坊上可以运行智能合约

B. 以太坊是一个联盟链

C. 以太坊是一个私有链

D. 以太坊是全球首个开源的具有智能合约功能的区块链平台

三、判断题

1. 比特币的底层技术是区块链技术。（　　）

2. 区块链技术是指一种全民参与记账的方式。（　　）

3. 区块链就是把加密数据按照时间顺序进行叠加生成的临时、不可逆向修改的记录。（　　）

4. 没有币就不会有链，没有链就不会有更多的币。（　　）

5. 区块链的数据对所有人公开，任何人都可以通过公开的接口查询区块链数据和开发相关应用，整个系统信息高度透明。（　　）

四、简答题

1. 请你列举出生活中哪些组织/机构/场景和区块链的去中心化系统类似。

2. 区块链是如何保证数据的真实性的？

3. 如果要修改区块链上的数据，应该怎么做？

4. 区块链有哪些特性？

5. 央行发布的DCEP属于公有链、联盟链、私有链中的哪一种？

第二章

区块链的组成与基本原理

思维导图

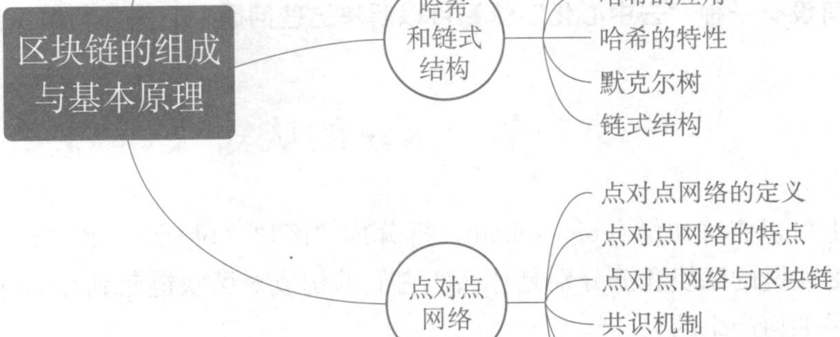

知识目标

1. 掌握区块链的组成；
2. 掌握区块的组成；
3. 熟悉哈希的概念和基本特点；
4. 了解链式结构及其作用；
5. 熟悉点对点网络的特点；
6. 熟悉区块链的分布式共识机制；
7. 掌握区块链的账户体系。

能力目标

学习什么是区块、什么是链式结构，以及涉及的基础技术如哈希、非对称加密、点对点网络、共识机制。

案例导入

淘宝购物的中心化分析

在当今的中国，网上购物已经成为人们生活不可或缺的一部分，在电商网站查看商品—下单购物—支付—付款到支付宝—买家收货确认—货款自动转入卖家的账户，这样的购物体验多数人每天都可能有。大家都知道，淘宝的背后是阿里巴巴这样的中心化机构，这个买卖过程是中心化的。无论是买家还是卖家，在这点上只能完全信任支付宝和它背后的企业。往大了说，中心化系统由资金雄厚和技术实力强大的机构、企业做信任背书，银行则是由国家做信任背书。

中心化体系具备管理高效的优势，但它的不足也比较明显。以支付宝为例，全部交易记录和账本都存储在支付宝服务器上，假设某天所有相关的服务器不幸被坏人捣毁，那么买家付的款（或卖家还没有到手的商品的钱），还有其他买家、卖家的资金，甚至你我存在余额里的钱，都会消失在这个互联网世界里。

思考：有没有一种“去中心化”体系可以解决这些问题？它是如何解决这些问题的？

第一节　区块的认知

从字面上可以将区块链（blockchain）拆分成“区块（block）”和“链（chain）”两个部分。那区块链的区块和链分别是什么？它们的构成对区块链起到什么样的作用？第一个区块又是如何产生的？

简单而言，区块链由一个区块连接另一个区块所组成，如图 2-1 所示。

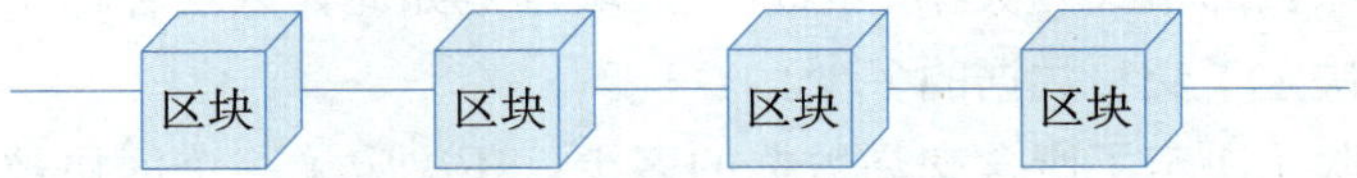

图 2-1 区块链结构

前文讲过区块链本质是一个基于密码学的分布式账本，记录的是一系列有顺序的交易。那么交易又是什么呢？

举例来说，村庄里，村民王二给李四转账 1 000 元，就是一笔交易。这个交易的账目是记录在账页上的。如果交易太多，一页纸都记不下，那就要记到下一页，一页一页的账页构成了账本。所有的村民，每个人都有一个账本，就组成了一个分布式记账人网络。所以这就是“账目—账页—账本—分布式记账人网络”组成的关系。对应到区块链上也有类似的结构，即先是交易数据，再是区块（区块就类似于账页），然后是区块和区块连接起来的链式结构（就是一个本地的账本），最后就是区块链网络，比如图 2-2 里面的 4 个节点或者说 4 台小电脑就组成了 1 个区块链网络。

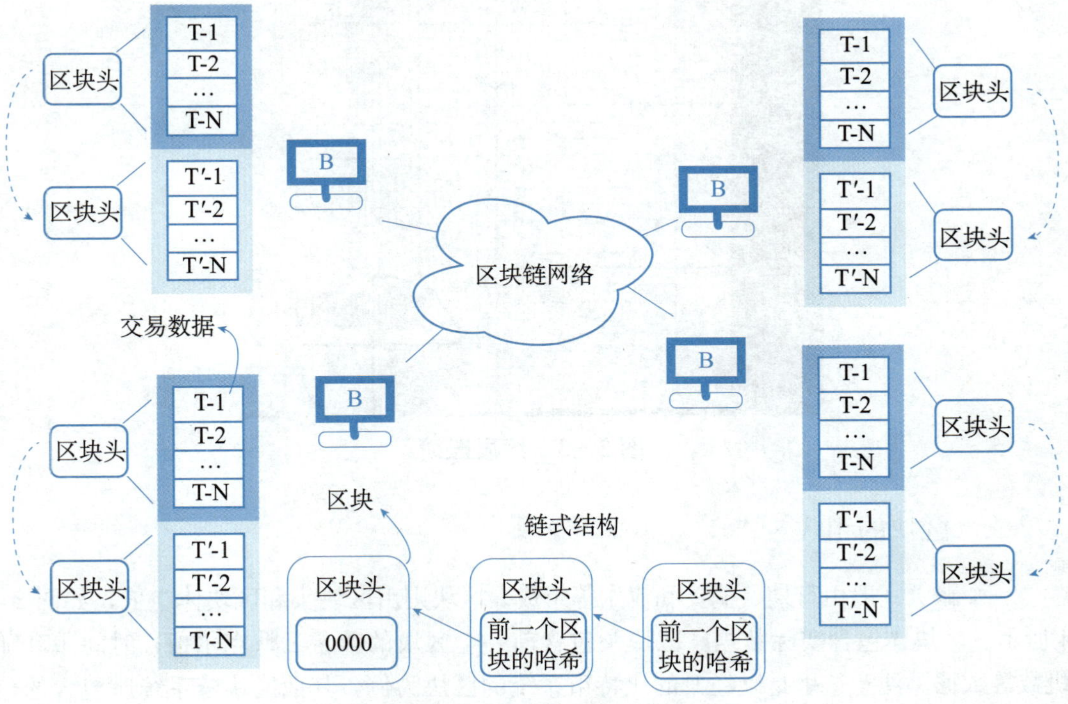

图 2-2 区块链网络图

所以这就是对应的“交易数据—区块—链式结构—区块链网络”。

一、区块的大小

从金融的角度，我们可以将区块链比作一个账簿（见图 2-3），那么区块就是账簿里的账页。一个账簿由多个账页所组成，每一个账簿记录了一定量的交易信息，交易信息的多少将取决于账页的格式和大小等因素。区块也是如此，区块存储了一定量的交易数据，区块的大小决定了交易数据的多少。

区块的大小除了决定了所含交易数据的多少，还决定了一个区块被数据填满所需要的时间，一旦数据达到一个区块的存储上限就会产生新的区块。区块的大小取决于开发者的设计，一旦确认，区块链上所有的区块都将遵循同样的大小。只有更新整个区块链的系统才能改变区块的大小。

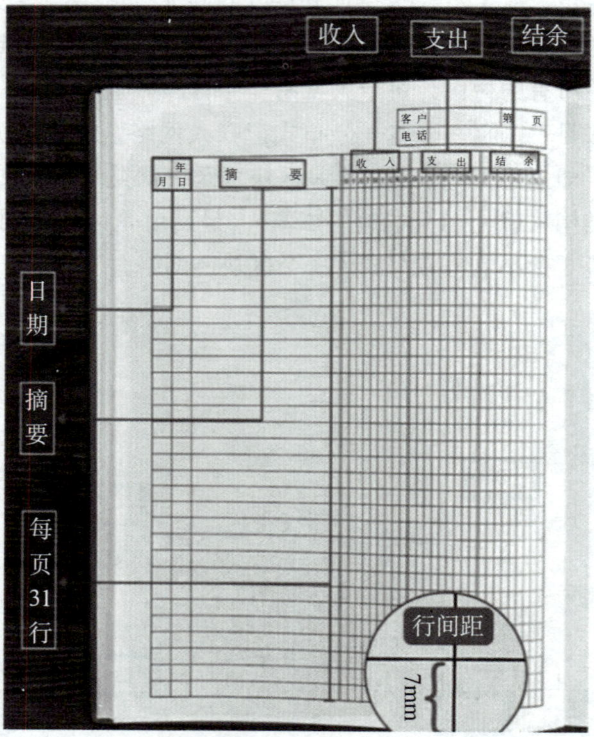

图 2-3 纸质账簿

二、区块的组成

一个账页一般由日期、摘要和流水等组成。区块则由区块头和区块体组成，如图 2-4 所示。区块体包含实际数据，区块头包含前一个区块的哈希、默克尔根、时间戳和随机数等数据。注意这里是以经典的比特币系统的区块为例，其他区块链系统所包含的信息有些许差别。

（一）前一个区块的哈希

前一个区块的哈希简称“前块哈希”（Previous Block Hash），也可以被称作“父区块的哈希”。每个区块的区块头都包含着前一个区块的哈希，可以理解为每一个区块都包含上一个区块信息的“数字指纹”，从而使新的区块数据有序地排列在上一个区块数据的后面。这样把每个区块链接到各自父区块的哈希就创建了一条一直可以追溯到第一个区

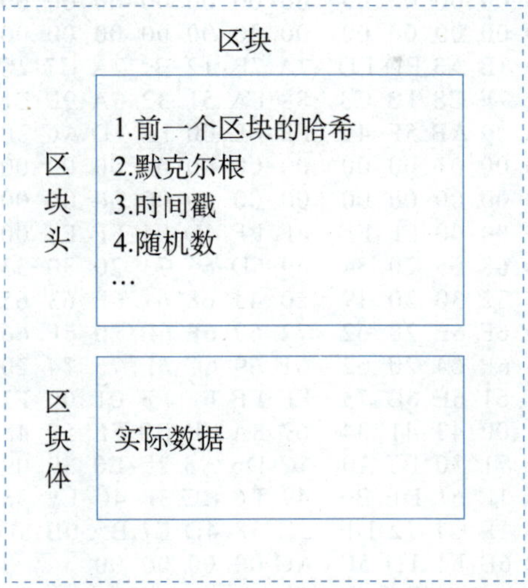

图 2－4　区块的组成结构

块（创世区块）的链条。是不是对“哈希”这个概念充满了好奇？不用担心，后文会专门讲解哈希。

（二）默克尔根

区块头里的默克尔根（Merkle Root）归纳了所在区块体含有的所有交易，形成了整个交易数据集合的“数字指纹”。前面介绍的前块哈希是让每一个区块都能包含上一个区块所有信息（包括区块头和区块体）的“数字指纹”，那么默克尔根可以理解成区块体里所有交易数据结合在一起产生的总的“数字指纹”。

（三）时间戳

每个区块的区块头包含时间戳（Timestamp）。时间戳能表明此区块生成的时间，同时能为区块体含有的每一笔数据打上时间标记，具备唯一性。

（四）随机数

区块头里的随机数（Nonce）是一个随意的号码，它的存在与比特币挖矿息息相关。随机数往往存在于采用工作量证明（PoW）共识机制的区块链里。

区块头里除了含有前块哈希、默克尔根、时间戳和随机数以外，还包含版本号、难度目标。

三、区块的意义

区块存储着区块链的数据。区块的存在实现了数据的批量处理，让数据得以有条不紊地被处理，提高了整个区块链系统的运转效率。

四、创世区块

创世区块指的是比特币区块链产生的第一个区块，现在不同区块链产生的第一区块也可被称作创世区块。如图 2－5 所示为比特币创世区块的内容。

```
00000000   01 00 00 00 00 00 00 00   00 00 00 00 00 00 00 00   ................
00000010   00 00 00 00 00 00 00 00   00 00 00 00 00 00 00 00   ................
00000020   00 00 00 00 3B A3 ED FD   7A 7B 12 B2 7A C7 2C 3E   ....;£íýz{.²zÇ,>
00000030   67 76 8F 61 7F C8 1B C3   88 8A 51 32 3A 9F B8 44   gv.a.È.Ã^ŠQ2:Ÿ,a
00000040   4B 1E 5E 4A 29 AB 5F 49   FF FF 00 1D 1D AC 2B 7C   K.^J)«_Iÿÿ...¬+|
00000050   01 01 00 00 01 00 00 00   00 00 00 00 00 00 00 00   ................
00000060   00 00 00 00 00 00 00 00   00 00 00 00 00 00 00 00   ................
00000070   00 00 00 00 00 00 FF FF   FF FF 4D 04 FF FF 00 1D   ......ÿÿÿÿM.ÿÿ..
00000080   01 04 45 54 68 65 20 54   69 6D 65 73 20 30 33 2F   ..ETh3 Times 03/
00000090   4A 61 6E 2F 32 30 30 39   20 43 68 61 6E 63 65 6C   Jan/2009 Chancel
000000A0   6C 6F 72 20 6F 6E 20 62   72 69 6E 6B 20 6F 66 20   lor on brink of
000000B0   73 65 63 6F 6E 64 20 62   61 69 6C 6F 75 74 20 66   second bailout f
000000C0   6F 72 20 62 61 6E 6B 73   FF FF FF FF 01 00 F2 05   or banksÿÿÿÿ..ò.
000000D0   2A 01 00 00 00 43 41 04   67 8A FD B0 FE 55 48 27   *....CA.gŠý°þUH′
000000E0   19 67 F1 A6 71 30 B7 10   5C D6 A8 28 E0 39 09 A6   .gñ¦q0·.\Ö¨(à9.¦
000000F0   79 62 E0 EA 1F 61 DE B6   49 F6 BC 3F 4C EF 38 C4   ybàê.aþ¶IÖ£?Lï8Ä
00000100   F3 55 04 E5 1E C1 12 DE   5C 38 4D F7 BA 0B 8D 57   óU.å.Á.þ\8M÷o..W
00000110   8A 4C 70 2B 6B F1 1D 5F   AC 00 00 00 00            ŠLp+kñ._¬....
```

图 2-5　比特币创世区块的内容

第二节　哈希和链式结构

在区块的学习中我们了解了前一个区块的哈希和默克尔根，那么什么是哈希？什么是默克尔根？哈希和默克尔根存在于区块头里的作用是什么？本节的学习将会为你揭开哈希的神秘面纱。

一、哈希函数

哈希（Hash）是哈希值的缩写，又称散列值。哈希函数又称散列函数，把任意长度的输入通过哈希函数，变换成固定长度的输出，该输出就是哈希值（见图 2-6）。换句话说，哈希函数是一种从任何一种数据中创建小的“数字指纹”的方法。什么意思呢？就是说，你输入任何长度、任何内容的数据，哈希函数输出固定长度、固定格式的结果。这个结果类似于你输入数据的指纹，只要输入发生变化，那么指纹一定会发生变化。不同的内容，通过哈希函数得到的指纹不一样，这就是哈希函数。

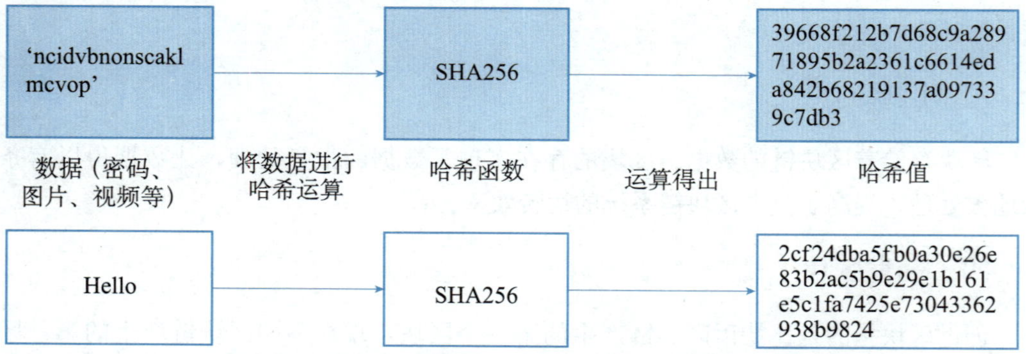

图 2-6　哈希函数将不同输入转换为相同长度输出

（一）哈希函数在区块中的作用

1. 快速验证

哈希函数在区块链中生成各种数据的摘要，当比较两个数据是否相等时，只需要比较它们的摘要就可以了。例如，比较两个交易是否相等，只需要比较两者的哈希值，快捷又方便。

2. 防止篡改

传递一个数据，要保证它在传递过程中不被篡改，只需要同时传递它的摘要即可。收到数据的人将这个数据重新生成摘要，然后比较传递的摘要和生成的摘要是否相等，如果相等，则说明数据在传递过程中没有被篡改。

3. 用于 PoW 共识机制

哈希函数主要是在 PoW 共识机制中使用。详细说来，就是给定一组数据，然后寻找其他的数据，合并起来计算出的哈希值小于某个值。比特币、以太坊，都是使用的 PoW 共识机制。

（二）哈希函数的特性

一个好的哈希函数必然具备不定长度输入固定长度输出、抗碰撞性、不可逆性这三个特点。

1. 不定长度输入固定长度输出

所谓不定长度输入固定长度输出，前文中已经讲过了。即不管输入的数据是多长、多大，输出的数据长度、格式都是固定的。

2. 抗碰撞性

如果 x 不等于 y，但是 $H(x)$ 等于 $H(y)$，那么我们就说 H 这个函数不具有抗碰撞性，如图 2－7 所示。反之，我们就认为其是具有抗碰撞性的。

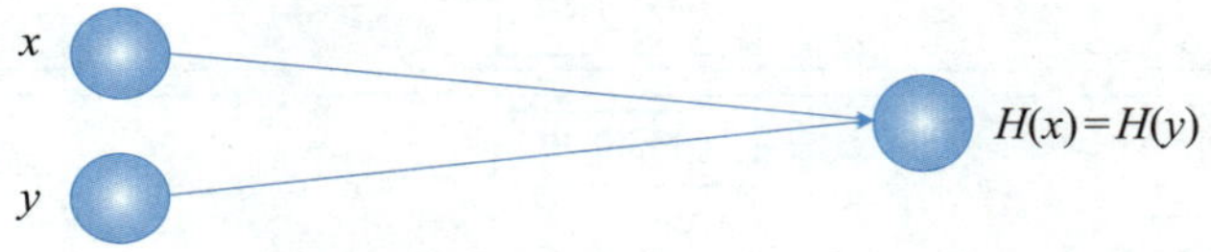

图 2－7　碰撞示意图

也就是说，如果 x 不等于 y，那么 $H(x)$ 也不等于 $H(y)$，那么我们就说 H 这个函数具有抗碰撞性。一个好的哈希函数是一定要具有抗碰撞性的。

3. 不可逆性（单项性）

给定哈希函数 H 和输入数据，可以很方便地求解出哈希值；但是给定哈希值和哈希函数几乎不能求解出输入数据是什么，这就是不可逆性，也叫作单向性。

二、哈希的应用

哈希函数可以将任意大小的数据（输入内容）映射到固定大小的数据（哈希值）。哈希值通常用一个短的随机字母和数字组成的字符串来代表。哈希函数有很多种，应用也多，图 2－6 中的 SHA256 是比特币区块链上使用的哈希函数。

哈希的应用场景一直发生在我们周围，其中一个场景就是在网站注册账号的时候。当用户提交了用户名和密码，用户名就被会保存到网站公司的数据库中，但是密码一般不是直接保存的，而是先把密码转换成了哈希，类似于“数字指纹”。

保存到数据库中的是密码生成的哈希。即使是公司后台管理人员，也拿不到用户的密码。万一公司数据库泄露了，用户的密码依然是相对安全的。而当用户登录网站的时候，输入密码提交到服务器，服务器上进行相同的哈希运算，因为输入数据没变，所以哈希也不会变，登录也就成功了。

三、哈希的特性

从已经产生的哈希，几乎不可能推导出原来的数据，所以在刚才的例子中，即使黑客攻破了数据库，知道了用户密码的哈希，也推导不出用户的密码。哈希的不可逆性保证了密码的安全。

哈希的不冲突性指的是一个数据对应着一个哈希，任何数据的变动哈希也随着变动。哈希的不冲突性又保证了用户再次输入密码的时候，能够登录账号。

四、默克尔树

默克尔树（Merkle Tree）具体而言，是一个区块中的所有交易都会求取哈希值，得到的哈希值，再两两组合成新文本求取哈希值，以此类推，直到生成最后一个哈希值，即根哈希值，这些哈希值组成的二叉树就是默克尔树，如图 2－8 所示。

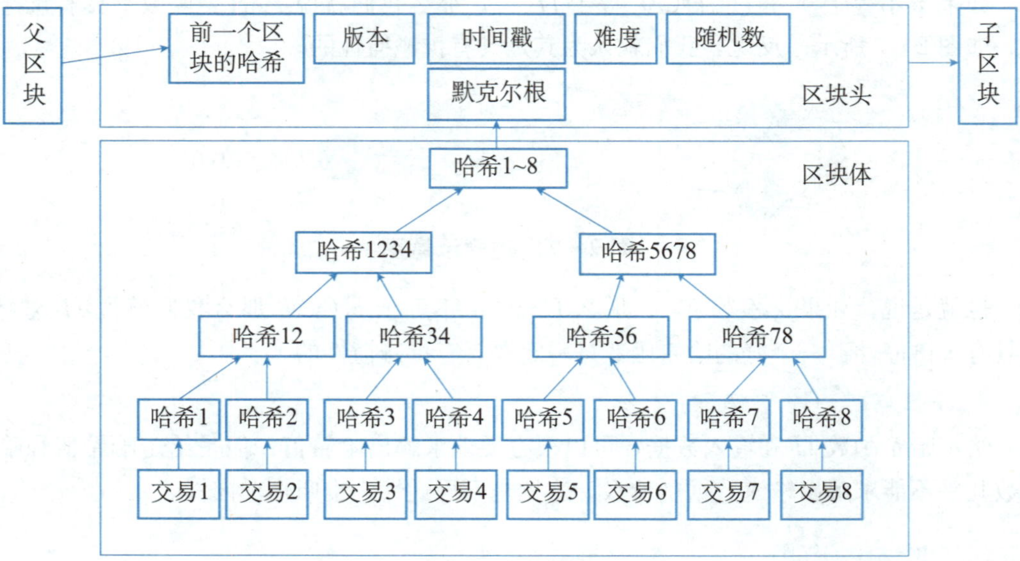

图 2－8　默克尔树

五、链式结构

当有人对账本的某一个数据进行修改，并告知大家在某一页修改了数据时，大家并不知道他是否对其他的数据也进行了修改。因为他修改了账页里的一个数据，不一定会影响后续账本的数据。

但我们看到当区块和区块连接在一起的时候，当前的区块头里总是会有前一个区块的哈希。如图 2－9 所示，由于哈希的不冲突性，只要一个区块里数据导致哈希值改变了，那么后面所有的区块将会随着改变。哈希和区块构成了一个可被验证的数据结构，保证了对数据的可验证性。区块链账本数据主要通过前块哈希值组成的链式结构来保证防篡改和可验证的特性。

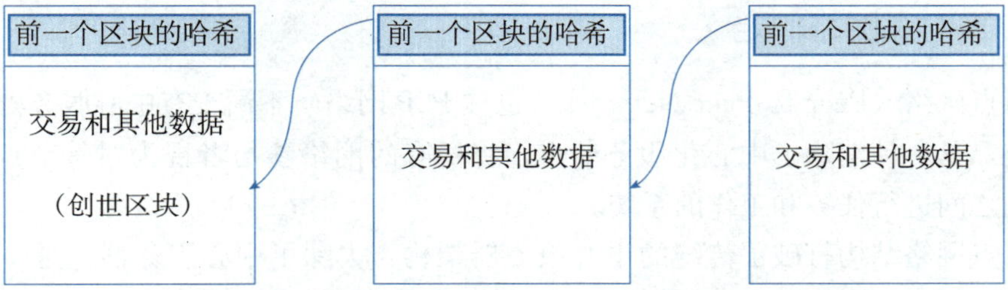

图 2－9　区块链上数据变动影响后面哈希值

第三节　点对点网络

前文提到，区块链可以理解为一种分布式记账的技术，记录一系列有顺序的交易。

以传统的交易系统为例，比如银行系统均采用中心服务器架构，以银行服务器为中心节点，每个网点、ATM 机、手机 App 为客户端。当我们发起转账时，首先提供银行卡、密码等信息证明身份，然后生产一笔转账交易，发送到中心服务器后，中心服务器校验余额是否充足等信息，然后记录到中心服务器，即可完成一笔转账交易。

传统的网络服务架构大部分都是客户端/服务器（Client/Server，C/S）架构或者浏览器/服务器（Browser/Server，B/S）架构，都是通过中心化的服务端节点，对需要申请服务的客户端或者是浏览器端进行应答和服务，客户端之间的通信需要依赖服务器的协作。

举个例子，即时通信客户端（比如微信等）进行消息收发的时候，手机客户端都会先把消息发给中心服务器，再由中心服务器转发给接收方客户端。

客户端/服务器和浏览器/服务器都属于中心化的服务器架构，这种架构优点是方便对服务进行维护和升级，同时也便于管理。然而这种架构也有缺点：首先，由于中心化服务器架构只有单一的服务端，因此当服务端节点发送故障时，整个服务都会陷入瘫痪，也就是“单点故障”；其次，中心化服务器节点的处理能力是有限的，因此中心服务节点往往成为整体网络运行的瓶颈。

而在区块链网络中，并不存在一个中心节点来校验并记录交易信息，校验和记录工作由网络中的所有节点共同完成。当一个节点需要发起转账交易时，需要指明转账目的地址、转账金额，还需要对该交易并进行签名。

由于不存在中心服务器，该交易会随机发送到网络中的邻近节点，邻近节点收到交易信息后，对交易的签名进行校验，确认身份合法后，再校验余额是否充足等信息。验证都完成后，则将该信息转发至自己的邻近节点。以此反复，直至网络中所有节点都收到该交易。最后节点获得记账权后，将该交易打包至区块，然后广播到整个网络。广播的过程连同交易的广播过程，依然采用一传十、十传百的方式完成。收到区块信息的节点完成区块内容的校验后，将区块保存到本地，即交易生效。

一、点对点网络的定义

点对点网络（Peer-to-Peer Network，也称 P2P 网络）不同于有中心服务器的中心化网络系统，是一种消除了中心化服务节点，将所有的网络参与者视为对等节点（Peer），并在它们之间进行任务和工作的系统。

点对点网络结构打破了传统的中心服务器架构，去除了中心服务器，是一种依靠用户群共同维护的网络结构。

二、点对点网络的特点

由于节点间的数据传输不再依赖于中心服务节点，因此点对点网络具有以下特点：

（一）去中心化

点对点网络的优势是它是去中心化的，网络中的资源和服务分散在所有节点上，信息的传输和服务的实现都直接在节点之间进行，可以无需中间环节和服务器的介入。

（二）可扩展性

点对点网络通常都是以自组织的方式建立起来的，并允许节点自由地加入和离开。对于点对点网络，理论上其可扩展性几乎可以认为是无限的。例如：在传统的通过中心化服务器下载方式中，当下载用户增加之后，下载速度会变得越来越慢；然而点对点网络正好相反，加入的用户越多，点对点网络中提供的资源就越多，下载的速度反而越快。

（三）健壮性

点对点网络服务是分散在各个节点之间进行的，部分节点或网络遭到破坏对其他部分的影响很小。点对点网络一般在部分节点失效时能够自动调整，保持其他节点的连通性。

三、点对点网络与区块链

总体而言，虽然客户端/服务器和浏览器/服务器等中心化的服务器架构应用非常成熟，但是这种存在中心服务节点的模式，显然不符合区块链网络的需求。

在区块链系统中，要求所有节点共同维护账本机构，即每笔交易都需要发送给网络中的所有节点。如果按照传统的中心化的服务器架构，中心节点要将大量交易信息转发给所有节点，这也是非常低效率的。

点对点网络的这些设计思想和区块链的理念完全契合，在区块链中，所有交易及区块的传播不需要发送者将消息发给所有节点。节点只需要将消息发送给一定数量的相邻节点即可，其他节点收到消息后，会按一定的规则发给自己的相邻节点，通过一传十、十传百的方式，最终将消息发给所有节点。

四、共识机制

为什么需要有共识机制？在一个中心化的结构体系中，系统的共识由中心节点决定，各参与方只需要服从中心下达的命令或者简单地复制中心节点的数据就可以，很容易达成共识，从这个角度，中心化机构比去中心化机构相对而言效率更高。

区块链通过全民记账来解决信任问题，但是所有节点都参与记录数据，那么最终以谁的记录为准呢？或者说，怎么样保证所有节点记录的是一份相同的正确数据呢？这就是一个如何达成共识的问题。

在区块链系统这样的去中心化系统里面，并不存在权威的中心节点，由于参与的各个节点自身状态和所处网络环境不尽相同，而交易信息的传递又需要时间，并且消息传递本身并不可靠，因此每个节点收到的需要记录的交易内容和顺序也难以保持一致。此外，由于区块链中参与的节点身份难以控制，还可能出现恶意节点故意阻碍信息传递或者发送不一致的信息给不同节点，从而扰乱整个区块链系统的记账一致性的情况，因此区块链系统的记账一致性问题是一个非常关键的问题，关系着整个区块链系统的正确性和安全性。这个问题的解决方案就是共识机制。

（一）分布式共识问题

“拜占庭将军问题”（The Byzantine Gnerals Problem）是莱斯利·兰伯特（Leslie Lamport）（2013 年的图灵奖得主）为描述分布式共识问题（Distributed Consensus）在论文中抽象出来的一个著名的例子。“拜占庭将军问题”也被称为“拜占庭容错”。

“拜占庭将军问题”是一个分布式共识问题，关于拜占庭帝国军队的将军们必须全体一致地决定是否攻击敌国（见图 2－10）。这个问题首先由 Leslie Lamport 在 1982 年提出，其核心描述是军中可能有叛徒，却要保证进攻决定一致，并由此引申到了计算机分布式系统领域。

拜占庭帝国要进攻一个强大的敌国，安排了 10 支军队去包围这个敌国。这个敌国虽不敌拜占庭帝国，但需要至少 6 支军队同时袭击才能获胜。任一支军队单独进攻都毫无胜算，除非有至少 6 支军队同时袭击才能攻下敌国。他们分散在敌国的四周，依靠通信兵骑马相互通信来协商进攻意向及进攻时间。

困扰这些将军的问题是，他们不确定他们中是否有叛徒，叛徒可以采用任意行动以

图 2-10　拜占庭将军问题

达到以下目的：欺骗某些将军采取进攻；促成一个不是所有将军都同意的决定，如当将军们不希望进攻时促成进攻行为；迷惑一些将军，使他们无法做出决定。在这种状态下，拜占庭将军们怎样才能保证有至少 6 支军队在同一时间一起发起进攻，从而赢取战斗？

分布式共识问题，可以理解为让参与分布式处理的每个参与者通过某种方式达成一致意见。比如让区块链中的所有的节点如何对同一个提案等达成共识，或者选出一个大家都认可的区块，都是一个分布式共识问题。

（二）共识机制及其分类

在区块链的应用过程中，共识机制需要解决两个问题："双花问题"和"拜占庭将军问题"。"双花问题"是指货币在使用过程中重复使用的问题。传统的货币具有实体唯一性，可以通过防伪手段防止"双花问题"。当前的电子交易也能通过中心的信任机构来解决"双花问题"。区块链则是通过分布式的节点共同验证交易来解决"双花问题"。区块链中，一笔交易需要经过足够数量共识节点的验证，在确认无误下对交易进行记录并同步给网络中所有的共识节点。区块链中进行"双花"攻击需要付出足够的代价，通过选择共识机制，可以将这一代价扩展到足够大或者使得这一代价超过"双花"攻击获得的收益。业界普遍认为区块链起源于 2008 年中本聪发布的《比特币白皮书》，但与区块链相关的分布式共识问题很早就有人提出，例如前面提到的"拜占庭将军问题"。一般可以把共识机制分成三类，一类是中心式共识，一类是投票式共识，还有一类是抽签式共识。

1. 中心式共识

中心式共识的思路很简单，就是有一个中心节点，由这个中心节点提出共识意见，所有人按照这个意见行事。中心式共识在区块链中的使用场景相对有限。

2. 投票式共识

如果没有中心节点，节点是对等的，且节点数量相对固定，可以通过投票的方式来获得统一的意见。

拜占庭容错协议（BFT）就是一类投票式共识机制。拜占庭容错协议最早由研究分布式共识产生。

“拜占庭将军问题”是对现实世界的模型化，由于硬件错误、网络拥塞或断开以及遭遇恶意攻击，计算机和网络可能出现不可预料的行为。拜占庭容错协议必须处理这些失效，并且这些协议还要满足所要解决的问题要求的规范。这些算法通常以其弹性 t 作为特征，t 表示算法可以应付的错误节点数。很多经典算法问题只有在 t 小于 $n/3$ 时才有解，比如实用拜占庭容错（Pratical BET，PBFT）算法，其中 n 是系统中的节点总数。算法的核心在于少数人服从多数人这个策略。

投票式共识的局限性是，如果参与人数太多，投票过程会很慢。

此外，如果区块链系统的共识节点是一个开放的网络，不断有共识节点加入和退出，投票式共识也面临挑战。

3. 抽签式共识

投票式共识的前提是必须知道参加投票的总数，否则无法完成投票的过程，不适合开放网络。如果参与人数过多，投票过程会很慢。开放式网络可以通过抽签的方法来达成共识，抽签式共识又被称为中本聪共识，适合于节点无须进行验证、随意进出的网络，能够在人数未定（开放网络）的情况下完成共识。

抽签的过程可以由不同的方式实现，抽签是否抽中可以由数学性质保证，不可伪造。因为共识的意见的是可以验证的，所以即使被恶意节点抽中，也可以拒绝他们提出的恶意的共识意见，共识的完成由激励机制保证。

抽签过程中不能保证只抽到一个幸运者，但可以保证这个概率很低，所以抽签式共识也需要额外的机制来处理有多个人同时抽中的情况。

抽签过程之间的时间间隔也需要考虑，因为网络有延迟，需要一轮抽签完成后广播到大部分节点之后再开始下一轮抽签。

PoW 就是一个典型的抽签式共识的方法。PoW 最早出现在中本聪的比特币论文中，随后被各类区块链项目广泛利用。

（三）常见的共识机制

1. 工作量证明（PoW）

简单而言，工作量证明（Proof of Work，PoW）就是一个抽签式共识。工作量证明的主要特征是计算的不对称性，节点需要做一定难度的工作得到一个结果，而验证方很容易通过结果来检查节点是不是做了相应的工作。

这类算法的核心思想实际是所有节点竞争记账权，而对每一批次的记账（或者说，挖出一个区块）都赋予一个“难题”，要求只有能够解出这个“难题”的节点挖出的区块才是有效的。同时，所有节点都不断地试图通过解决“难题”来产生自己的区块，并将自己的区块追加到现有的区块链之后，但全网络只有最长的链才被认为是合法且正确的。

具体而言，每个可出块节点通过不断猜测一个随机数，使得该数值拼凑上所出块中包含的交易内容的哈希值满足一定条件。因为哈希计算是一个不可逆的过程，所以除了反复猜测随机数数值进行计算验证外，没有有效的方法能够逆推出符合条件的随机数，而且比特币系统可以通过调整计算出来的哈希值所需要满足的条件来控制计算出新区块的难度。

通过控制区块链的增长速度，它还保证了若有一个节点成功解决“难题”完成了出块，该区块能够以（与其他节点解决难题速度相比）更快的速度在全部节点之间传播，并且得到其他节点的验证的特性。这个特性再结合它所采用的“最长链原则”的评判机制，就能够在大部分节点都是诚实（正常记账出块，认同最长链原则）的情况下，避免恶意节点对区块链的控制。这是因为在诚实节点占据了全网50%以上算力比例时，从期望上讲，当前最长链的下一个区块很大概率也是诚实节点产生的，并且该诚实节点一旦解决了“难题”并生成了区块，就会在很短的时间内告知全网其他节点，而全网的其他节点在验证完该区块后，便会基于该区块继续解下一个“难题”以生成后续的区块，这样一来，恶意节点很难完全掌控区块的后续生成。

不过不得不承认的是，PoW 类算法给参与节点带来的计算开销，除了延续区块链生长外无任何意义，却需要耗费大量的能源，并且该开销会随着参与的节点数目的上升而上升。

2. 权益证明（PoS）

权益证明（Proof of Stake，PoS）是比较经典的凭证类共识机制，以太坊 2.0 的改进方向就是采用权益证明。

在凭证类共识机制中，这类算法引入了“凭证”的概念。根据每个节点的某些属性（拥有的币数、持币时间、可贡献的计算资源、声誉等），定义每个节点进行出块的难度或者优先度，并且取凭证排序中最优的节点，或者取凭证排序中比较高的小部分节点进行加权随机抽取某个节点，进行下一段时间的记账出块。

这类型共识机制在一定程度上降低了整体的出块开销，同时能够有选择的分配出块资源，即根据应用场景选择“凭证”的获取来源，是一个改进的方向。然而凭证的引入提高了算法的中心化程度，有可能造成“贫者愈贫，富者于富”的马太效应。

3. 拜占庭容错协议算法

拜占庭容错协议（BFT）算法通过投票的方式产生能被所有（诚实）节点认可的区块。

拜占庭容错问题主要描述分布式网络节点通信的容错问题，从 20 世纪 80 年代起，学者提出了很多解决该问题的算法，这类算法被统称为 BFT 算法。实用拜占庭容错（PBFT）算法是最经典的 BFT 算法，由米格尔·卡斯特罗（Miguel Castro）和芭芭拉·利斯科夫（Barbara Liskov）于 1990 年提出。PBFT 算法解决了之前 BFT 算法容错率较低的问题，且降低了算法复杂度，使 BFT 算法可以实际应用于分布式网络。PBFT 在实际分布式网络中应用非常广泛，随着当前区块链的迅速发展，很多针对具体场景的优化 BFT 算法不断涌现。

BFT 机制一般都会定期选出一个领导者，由领导者来接收并排序区块链系统中的交易，领导者产生区块并递交给其他节点对区块进行验证，进而其他节点投票表决时接受或者拒绝该领导者的提议。如果大部分节点认为当前领导者存在问题，这些节点也可以通过多轮的投票协商过程将现有领导者推翻，再以某种预先定好的协议协商产生新的领导者节点。

BFT 算法一般具有完备的安全性证明，能在算法流程上保证其群体在恶意节点数量不超过 1/3 时，诚实节点的账本保持一致。然而这类算法的协商轮次也很多，协商的通信开销也较大，导致这类算法不一定适用于节点数目较大的系统。

五、区块链账户体系

在互联网的应用里，我们输入自己的账户名和密码参与应用。那么我们又是如何参与区块链的呢?

区块链有自己独特的账户体系，但与平时我们接触的账户体系不同。区块链的账户体系是一个非对称加密体系，既有公钥，又有私钥。可以将公钥比作银行账户，用于识别身份；而私钥则是账户的密码，提供对账户的控制权。

(一) 私钥

私钥就是一组随机获取的数字。私钥是用户控制区块链账户的根本。私钥用来生成数字签名，数字签名能证明对应私钥的所有权。私钥必须严格保密，私钥如果泄露给第三方，就相当于失去了区块链账户的控制权。如果私钥丢失，没有任何办法恢复。

私钥一般通过随机数生成。生成私钥基本上就是在 1 和 2 的 256 次方之间选择数字，这是一个比沙滩上沙子还多的数字。当随机选择生成了一个私钥后，几乎不可能有另一个人选中同一个或者猜到该数字。只要选择的过程是不可预测和不可重复的，那么通过什么方式获得这个数字并不重要，甚至可以通过连续扔硬币 256 次的方式来获取二进制的私钥。

下面是一个随机生成的私钥，以十六进制的格式显示：

0x09d695546a51ad0ba98c409163ae125f7b314d9edc2b2db9dab3f59cbc05ef48

(二) 公钥

公钥是通过私钥使用非对称加密算法运算而来。以比特币的公钥为例，比特币的公钥是通过私钥使用椭圆曲线（见图 2-11）的乘法运算得来的，这个乘法运算基本上是不可逆的：$K=k*G$，其中 k 是私钥，G 是一个常量点，称为生成点，K 是计算得来的公钥。通过私钥可以推算出公钥，但是通过公钥无法反向计算得出私钥。

(三) 非对称性加密

了解非对称性加密前，先来了解一下传统的对称加密。举一个对称加密的例子：小明写了一封信给小红。他用箱子装着信，同时箱子上锁，他去快递站点把这个箱子和开启箱子的钥匙一起快递给小红。小红收到箱子后，用钥匙打开箱子看信。这就是对称加密的传输过程。

非对称加密技术也被称为公钥密码技术（PKI）。它使用两个成对的密钥：公钥，对外公开；私钥，必须严格保密，保管好不能弄丢。

密钥本质上是一个数值，使用数学算法产生。可以用公钥加密消息，然后使用私钥

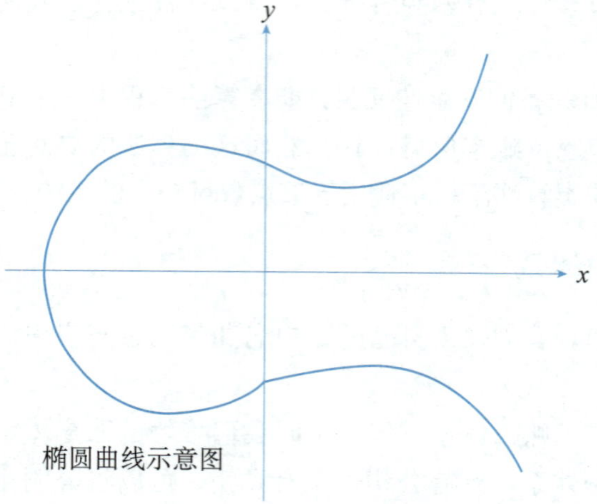

图 2－11　椭圆曲线示意图

解密；反过来也可以使用私钥加密，用公钥解密，这也被称为签名，相当于用私章盖印，对方就可以使用你的公钥来验证签名真伪（能正常解密）。

非对称加密的优点是解决了密钥的传输问题，因为公钥不怕公开。例如比特币，如果用户泄露了比特币钱包的私钥，其他人就可以拿走其钱包中的比特币，用户也不能追踪到他，因为比特币网络中，所有账号都是一串数字（实际上就是公钥），是匿名的。

当双方通信时，在发送方和接收方之间建立信任是很重要的。特别是，接收者必须信任消息的来源。例如，小明向小红转账一些钱，用于从她那里购买一些商品，让我们看看 PKI 是如何在小明和小红之间建立这种信任的。

如果小明想给小红支付钱，他必须创建一对自己的私钥和公钥，如图 2－12 所示。注意，这两个密钥总是成对的，只能配对使用，不能混用。

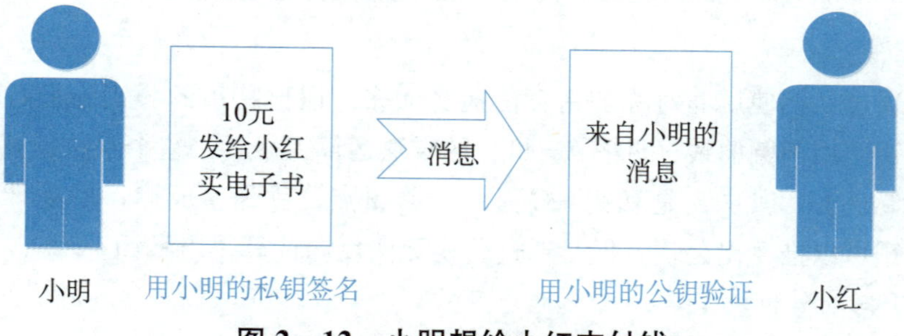

图 2－12　小明想给小红支付钱

现在，小明要支付 10 元给小红，他创建了一条消息发送给小红，其中包含小明（发送方）的公钥、小红（接收方）的公钥和金额（10 元）。

此笔汇款的目的，如“我想从你这里买电子书”也被添加到信息中。现在，整个消息都使用小明的私钥签名。当小红收到这条消息时，她将使用小明的公钥来验证消息确实来自小明。

类似的，小明也可以通过同样方式，验证小红的身份。

消息加密时，公钥加密，私钥解密。

现在，小红已经收到了付款，她想将电子书发给小明。小红创建一条消息，并将其发送给小明，如图 2－13 所示。

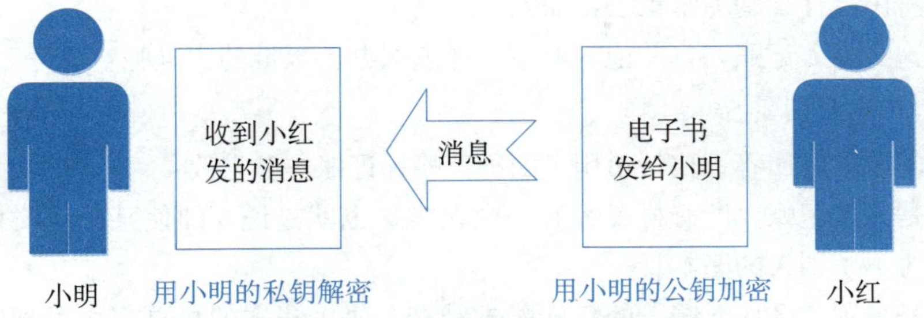

图 2－13　小红把电子书发给小明

小红创建一条消息，比如“这是电子书”，用小明的公钥加密。

小红发的消息，由于用小明的公钥加密，所以只能由小明的私钥解密，拦截消息的人，由于没有小明的私钥，无法解密消息内容。这就确保了只有小明能访问电子书网址，即保证了消息的私密性。如果要小明验证小红的身份，小红可以用自己的私钥给消息签名后，附上公钥发给小明，小明可以用小红的公钥验证签名。

六、区块链交易运行原理

（一）简易的区块链系统

我们以比特币的一个小故事为例，描述一个简易的区块链系统。

从前，有个古老的村落，里面住着一群原始的村民。这个村庄没有银行为大家存钱、记账，没有一个让所有村民都信赖的村长来维护和记录村民之间的财务往来，也就是没有任何中间机构或者个人来记账。于是，村民想出了一个不需要中间机构或个人，而是大家一起记账的方法。

1. 如何记账

比如，张三要转给李四 1 000 元，张三在村里高声呼喊：“大家注意了，我张三，给李四转了 1 000 元。”这时候附近的村民听到之后，需要做两件事。

第一，通过声音确定这是张三喊的，而不是别人冒名顶替的。第二，检查一下张三是否有足够的钱（前提是每个村民都有一个账本，上面会记录各个村民有多少钱）。当确定了张三真的有 1 000 元后，每个村民都会在这个账本上记录：某年某月某日，张三转给李四 1 000 元。

2. 所有人记账

除此之外，这些记账的村民口口相传，把“张三转给李四 1 000 元”这件事情，告诉了十里八村的人。当十里八村的人都知道这次转账的事情之后，大家就能够共同证明张三给李四转了 1 000 元这件事情了。这样的话，一个不需要村长就能够让所有村民都能达成一致的记账系统就诞生了。而这个记账系统就可以类比为我们今天常说的比特币系统。

故事到这里其实并没有结束。由此故事引发了三个值得深思的问题：

第一，记的账，后面会不会被篡改？

第二，村民有什么动力帮忙去记账？

第三，这么多人记账，万一记的账不一样怎么办？以谁的为准呢？

3. 账本篡改难度非常大

第一个问题很好回答，比特币用了两种策略保证账本防篡改：

策略一是人人记账。所有村民都有一个账本，也就是说，即使某一位村民改了自己的账本，也改不了别人的账本。

策略二是采用“区块＋链”的特殊账本结构。每个账本的账页都可以理解为一个区块。每个区块保存着某段时间内所发生的交易，这些区块通过链式结构连接在一起，形成了一个记录全部交易的完整账本。如果对区块内容进行了篡改，就会破坏整个区块链的链式结构，导致链条“断了”，很容易被检测发现。

所以这两个特性保证了账本不被篡改。

4. 记账会给奖励

第二个是关于动力的问题。提到动力，就是关于奖励。我们前面说了，记账是以区块（类比为现实账本上的一页）为单位，每个新的区块被认可，都会有奖励。而奖励就是发放给新区块的记账者，这种奖励措施就能使所有村民积极地参加记账。这个解题的过程，就被称为“挖矿”，比特币网络里参与记账的节点，被称为“矿工”。

此外，一旦某个区块被认可，其他人都会分别复制这个区块，从而保证所有人维护的账本是一致的。

5. 通过答题争夺记账权

那关于第三个问题，是怎么解决的呢？有了奖励，自然都愿意记账，但是那么多人记账，以谁为准呢？村民们想到了一个公平的办法：对每一个区块，让所有参与记账的村民都去破解一个题，看谁最先破解，最先破解这道题的村民，该区块就以他记的账为准。这个难题的解题过程需要不断地尝试，较为困难，但是找到答案发给别人后，别人是很容易验证的。

因此，比特币通过“区块＋链”的分布式账本保障了交易的不可篡改，通过发放比特币的激励措施激励了矿工的参与，通过计算难题（矿工挖矿）解决了账本的一致性问题。这样完美地形成了一个不依赖于任何中间人即可完成记账的自动运行系统。

（二）区块链交易运行流程

那在比特币这样的系统里，交易具体是如何进行的呢？图 2－14 展示了这个交易过程。

我们再以比特币为例，简单介绍区块链交易的运行流程：假设小明有 10 个比特币，小红有 6 个比特币，小明欠小红 2 个比特币，如图 2－15 所示。小明准备把 2 个比特币转账给小红，向全网的矿工们广播了这条交易信息。在这笔交易中，小明需要提交这几

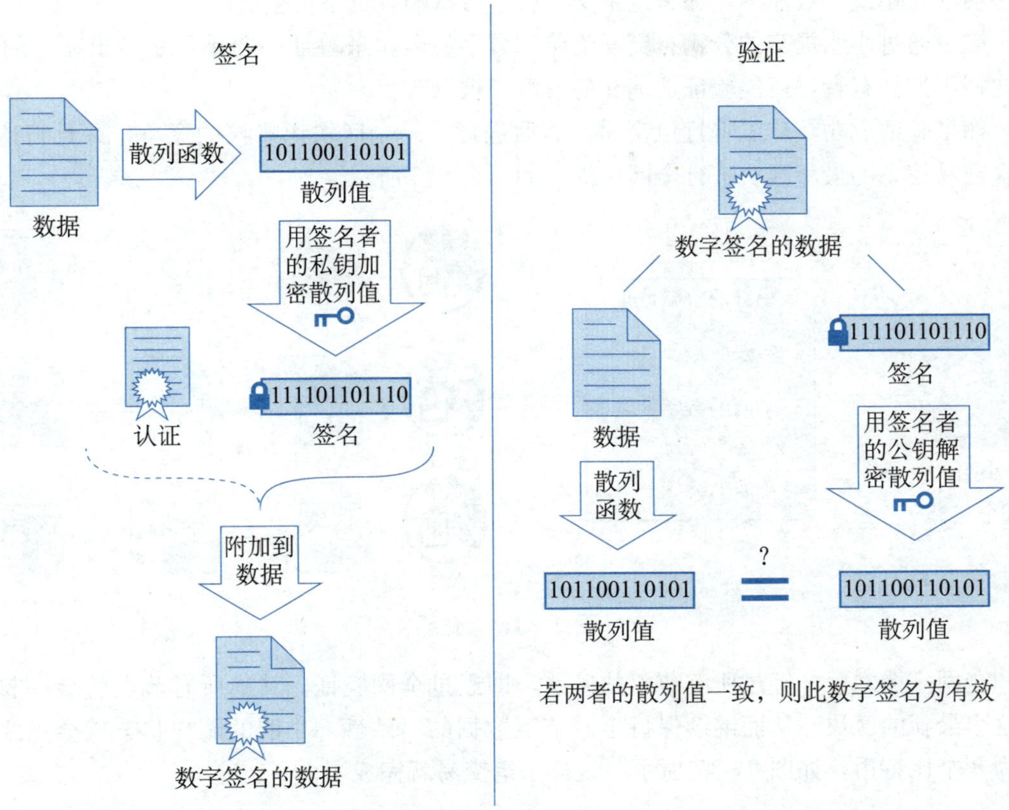

图 2-14　区块链交易过程

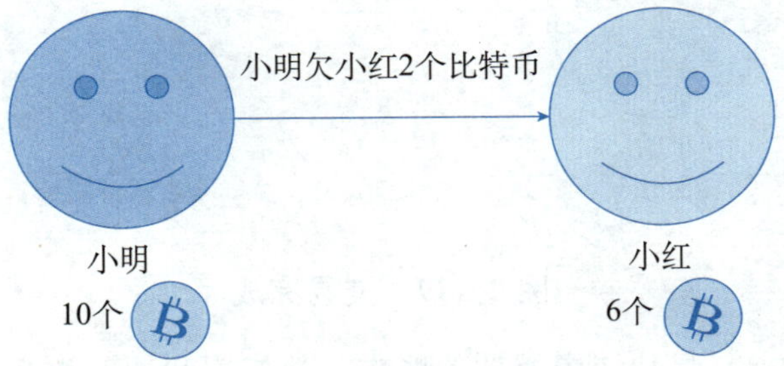

图 2-15　交易

项信息给矿工们：

（1）小红的收款地址；

（2）转账数量；

（3）交易哈希；

（4）小明的数字签名（用私钥进行签名）；

（5）小明的公钥。

其中交易哈希是由小红的收款地址和转账数量等交易信息通过哈希算法产生，而小明的数字签名是小明通过用私钥对交易哈希调用非对称加密算法进行签名产生，这样只要小明的私钥没有被泄露，那么这笔交易就不可抵赖，也不可被篡改。

矿工通过小明提交的公钥、交易哈希和数字签名，来验证小明是不是转出账户的 10 个比特币的拥有者，还能验证这笔交易有没有被篡改。

如果验证成功，矿工将打包交易，然后进行下一个区块记账权的竞争，并且将这个包含交易信息的最新区块进行全网广播，如图 2-16 所示。

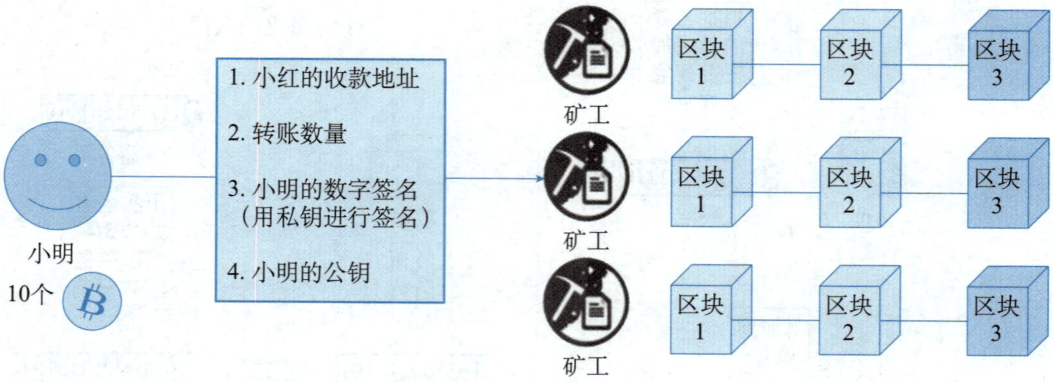

图 2-16　交易

全网广播之后，经过所有节点的确认，即经过全网验证，其他所有节点就会一起备份这个最新的区块，从而继续保持全网节点数据的一致性。小明的账户状态就会正式变更为 8 个比特币，如图 2-17 所示。这样一笔交易就完成了。

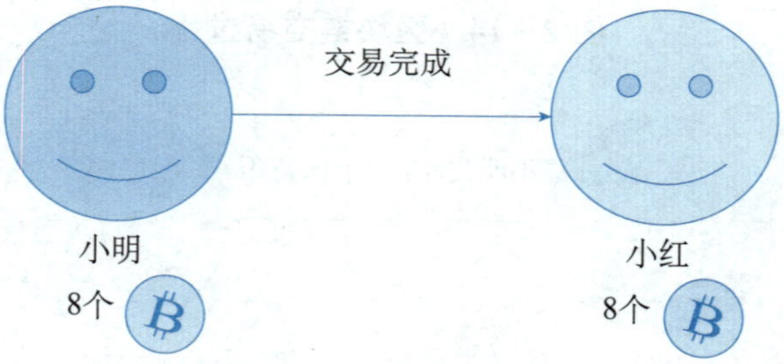

图 2-17　交易完成

现在我们可以总结，区块链中所谓的账本，其作用和现实生活中的账本基本一致，即按照一定格式记录流水等交易信息。随着区块链的发展，记录的交易内容由各种转账扩展到各个领域的数据。我们可以把任何导致数据变动的行为理解为交易。从这个角度，区块链记录的就是一系列有顺序的交易。

我们可以把区块链理解为一种分布式账本的技术，区块链记录的就是一系列有顺序的交易。每个节点或者说记账人都会在本地维护一个由区块组成链式结构，每个区块里面包含这些交易信息。节点和节点之间通过点对点网络进行通信，通过分布式共识机制对区块链链上的内容达成共识。通俗的比喻就是，每个人在本地有一个账本，每个账本由一系列账页组成，账页上记录的是交易，大家通过点对点网络进行通信，就账本上记什么内容达成共识。

本章小结

1. 区块链上的数据通过区块可以进行有序的批量处理，一个区块能存储数据的多少受限于被开发者设定好的区块大小。区块由区块头和区块体组成。区块体包含交易数据。区块头包含前一个区块的哈希、默克尔根、时间戳和随机数等数据。

2. 哈希值通常用一个短的随机字母和数字组成的字符串来代表。哈希值的不可逆性保证了密码的安全。默克尔根节省了区块链数据的存储空间。区块和哈希值构造了链式结构，保证了数据的可验证性。

3. 点对点网络保证了每个节点记账的全网同步、区块链记账的流程、在网络上达成记账的共识。

4. 私钥就是一组随机获取的数字。私钥是用户控制区块链账户的根本。私钥用来生成数字签名，数字签名能证明对应私钥的所有权。私钥必须严格保密，私钥如果泄露给第三方，就相当于失去了区块链账户的控制权。如果私钥丢失，没有任何办法恢复。公钥是通过私钥使用椭圆曲线的乘法运算得来。

课后习题

一、单选题

1. 小明向小红发送钱款，先用小明的____进行数字签名，小红收到钱款后可以用小明的____进行验证签名，验证交易是否被篡改。（　　）

A. 私钥　公钥　　B. 公钥　私钥　　C. 私钥　私钥　　D. 公钥　公钥

2. 一个数据对应着一个哈希值，那么当数据变动时，这个数据对应的哈希值（　　）。

A. 也会随之改变　　B. 不会改变

C. 视情况而定　　D. 有时改变，有时不改变

3. 以下（　　）不是点对点网络的特点。

A. 中心化　　B. 可拓展性　　C. 健壮性　　D. 二叉性

4. 以下（　　）共识机制的可监管性最高。

A. PoW　　B. PoS　　C. PBFT　　D. DPoS

5. 如果要对比特币网络上某地址的比特币进行交易，下列说法正确的是（　　）。

A. 只有拥有了私钥，才能进行交易

B. 拥有公钥就能进行交易

C. 拥有账户地址就能进行交易

D. 有智能合约才能进行交易

二、多选题

1. 下面关于区块链说法正确的是（　　）。

A. 区块链是一个基于密码学的分布式账本
B. 区块链中区块的意义在于通过批量处理提高性能
C. 区块链中的交易只能是转账
D. 区块链记录的是一系列有顺序的交易
2. 以下（　　）是共识算法。
A. 抽签式共识　　　　B. 投票式共识
C. 全局式共识　　　　D. 中心式共识
3. 以下关于工作量证明（PoW）说法正确的是（　　）。
A. 比特币采用了工作量证明
B. 工作量证明工作过程中需要进行大量的穷举运算
C. 工作量证明是区块链里唯一的共识算法
D. 工作量证明机制可以理解为一种抽签式共识
4. 下列关于公有链的区块链系统中，公钥和私钥的说法，正确的是（　　）。
A. 公钥人人可见
B. 公钥只有用户自己知道
C. 私钥可以告诉其他所有人
D. 私钥需要保管好，丢失私钥就会失去对账户的控制权
5. 下面关于哈希说法正确的是（　　）。
A. 一个数据对应着一个哈希，数据的变动会导致数据对应的哈希也随之变动
B. 哈希值通常是字母和数字组成的字符串
C. 区块头中的“前块哈希”就是前一个区块的哈希
D. 一个数据发生变化，不会影响其哈希

三、简答题

1. 区块头包含哪些内容?
2. 简述哈希的特性与应用。
3. 为什么区块链要引入了默克尔根?
4. 私钥和公钥分别是如何生成的?

第三章

智能合约基本原理

思维导图

知识目标

1. 掌握智能合约的定义;
2. 掌握智能合约的模型;
3. 了解智能合约的运行;
4. 熟悉智能合约的特性。

能力目标

理解智能合约的定义、智能合约的模型、智能合约的运行,明白智能合约的引入是区块链发展的一个里程碑。

案例导入

重庆农商行:线上房屋抵押贷“房快贷2.0”

“房快贷2.0”是重庆农村商业银行(简称“重庆农商行”)推出的一款线上房屋抵押贷款产品,具有“业务流程线上化、押品估值精准化、贷款审批自动化、信贷资料无纸化”四大创新点,将银行传统抵押贷款业务近1个月的受理耗时大幅缩短为3天,为客户个人经营和消费抵押贷款需求提供了极大便利。

一、完全自主开发,建成投产成本低

“房快贷2.0”产品充分依托重庆农商行新信贷与投资管理系统原有的功能,涉及智能决策系统、反欺诈系统、微银行、手机银行App的对接,行内存量系统改造量小,基本不会对行内系统产生影响,建成投产成本低,同时也保证了产品的快速上线和迭代。

二、房屋线上自动估值,辅以线下人工核查

“房快贷2.0”产品将房屋估值流程线上化,自建评估模型,实现房产的实时自动估价,同时充分发挥重庆农商行的线下网点优势,通过客户经理进行房产线下核实,确保房屋估值准确性,有效缩短估值时间,有助于实现押品数据沉淀与集中监控管理,规避非市场因素影响押品估价的风险。

三、基于数据的自动决策

“房快贷2.0”产品整体风控模型完全由重庆农商行设计,实现核心技术的自主把控;运用大数据平台,对行内外海量数据进行分析加工,并结合机器学习算法,建立智能化数据决策模型,实时进行自动决策计算;结合反欺诈数据、身份核查及行内黑名单、审慎名单等数据对客户身份进行加强验证和判断,实现对欺诈行为的有效规避。

四、运用区块链、智能合约等技术,保全电子证据

利用消息摘要技术,将“房快贷2.0”业务信息(包括合同信息、交易信息等)进行脱敏处理,形成存证数据;运用区块链等技术,将存证数据上链存储,实现存证数据的可追溯、可审计;利用智能合约技术,严格自动执行存证数据的脱敏、电子签名、加

盖可信时间戳等处理流程，并生成符合司法要求的电子证据，实现“房快贷 2.0”业务全流程证据保全，为金融消费者举证维权提供便利。

“房快贷”产品于 2019 年 11 月正式在重庆农商行上线。通过充分调研，重庆农商行于 2021 年 8 月 18 日优化迭代推出“房快贷 2.0”。截至 2021 年 9 月 22 日，“房快贷 2.0”贷款余额 205 亿元，累计服务客户超过 11 万人。

思考：重庆农商行用到了哪些新的金融科技手段？区块链技术起到了什么作用？

第一节　智能合约概述

一、智能合约的定义

尼克·萨博最早于 1994 年提出“智能合约”的概念，他把智能合约定义为“一个执行合约条款的计算机化的交易协议”。

简单而言，智能合约是一种在满足一定条件后就执行的计算机程序。

例如，自动售货机就可以视为一个智能合约系统，客户需要选择商品并完成支付，这两个条件都满足后，自动售货机就自动给出商品。

合约在生活中处处可见：租赁合同、借条等。传统的合约依靠法律进行背书，当产生违约及纠纷时，往往需要借助法院等仲裁机构的力量进行裁决。智能合约不仅仅是将传统的合约电子化，它的真正意义在于将传统合约的执行背书由法律替换成了代码。规则由代码来执行，意味着它会被严格执行。

比如和气象部门合作发布智能合约，合约规定当某位农民购买了一个基于所在省的降雨情况预警服务保险后，如果提前一天以上预警干旱，该农民没有赔付资金，但他会及时去处理干旱问题，农作物收成会良好；而如果预警错误或是临时预警，就会赔付给农民保险里对应赔款，减少天气带给农业的影响。上述过程利用智能合约可以很方便地实现。

区块链中的智能合约是条款以计算机语言而非日常语言或法律语言记录的智能合同，其实质是一种计算机程序——在区块链上写入类似“if-then”语句的程序，使得当预先编好的条件被触发时，这个程序会被自动触发，从而执行相应的合同条款。区块链中的智能合约一旦编写好就可以被用户信赖，合约条款不能被改变。

二、智能合约的必要性

尼克·萨博是知名的计算机科学家、法学学者和密码学者，他说：“智能合约的设计目标是执行一般的合同条件，最大限度地减少恶意和意外的状况，最大限度地减少使用信任中介。”举个例子，一个计算机协议，能保证如果付款了，商品就一定会被发送。

尽管智能合约这个概念在 1994 年就被提出来了，但是一直没有引起广泛的注意。这个理念虽然美好，但是缺少一个良好的运行智能合约的平台来确保智能合约会被执行，以及执行的逻辑没有被中途修改。区块链，尤其是具备去中心化、防篡改的区块链平台，完美地解决了这个问题。

智能合约一旦在公有链等区块链平台上部署，所有参与节点都会严格按照既定逻辑执行。基于区块链上大部分节点都是诚实的基本原则，如果某个节点修改了智能合约的逻辑，那么执行结果就会因为无法通过其他节点的验证而不被承认，即修改无效。

区块链从最初单一数字货币应用，至今天融入各个领域，其中智能合约可谓不可或缺。目前金融、政务服务、供应链、游戏等各种类别的应用，都是以智能合约的形式，运行在不同的区块链平台上。

第二节　智能合约的模型、运行和特性

一、智能合约的模型

一个基于区块链的智能合约需要包括事件处理机制、数据存储机制以及完备的状态机制，用于接受和处理各种条件，并且事件的触发、处理及数据保存都必须在链上进行。当满足触发条件后，智能合约就会根据预设逻辑，读取相应数据并进行计算，最后将计算结果永久保存在链式结构中。

智能合约在区块链中的运行逻辑如图 3-1 所示。

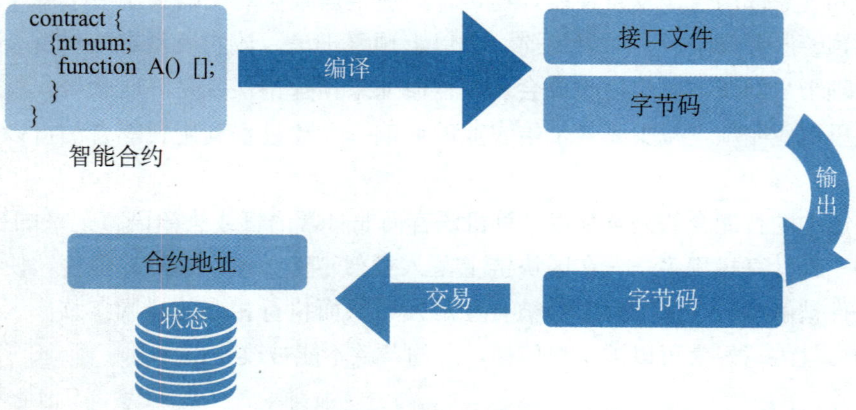

图 3-1　部署智能合约

对应前面农业相关的气象预警服务保险例子，智能合约即为通过代码实现的保险内容。该智能合约预置的触发条件即为规定恶劣天气发布、时间等相关信息，同时需要规定获取结果途径（例如从官网获取结果）。预置响应条件被触发后，智能合约执行具体内容。

条件（1）：一天及以上时间提前发布　响应（1）：保险公司账户金额不变
条件（2）：前一天及当天发布　响应（2）：保险公司赔付款打入到农民账户
条件（3）：恶劣天气没有发布　响应（3）：钱退回给农民

该智能合约一旦部署到公有链等智能合约平台，其内容就会保存在链上，被严格执行。每次恶劣天气预警后，区块链网络中的节点会按照约定的条件进行响应，并将结果记录在链上。

智能合约可以看作一种用于记录和修改区块链“状态”的应用程序。数字货币（比如比特币、莱特币）是把余额存到区块链上，通过共识机制实现对余额的“全网公证”。支持智能合约的区块链平台的状态不局限于余额，可以自定义状态保存到区块链上。

智能合约是一段程序（代码和数据的集合），可以部署在支持智能合约的区块链网络（比如以太坊）上运行。因为智能合约的输入是一致的，运行环境也是区块链提供的一致的运行环境，所以输出也可以验证。

智能合约是确定性的“单线程”的程序，确定性的程序在所有节点上运行的结果是一样的，区块链用交易的顺序确定智能合约运行的顺序，用分布式共识的方法保证最终的结果完全一样，也就是具有可验证性。

二、智能合约的运行

智能合约的运行和一笔交易类似，只是由“程序化”触发的。智能合约可以通过一笔交易来部署，可以通过一笔交易来触发，也可以通过智能合约调用来触发（前提是合约已经被调用），如图 3－2 所示。

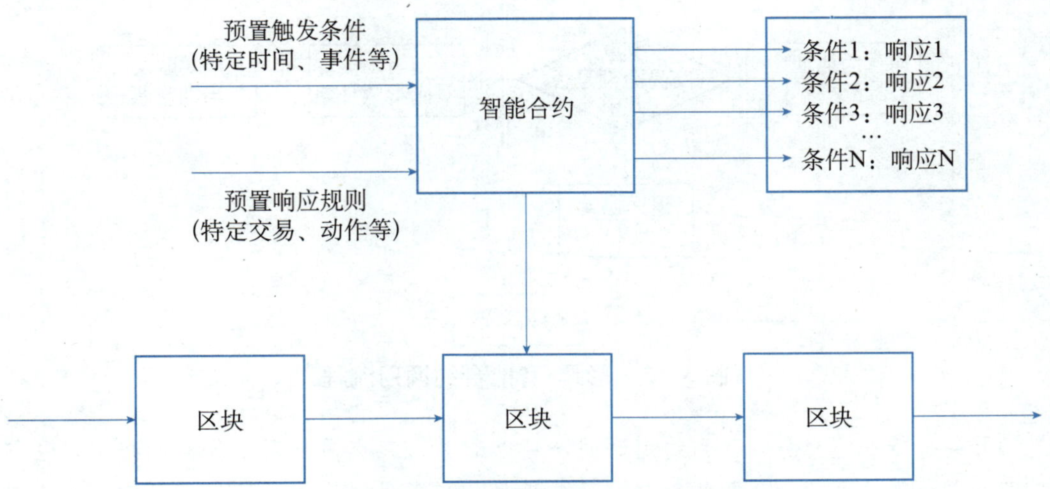

图 3－2　智能合约的运行

智能合约的部署是通过一笔交易，而这笔交易会全网共识，由此保证合约可以验证且全网一致。

拓展阅读

一个基于区块链的智能合约彩票应用案例

玩家在彩票未开奖时购买彩票，可同时购买多注，每注号码随机产生。

每晚 7 点后任意用户可通过任意一笔交易触发开奖合约，产生开奖结果。开奖结果为随机产生。

开奖后，系统将把奖池内的资金均分给每位中奖者，奖金通过合约发放到中奖者地址。

任何开发者均可调用本智能合约，所有数据可通过对接合约查询，公开公正。

由于智能合约的部署需要一笔交易，该彩票的智能合约代码编译后，可通过一笔交易部署到支持智能合约的区块链平台上。该交易会广播给所有的区块链节点。

部署智能合约的交易被节点“交易验证”通过后，会被打包到一个区块上，某个区块链节点争夺到记账权后且被其他节点“区块验证”无误，其他节点会同步该区块的内容，相当于该交易成功“上链”，获得大家共识。

该交易“上链”成功后，智能合约就可以被任何人调用。

购买彩票是一笔交易，调用的是智能合约上购买彩票的接口，大家可以通过购买彩票的交易哈希查看自己的下注情况。交易也同样需要经历验证，打包到区块里，区块上链。

购买彩票是调用智能合约里彩票购买的相应接口，输入是购买的金额，输出是获得的彩票，如图 3-3 所示。

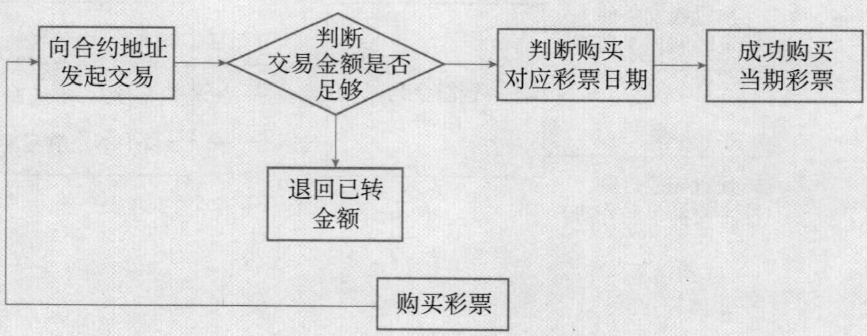

图 3-3 彩票-智能合约调用流程

开奖也是一笔交易，达到约定时间，可以通过一笔交易来调用开奖的接口，任何人都可以调用这个“开奖”的接口，只要满足相应条件（比如到达开奖时间）就会触发开奖。开奖被触发后，智能合约按照约定的方式对奖金进行分配，合约自动发起转账，把奖金发送给获奖的地址。

这样做有如下优势：开奖结果公开可查询，不存在暗箱操作，奖金的分配由合约自动完成，不会被挪用。

三、智能合约的特性

智能合约输入来源于链上的交易和消息，这是指智能合约的输入是从区块链里面来的。这些数据是由区块链保证的，具有真实、难篡改的特征。

智能合约执行在链上，是指智能合约是在多个节点上面执行，而所执行的结果必须是相同，智能合约所出的结果一定要获得共识才能被接受。

智能合约输出在链上，这是指智能合约的输出结果必须存在区块链上面，这样保证结果的真实与可追溯性，并且为其他相衔接的智能合约提供输入数据的准确性保障。

智能合约本质是一段运行在区块链网络中的代码，它完成用户所赋予的业务逻辑。但是我们知道，只要是由人编写的程序，就一定会出现错误和缺陷。智能合约安全漏洞极少是由于区块链底层平台引起的问题，其中大多数属于智能合约开发者本身编写的代码问题。

由于区块链技术中天然具有数据难以被篡改等特性，使得智能合约安全漏洞无法像传统应用那样通过程序升级或数据回滚等方式轻松解决。

第三节　智能合约平台

一、以太坊应用

以太坊（Ethereum）是一个开源的有智能合约功能的公共区块链平台。以太坊提供去中心化的虚拟机（Ethereum Virtual Machine，称为以太虚拟机）来处理智能合约。

以太坊的概念首次在 2013 年由程序员 Vitalik 受比特币启发后提出，以太坊亦被称为“第二代区块链平台”，仅次于比特币。

拓展阅读

众筹项目 The DAO

2016 年 5 月，众筹项目 The DAO 正式发布。该项目使用了由德国以太坊创业公司 Slock. it 编写的开源代码。这个众筹超过 1.5 亿美元的项目，遭受到了黑客利用递归调用以太坊发送漏洞的攻击，大量数字货币被盗走。

以太坊之上有三种应用。第一类是金融应用，为用户提供更强大的用其资金管理和参与合约的方法，包括子货币、金融衍生品、对冲合约、储蓄钱包、遗嘱，甚至一些种类的全面的雇佣合约。第二类是半金融应用，这里有金钱的存在但也有很多的非金钱的方面，一个完美的例子是为解决计算问题而设的悬赏系统。第三类是在线投票和去中心化治理这样的完全的非金融应用。

（一）令牌系统

区块链上令牌系统有很多应用，从代表如美元或黄金等资产的子货币到公司股票，单独的令牌代表智能资产，安全的不可伪造的优惠券，甚至与传统价值完全没有联系的用来进行积分奖励的令牌系统。在以太坊中实施令牌系统容易得让人吃惊，关键的一点是，所有的货币或者令牌系统，从根本上而言是一个带有如下操作的数据库：从A中减去x单位并把x单位加到B上，前提条件是：(1) A在交易之前拥有x单位；(2) 交易被A批准。实施一个令牌系统就是把这样一个逻辑实施到一个合约中去。

用Serpent语言实施一个令牌系统的基本代码如下：

```
def send（to, value)
    if self.storage[from] >= value
        self.storage[from] = self.storage[from] value
        self.storage[to] = self.storage[to] + value
```

这从本质上而言是将要进一步描述的“银行系统”状态转变功能的一个最小化实施。需要增加一些额外的代码以提供在初始和其他一些边缘情况下分发货币的功能，理想情况下会增加一个函数让其他合约来查询一个地址的余额就足够了。理论上，基于以太坊的充当子货币的令牌系统可能包括一个基于比特币的链上货币所缺乏的重要功能：直接用这种货币支付交易费的能力。实现这种能力的方法是在合约里维护一个以太币账户以用来为发送者支付交易费，通过收集被用来充当交易费用的内部货币并把它们在一个不断运行的拍卖中拍卖掉，合约不断为该以太币账户注资。这样用户需要用以太币“激活”他们的账户，但一旦账户中有以太币它将会被重复使用因为每次合约都会为其充值。

（二）金融衍生品和价值稳定的货币

金融衍生品是智能合约的最普遍的应用，也是最易于用代码实现的应用之一。实现金融合约的主要挑战是它们中的大部分需要参照一个外部的价格发布器。例如：一个需求非常大的应用是一个用来对冲以太币（或其他密码学货币）相对美元价格波动的智能合约，但该合约需要知道以太币相对美元的价格。最简单的方法是通过由某特定机构（例如纳斯达克）维护的“数据提供”合约进行，该合约的设计使得该机构能够根据需要更新合约，并提供一个接口使得其他合约能够通过发送一个消息给该合约以获取包含价格信息的回复。

当这些关键要素都齐备，对冲合约看起来会是下面的样子：

等待A输入1 000以太币

等待B输入1 000以太币

通过查询“数据提供”合约，将1 000以太币的美元价值，例如x美元，记录至存储器；

30天后，允许A或B“重新激活”合约以发送价值x美元的以太币（重新查询“数据提供”合约以获取新价格并计算）给A并将剩余的以太币发送给B。

这样的合约在密码学商务中有非同寻常的潜力。密码学货币经常被诟病的一个问题就是其价格的波动性；虽然大量的用户和商家可能需要密码学资产所带来的安全和便利，可他们不太会乐意面对一天中资产跌去23%价值的情况。直到现在，最为常见的推荐方案是发行者背书资产。该方案的思想是发行者创建一种子货币，对此种子货币他们有权发行和赎回，给予（线下）提供给他们一个单位特定相关资产（例如黄金、美元）的人一个单位子货币。发行者承诺当任何人送还一个单位密码学资产时，发还一个单位的相关资产。如果发行者值得信任的话，这种机制能够使任何非密码学资产被“升级”为密码学资产。然而实践中发行者并非总是值得信任的，并且一些情况下银行体系太脆弱，或者不够诚实守信，从而使这样的服务无法存在。

金融衍生品提供了一种替代方案。该方案将不再有提供储备以支撑一种资产的单独的发行者，取而代之的是一个由相信一种密码学资产的价格会上升的投机者构成的去中心化市场。与发行者不同，投机者一方没有讨价还价的权利，因为对冲合约把他们的储备冻结在了契约中。注意这种方法并非是完全去中心化的，因为依然需要一个可信任的提供价格信息的数据源，尽管有争议，这依然是在降低基础设施需求（与发行者不同，一个价格发布器不需要牌照并且似乎可归为自由言论一类）和降低潜在欺诈风险方面的一个巨大的进步。

（三）身份和信誉系统

最早的替代币——域名币，尝试使用一个类比特币区块链来提供一个名称注册系统，在那里用户可以将他们的名称和其他数据一起在一个公共数据库注册。

其他的应用案例包括电子邮件验证系统和潜在的更先进的信誉系统。以下是以太坊中提供的与域名币类似的名称注册系统的基础合约：

```
def register (name, value)
    if !self.storage[name]
        self.storage[name] = value
```

合约非常简单，就是一个以太坊网络中的可以被添加但不能被修改或移除的数据库。任何人都可以把一个名称注册为一个值并永远不变。一个更复杂的名称注册合约将包含允许其他合约查询的“功能条款”，以及一个让一个名称的“拥有者”（即第一个注册者）修改数据或者转让所有权的机制，甚至可以在其上添加信誉和信任网络功能。

（四）去中心化存储

在过去的几年里出现了一些大众化的在线文件存储初创公司，最突出的是Dropbox，它允许用户上传他们的硬盘备份，提供备份存储服务并允许用户访问，从而按月向用户收取费用。然而，在这一点上这个文件存储市场有时相对低效。对现存服务的粗略观察表明，主流文件存储成本每月的价格意味着在一个月里支付整个硬盘的成本。以太坊合约允许去中心化存储生态的开发，这样用户通过将他们自己的硬盘或未用的网络空间租出去以获得少量收益，从而降低了文件存储的成本。

这样的设施的基础性构件就是我们所说的“去中心化 Dropbox 合约”。这个合约工作原理如下：首先，某人将需要上传的数据分成块，对每一块数据加密以保护隐私，并且以此构建一个默克尔树。然后创建一个含规则的合约，每 N 个块，合约将从默克尔树中抽取一个随机索引（使用能够被合约代码访问的上一个块的哈希来提供随机性），然后给第一个实体 X 个以太币以提供一个带有类似简化验证支付（SPV）的交易。当一个用户想重新下载他的文件，他可以使用微支付通道协议（例如每 32k 字节支付 1 萨博）恢复文件。从费用上讲最高效的方法是用户不到最后不发布交易，而是用一个更合算的带有同样随机数的交易在每 32k 字节之后来代替原交易。

这个协议的一个重要特征是，虽然看起来像是一个人信任许多不会丢失文件的随机节点，但是他可以通过秘密分享把文件分成许多小块，然后通过监视合同得知每个小块都还被某个节点的保存着。如果一个合约依然在付款，那么就提供了某个人依然在保存文件的证据。

（五）去中心化自治组织

通常意义上“去中心化自治组织”（Decentralized Autonomous Organization，DAO）的概念指的是一个拥有一定数量成员或股东的虚拟实体，依靠比如 67%的多数来决定花钱以及修改代码。成员会集体决定组织如何分配资金，分配资金的方法可能是悬赏、工资或者更有吸引力的机制，比如用内部货币作为奖励。至此许多围绕 DAO 的讨论都是围绕一个带有接受分红的股东和可交易的股份的“去中心化自治公司”（Decentralized Autonomous Corporation，DAC）的“资本家”模式进行讨论；作为替代者，一个被描述为“去中心化自治社区”（Decentralized Autonomous Community）的实体将使所有成员都在决策上拥有同等的权利并且在增减成员时要求 67%多数同意。“每个人都只能拥有一个成员资格”这一规则需要被群体强制实施。

更先进的组织治理机制可能在将来实现。现在，一个去中心化组织（Decentralized Organization，DO）可以从去中心化自治组织（DAO）开始描述。DO 和 DAO 的区别是模糊的，一个大致的分割线是治理是否可以通过一个类似政治的过程或者一个“自动”过程实现，一个不错的直觉测试是“无通用语言”标准：如果两个成员不说同样的语言，组织还能正常运行吗？显然，一个简单的传统的持股式公司会失败，而像比特币协议这样的却很可能成功。注意一个人无需假设所有 DAO 比所有 DO 优越；自治只是一个在一些特定场景下有很大优势，但在其他地方未必可行的范式，可能存在许多半去中心化自治组织。

下面是一个如何用代码实现 DO 的纲要。最简单的就是设计一段如果 2/3 成员同意就可以自我修改的代码。虽然理论上代码是不可更改的，然而通过把代码主干放在一个单独的合约内，并且把合约调用的地址指向一个可更改的存储，依然可以容易地绕开障碍而使代码变得可修改。这样的 DAO 合约的简单实现中有三种交易类型，由交易提供的数据区分：

(1) [0,i,k,v] 注册索引为 i 的对存储地址索引为 k 至 v 的内容的更改建议。

(2) [0,i] 注册对建议 i 的投票。

(3) [2,i] 如有足够投票则确认建议 i。

然后合约对每一项都有具体的条款，它将维护一个所有开放存储的更改记录、一个谁投票表决的表，以及一个所有成员的表。当任何存储内容的更改获得了 2/3 的多数同意时，一个最终的交易将执行这项更改。一个更加复杂的框架会增加内置的选举功能以实现如发送交易、增减成员，甚至提供委任制民主一类的投票代表（即任何人都可以委托另外一个人来代表自己投票，而且这种委托关系是可以传递的，所以如果 A 委托了 B，然后 B 委托了 C，那么 C 将决定 A 的投票）。这种设计将使 DAO 作为一个去中心化系统有机地成长，使人们最终能够把挑选合适人选的任务交给专家。与当前系统不同，随着社区成员不断改变他们的站队，假以时日专家会容易地出现和消失。一个替代的模式是去中心化公司，那里任何账户可以拥有 0 到更多的股份，决策需要 2/3 的多数股份同意。一个完整的框架将包括资产管理功能、可以提交买卖股份的订单，以及接受这种订单的功能（前提是合约里有订单匹配机制）。代表依然以委任制民主的方式存在，产生了“董事会”的概念。

（六）其他应用

1. 储蓄钱包

假设小红想确保她的资金安全，但她担心丢失或者被黑客盗走私钥，于是她把以太币放到和小明签订的一个合约里，如下所示，这合同类似一个银行：

(1) 小红单独每天最多可提取 1%的资金。

(2) 小明单独每天最多可提取 1%的资金，但小红可以用她的私钥创建一个交易取消小明的提现权限。

(3) 小红和小明一起可以任意提取资金。一般来讲，每天 1%对小红足够了，如果小红想提现更多，她可以联系小明寻求帮助。如果小红的私钥被盗，她可以立即找到小明把她的资金转移到一个新合约里。如果她弄丢了她的私钥，小明可以慢慢地把钱提出。如果小明表现出了恶意，她可以关掉他的提现权限。

2. 农作物保险

一个人可以很容易地以天气情况而不是任何价格指数作为数据输入来创建一个金融衍生品合约。假设一个四川的农民购买了一个基于四川的降雨情况进行反向赔付的金融衍生品，那么如果遇到干旱，该农民将自动地收到赔付资金；而如果有足量的降雨他也会很开心，因为他的农作物收成会很好。

二、超级账本等智能合约平台

超级账本（Hyperledger）是一个由 Linux 基金会牵头并创立的开源分布式账本平台，于 2015 年 12 月正式宣布启动。

超级账本项目的整体目标是区块链及分布式账本系统的跨行业发展与协作，并着重发展性能和可靠性，使之可以支持主要的技术、金融和全球供应链公司的商业贸易。它的目标为开发一个“开源的分布式账本框架，构建强大的行业特定应用、平台和系统，以支持商业级交易”。

Hyperledger Fabric（以下简称 Fabric）是超级账本项目中的基础核心平台，它致力于提供一个能用于各种场景的、内置共识协议可插拔的、可部分中心化（即进行权限管理）的分布式账本平台。

智能合约是区块链的重要组成部分之一，在 Fabric 系统中，智能合约被称为链码。链码分成两类，分别是系统链码和用户链码。系统链码主要实现系统管理的功能，提供系统内置的功能；用户链码是用户编写的智能合约，可用于区块链应用的快速开发。

本章小结

1. 简单而言，智能合约是一种在满足一定条件时就执行的计算机程序。

2. 一个基于区块链的智能合约需要包括事件处理机制、数据存储机制以及完备的状态机，用于接受和处理各种条件，并且事件的触发、处理及数据保存都必须在链上进行。当满足触发条件后，智能合约就会根据预设逻辑，读取相应数据并进行计算，最后将计算结果永久保存在链式结构中。

课后习题

一、单选题

1. 智能合约的工作流程为（　　）。

A. 编译、调用、部署上链、执行　　B. 部署上链、编译、调用、执行

C. 编译、部署上链、调用、执行　　D. 部署上链、调用、编译、执行

2. 智能合约安全漏洞大部分是由（　　）引起的问题。

A. 区块链底层平台　　B. 开发者编写的智能合约漏洞

C. 区块链编译器　　D. 代码语法错误

3. 下列关于智能合约的工作流程，正确的是（　　）。

A. 编译—上链—部署—调用—执行　　B. 编译—上链—部署—执行—调用

C. 编译—部署—上链—调用—执行　　D. 编译—部署—上链—执行—调用

4. 智能合约的输入、输出和运行（　　）。

A. 都必须在链上　　B. 都不在链上

C. 不一定在链上　　D. 中只有输入必须在链上

5.（　　）是联盟链智能合约的正确说法。

A. 与业务相关组织组成联盟　　B. 智能合约执行无须支付费用

C. 各组织间无须完全信任　　D. 以上全部

二、多选题

1. (　　)是对智能合约的正确理解。

A. 智能合约是一段智能的程序，能够在无需外界触发的情况下自动智能地执行

B. 智能合约就像一个可以被信任的人，可以临时保管资产，总是按照事先的规则执行操作

C. 智能合约是在区块链上执行的一段程序，多方同意按照智能合约的代码执行，并对资产进行处置与分配

D. 智能合约是以太坊网络首次提出的。

2. 列关于区块链上的状态信息，下列说法正确的是(　　)。

A. 区块链的状态信息只是指区块中的余额

B. 智能合约可以访问和修改区块链上的余额

C. 区块链存储的是状态，智能合约交易可以让区块链状态转换

D. 智能合约可以访问和修改区块链上的状态信息

3. 智能合约与传统合约相比，(　　)。

A. 执行的成本低，效率高

B. 计算机代码执行，条款严谨

C. 执行的标准是刚性标准，不易发生纠纷

D. 合约的执行靠 IT 系统

4. 在区块链网络中，想要完成一笔转账，需要(　　)。

A. 生成私钥　　B. 生成账户地址

C. 转账时输入公钥　　D. 转账时输入私钥

5. 用区块链智能合约来实现彩票，最有可能解决(　　)问题。

A. 开奖的暗箱操作　　B. 奖池资金的挪用

C. 彩票走势分析　　D. 彩票数据可视化

三、简答题

1. 简述智能合约的运用场景。

2. 论述智能合约的安全性是如何保证的。

第四章
区块链金融基础

思维导图

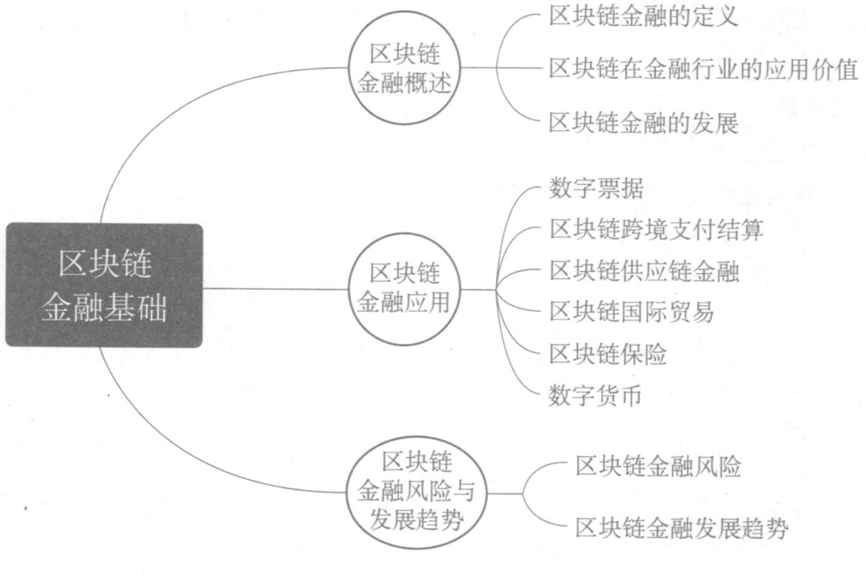

知识目标

1. 掌握区块链金融的定义；
2. 了解区块链金融的发展；
3. 了解区块链金融应用。

能力目标

根据区块链的特点，理解区块链技术在金融领域的应用逻辑。

案例导入

京东数科区块链技术为ABS行业赋能

京东数字科技集团（简称京东数科）由京东集团孵化，是一家全球领先的数字科技公司，致力于为金融机构、商户与企业、政府及其他客户提供全方位数字化解决方案。公司以大数据、人工智能、云计算、区块链等新一代信息技术为基础，为客户提供“科技（Technology）＋产业（Industry）＋生态系统（Ecosystem）”的全方位服务，打造产业数字化“联结（TIE）”模式。

一、区块链技术为ABS行业赋能

ABS的全称是Asset Backed Securitization，即资产证券化，这是指将一些项目资产价值分解成一定数量的证券，同时以项目资产可以带来的预期收益为保证，再向资本市场进行出售以筹集资金。区块链技术通过密码学方法和特殊数据结构所提供的不可篡改特性保证了数据原始性，提高了数据透明度，提升了参与各方效率，从而降低了项目的融资成本；智能合约使证券化流程参与方协作规范化，减少了操作成本；流程标准化，使底层现金流透明化，提高了风险定价效率和二级市场交易的流动性；区块链技术服务于资产证券化，更有利于监管机构实现穿透式监管。具体体现在以下几个方面：

（一）改善ABS的现金流管理

自动账本同步和审计功能，解决了信息不对称问题，极大地降低了参与方之间的对账成本。此外，利用智能合约还可以实现款项自动划拨、资产循环购买和自动收益分配等功能。在达成多方共识的基础上，可以有效降低由于人工干预造成的业务复杂度和出错概率，显著提升现金流管理效率。

（二）提高证券交易的高效性和透明度

通过区块链进行资产证券化产品交易，可使更广泛的参与者在去中心化的交易平台自由完成交易，不依赖中心化的结算系统。

（三）助力穿透式监管

区块链实现的分布式账本技术有望在ABS底层资产穿透、提升监管水平方面发挥重要的作用。

二、基于区块链的ABS全流程解决方案

基于区块链的ABS全流程解决方案（见图4-1）包括资产池统计、切割、结构化设计、存续期管理、二级市场交易等系统功能，为中介机构提供全流程的分析、管理、运算体系。

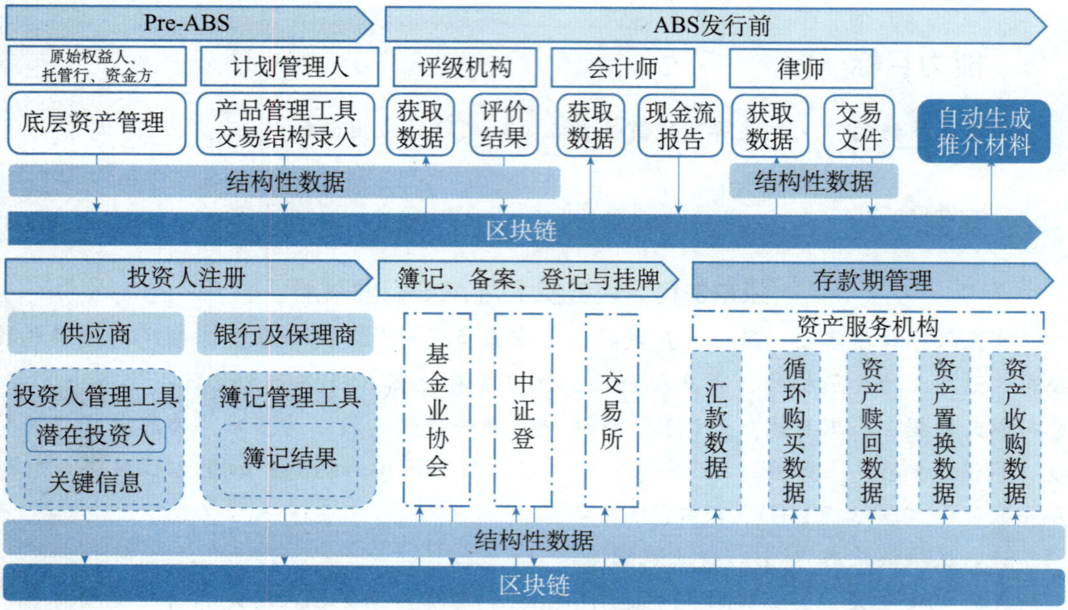

图4-1　基于区块链的ABS全流程解决方案

基于区块链的ABS全流程解决方案首先建立由各参与方共同组成的ABS区块链联盟，在ABS全流程的落地过程中运用区块链技术，使ABS实现更加精确的资产洞察、现金流管理、数据分析和投后管理。

Pre-ABS底层资产形成阶段，可以做到放款、还款现金流和信息流实时入链，实现底层资产的真实防篡改。同时，各类尽职调查报告、资产服务报告可以通过智能合约自动生成。

在产品设计和发行阶段，交易结构和评级结果由评级公司和券商确认共识后入链；评级公司将投资人身份及认购份额登记入链；交易所从链上获取全部申报信息，将审批结果入链。

在存款期管理阶段，汇款数据、循环购买数据以及资产赎回、置换和收购数据均可入链，并生成资产服务报告。

在二级市场交易阶段，证券底层现金流信息可从链上获取，帮助交易双方进行实时估价；投资人可通过交易撮合智能合约，在链上完成证券所有权的转移。

基于区块链ABS全流程解决方案从提高收入、降低成本和提升效率三个维度体现其价值：对投资方而言，降低了ABS产品对应底层资产的信用风险，丰富了投资收益来源，并减少了投后管理的成本；对资产方而言，进一步拓宽了融资渠道，降低了融资成本和风控运营成本，促进了信贷业务管理流程标准化，缩短了融资交易周期；对服务方而言，降低了投后管理人力成本投入，使得资金分配流程更加高效。

（资料来源：《京东区块链技术实践白皮书（2019）》、京东数科官网）

思考：你认为区块链金融是什么？你还知道哪些区块链金融的应用？

第一节　区块链金融概述

一、区块链金融的定义

区块链金融就是在传统的金融领域应用区块链技术进行产业转型升级，通过区块链去中心化、共同维护、不可篡改等特性来重新定义金融行业。金融服务产业是中心化程度最高的产业之一。金融市场中，交易双方存在信息不对称、产业链条中信用中介和信息中介存在中心化等情况，导致传统金融行业信用机制不健全、系统运转效率减慢、资金往来成本增加。区块链技术公开、不可篡改的属性，为去中心化的信任机制提供了可能，具备改变金融基础架构的潜力。所以，金融是区块链技术应用探索的重点领域。

中国区块链金融行业参与者可分为三类，如图 4－2 所示。

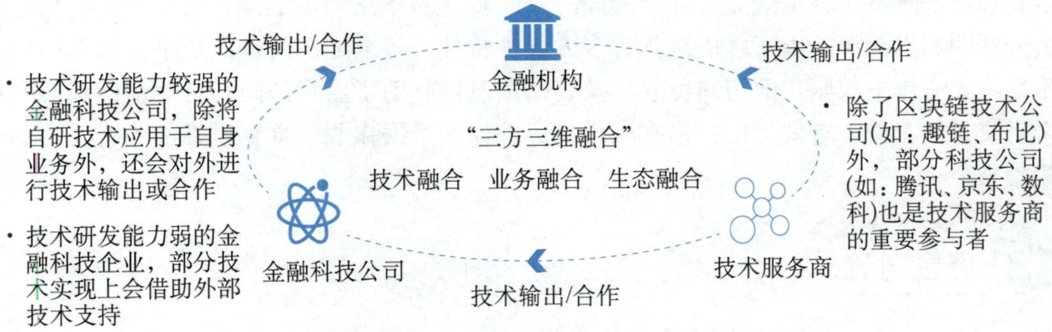

图 4－2　中国区块链金融行业参与者

第一类为银行、证券、保险等金融机构，主要进行区块链在金融中的落地探索，融合发展金融科技。银行业的头部、中部和尾部机构均有参与，保险及证券业以头部企业参与为主。

第二类为金融科技公司，这些公司一方面进行技术输出，另一方面将区块链应用于自身金融业务。

第三类为技术服务商，这类企业专注区块链底层技术的研发，并将综合技术解决方案输出至金融机构及部分金融科技公司。

二、区块链在金融行业的应用价值

区块链在金融行业的应用价值主要体现在以下 4 个方面。

（一）重构信用创造机制

区块链技术重构了信用创造机制，利用共识机制使人们自动达成交易，交易双方无须了解对方基本信息或借助第三方机构的担保，即可直接进行价值交换。区块链的技术特性保证了价值交换过程中的行为记录、传输、存储结果都是可信的，减少了其他为达成交易而产生的参与方数量，提升了交易可信度。

（二）提升金融交易安全性

区块链技术使任意两个节点可直接进行点对点的交易，实现实时交易与结算，大幅降低了信息传递过程中出现错误的概率，提升了交易可信度，提高了金融结算效率，降低了交易成本。区块链通过分布式网络结构，将信息储存于网络的每个节点中，单个节点信息缺失不影响其余节点正常运转，同时每个节点存储的信息保持一致，信息高度透明，保证金融交易的安全可靠。

（三）实现个人隐私保护

区块链技术通过节点授权机制，赋予节点访问信息权限，信息的保密性与私密性得到保证，对于建立用户个人信息保护制度，保证个人信息、财产状况、信用状况等私密信息安全具有重要应用价值。

（四）协助信息共享与金融监管

区块链具备匿名保护、安全通信、多方维护和可溯源等特点，有助于金融行业打破数据孤岛的现状。在金融业务开展的同时及时将交易信息同步上链，可实现交易信息的公开透明和可溯源。由于区块链具有多方维护特性，各金融部门以及金融监管部门对金融账本具有维护权限，部门间可共享及查阅信息，有助于监管部门和合规部门动态掌握金融交易的全貌，有效帮助打击多头借贷、骗保、票据作假、重复质押等不合法、不合规现象。

课堂讨论

请同学们利用自己的专业知识，结合区块链在金融行业的应用价值，以小组为单位讨论：你认为区块链技术可以应用在哪些金融业务中？可以解决这些业务的哪些弊端呢？

拓展阅读

蚂蚁区块链以全球领先的技术能力助力区块链产业落地

2014 年 10 月 16 日，起步于支付宝的蚂蚁金融服务集团（简称蚂蚁金服）正式宣告成立。在中国大型科技公司中，蚂蚁金服探路区块链最早。蚂蚁金服于 2016 年成立区块链团队，拥有一支顶尖的技术队伍，已吸引 240 多名全球顶尖区块链专家加入。

蚂蚁区块链团队自主研发了国际领先水平的高性能、高可靠、高安全的金融级联盟区块链平台，将能够支撑10亿账户和10亿日交易量的超大规模场景应用。在知识产权积累上，已公布的专利申请数量达到1 006件，从2017年至2019年连续三年蝉联全球专利申请排行榜第一名。此外，蚂蚁区块链平台获得了Gartner、福布斯、IDC及浙江省科技厅等国内外权威机构的广泛认可与荣誉授予，且已率先通过中央网信办下属的CNCERT区块链安全测评，也是中央网信办第一批区块链备案企业之一。2019年2月25日，蚂蚁区块链科技有限公司在上海市黄浦区揭牌。2020年7月23日，蚂蚁区块链品牌宣布更名为“蚂蚁链”，称将致力于使区块链像移动支付一样改变生产和生活。蚂蚁区块链技术能力与产业落地成果具体如图4-3所示。

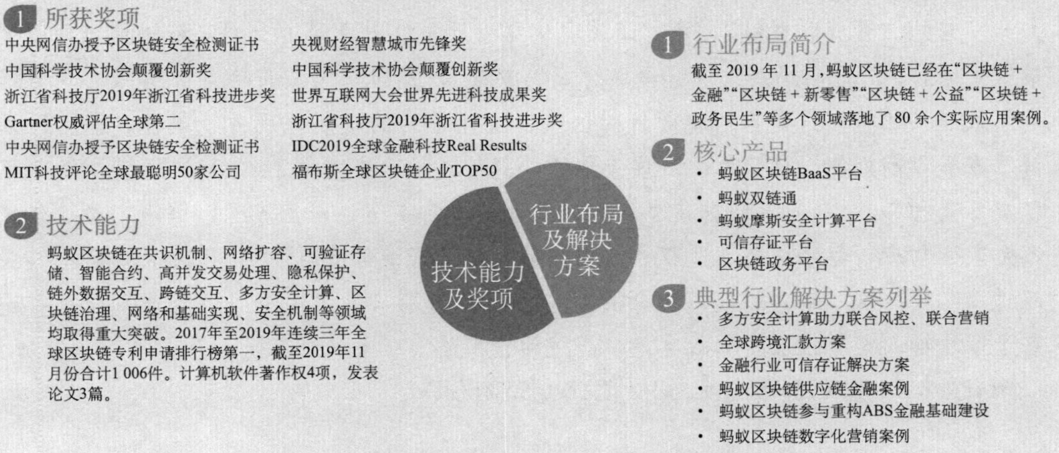

图4-3　蚂蚁区块链技术能力与产业落地成果

（资料来源：艾瑞咨询研究院）

蚂蚁区块链发展史如下。

一、第一阶段（2015—2017年）：酝酿、试水，招兵买马

2015年，蚂蚁金服开始研发区块链。2016年，蚂蚁金服开始落地区块链，但并未选择其主营业务，而是应用于公益场景。蚂蚁金服与中华社会救助基金会合作，在支付宝爱心捐赠平台上线区块链公益筹款项目“听障儿童重获新声”，区块链被用于追踪善款。2017年，NEC集团（日本电气）前副总裁蒋国飞加入蚂蚁金服，开始带领团队深入研究区块链。

二、第二阶段（2018—2019年）：开放平台，驶入主航道

2018年，蚂蚁金服启动区块链合作伙伴计划，将蚂蚁BaaS（Blockchain as a Service）区块链平台对外开放。同年6月25日，蚂蚁金服在香港上线基于区块链的电子钱包跨境汇款服务，港版支付宝Alipay HK的用户可以通过区块链技术向菲律宾钱包Gcash汇款，可实现实时到账，省钱、省事、安全、透明。8月，蚂蚁区块链在浙江台州中心医院开通基于区块链的电子医疗票据服务，在广东推出基于区块链的电子发票。这标志着蚂蚁金服开始尝试将区块链技术用于其相对核心的业务。

2019 年是蚂蚁区块链遍地开花的一年。这一年，蚂蚁金服举办了区块链创新大赛（总奖金达 180 万元），推出面向供应链金融体系的“双链通”产品；天猫“双 11”中 4 亿件海淘商品实现原产地溯源；推出图片原创保护产品“鹊凿”；打通马来西亚到巴基斯坦的区块链跨境汇款通路；与 Hyperledger 发布跨链合作，发布跨链产品 ODATS；搭建人民法院司法区块链统一平台，并联合四级法院共完成超 1.8 亿条数据上链存证固证，支持链上取证核验……这一阶段，蚂蚁区块链呈现业务不局限于蚂蚁金服、落地场景更多样、落地规模更大等特征。

三、第三阶段（2020 年至今）：加速推进商用，升级品牌名称

2020 年，蚂蚁金服加速推进区块链商用。4 月，蚂蚁金服推出面向中小企业和个人开发者的“开放联盟链”，将上链成本从几十万元级别降到了千元，缩短建链时间至最快 1 分钟。7 月，蚂蚁区块链更名为“蚂蚁链”，发布与平头哥半导体有限公司合作的蚂蚁链一体机，这是全球首款针对区块链智能合约的定制化硬件处理器，能为区块链节点提供高性能、强隐私、高安全保障。蚂蚁链技术上支持 10 亿账户规模、每日 10 亿交易量和每秒 10 万笔跨链信息处理，落地了食品安全、正品溯源、跨境汇款、供应链金融、物流、数字仓单、版权、票据流转、电子证照等 50 多个应用场景，日上链量超过 1 亿次。这一年，蚂蚁链还与英特尔和招商局港口集团达成战略合作，分别打造基于区块链的租赁供应链和数字港口开放协作网络。

（资料来源：艾瑞咨询研究院、蚂蚁链官网、券商研报）

三、区块链金融的发展

金融的本质是经营信用，大多数场景下，交易信用的建立基本依托于包括金融机构在内的第三方中介机构。现阶段金融领域面临的痛点主要有：一是资产与交易信息真实性验证困难，导致信用评估成本高昂，普惠金融服务难以落地；二是跨机构金融交易业务流程复杂、周期长，导致效率低下；三是互联网金融跨界经营发展，为传统中心化风险管理和监管模式带来挑战。区块链的出现，使很多传统互联网中因信任粒度或信任成本问题而难以进行线上融合的场景有了融合创新的可能。对于已实现的金融场景而言，区块链提供了将其信任基础由线下高成本转至线上低成本的转移方案，在降低信用成本的同时区块链多方共享的特性也强化了参与方之间的连接与协作，提升了价值交换效率。同时，区块链为依托于信任的广泛金融领域业务场景提供了创新的基础，也使未来跨行业融合的商业模式创新成为可能。

（一）全球区块链金融领域应用概况

1. 区块链联盟生态稳步扩张

现阶段全球科技公司、金融公司和咨询公司为加快区块链布局，通常通过组建区块链联盟的方式，合作探索区块链技术及应用场景。各行业联盟纷纷成立，在推进区块链

技术在不同行业的应用和发展的同时，也产生了一定程度的辐射效应，吸引着更多的企业加入，促进整个区块链生态的发展。国外主要联盟组织如表 4－1 所示。

表 4－1 国外主要联盟组织

名称	发起时间	发起者	现成员数	联盟宗旨
R3	2015 年 9 月	R3CEV 公司联合巴克莱银行、高盛、摩根大通等 9 家机构	近 400 家	推动全球金融市场中加密技术和分布式总账智能协议的应用，帮助区块链技术落地应用、商业化
Blockchain in Transport Alliance（区块链货运联盟）	2017 年 8 月	货运行业	近 400 家	降低成本，提高运输效率；推动新兴技术落地，发展区块链行业标准，交流与推广区块链应用、解决方案及分布式账本技术
Hyperledger（超级账本）	2015 年 12 月	Linux 基金会	近 300 家	让成员共同合作，共建开放平台，满足来自多个不同行业各种用户案例，并简化业务流程；实现区块链的跨行业发展与协作并着重发展性能和可靠性，使之可以支持全球商业交易
INATBA（国际可信区块链应用协会）	2019 年 4 月	欧盟	150 余家	制定规范，促进标准和监管融合，以支持创新型区块链技术的开发和应用

2. 区块链推动金融创新发展

国外金融创新集中在数字货币和支付领域，应用区块链技术提升流程流转效率，加强业务信任度。在数字货币领域，2019 年 6 月 Facebook 发布《Libra 白皮书》，间接推动了各国数字货币的相关政策出台并促进金融监管规则的完善，同时加快了各国对本国法定数字货币的研发与推进脚步。目前，中国与欧盟已经明确对外公布了法定数字货币规划，日本、新加坡、加拿大、瑞典、印度、土耳其等国家也都在考虑本国的数字货币方案。支付领域，美国金融科技公司 Ripple 通过构建一个去中心化的分布式支付网络，提供一个跨境支付平台，致力于提高跨境清算效率，降低跨境支付成本；美国支付巨头 VISA 宣布推出基于区块链的跨境支付网络“B2B Connect”，旨在为国际金融机构的跨境支付提供便利，让跨境支付更快更有效率。

（二）我国区块链金融领域应用概况

1. 区块链专利数量增长明显

随着国家政策对区块链的倾斜与各领域应用的落地，区块链相关的专利也逐渐受到各方的重视。如图 4－4 所示，从 2021 年全球区块链技术来源地区看，全球申请区块链专利最多的前三名是中国、美国和开曼群岛。其中，中国区块链申请量达 15 985 项，占全球申请总量的 84%，位居第一。而排名第二的美国占比 8%，区块链申请量为 1 456项。

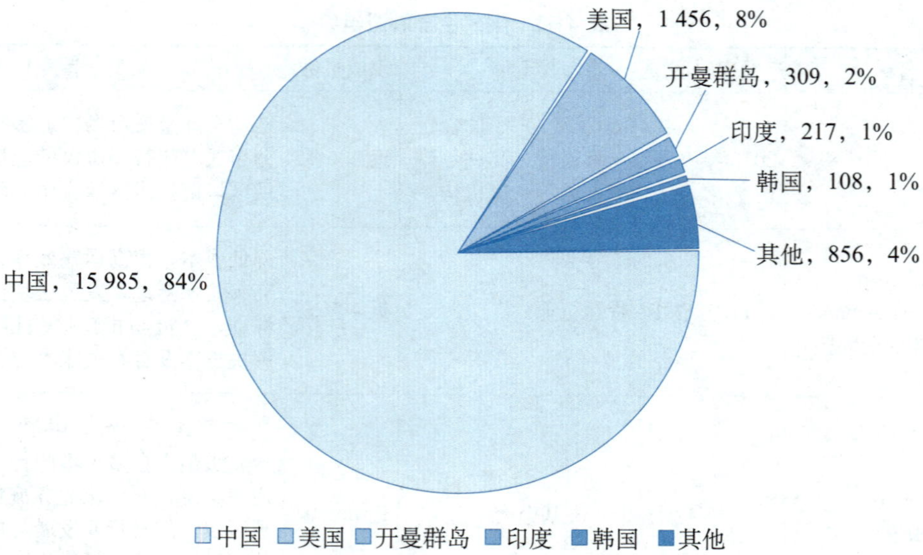

图 4-4　全球区块链专利申请分布

（资料来源：智妍咨询）

2. 区块链应用落地态势火爆

在政策利好与行业推动的双向加持下，各地都在积极落地区块链应用场景，区块链应用场景落地正呈现爆发增长的态势，在政务民生、金融贸易、司法仲裁、税务发票、智慧医疗、食品安全等领域落地了不同的区块链应用，行业发展呈现百花争艳的局面。从地区分布看，区块链企业主要集中在沿海地区和一线城市，但中部地区也逐渐有发展的趋势。

金融是区块链技术应用场景中探索最多的领域，在供应链金融、贸易融资、支付清算、资金管理等细分领域都有具体的项目落地。2020 年，中国人民银行发布首个金融行业区块链标准——《金融分布式账本技术安全规范》。据国家互联网信息办公室“境内区块链信息服务备案”显示，截至 2022 年 3 月 4 日，境内区块链信息服务名称及备案编号已公布共 1 705 个。

第二节　区块链金融应用

从当前的实际应用情况看，区块链在金融领域的非币应用主要用于实现三类功能：一是金融相关信息的存证、溯源、共享、核对等信息存储传输类功能；二是积分及其系统内通兑通换等附带一定价值传递的功能；三是基于可被多方形式验证的智能合约自动执行功能。区块链在我国金融领域应用已初具条件，已在票据、跨境支付结算、供应链金融、国际贸易、保险和数字货币等领域有一些落地案例。表 4-2 为金融企业区块链落地领域。

表 4-2　金融企业区块链落地领域

	基础平台	资金管理	供应链金融	贸易融资	支付清算	数字资产			延伸领域				
						ABS	票据	其他	数字存证	溯源	住房租赁	数字发票	电子证照
中国工商银行	√	√	√	√		√	√		√	√			
中国农业银行			√										
中国银行		√			√	√	√						
中国建设银行		√	√								√		
交通银行						√							
邮储银行		√		√									
招商银行				√	√	√						√	
平安银行	√		√	√				√					√
浦发银行							√		√				
度小满	√					√	√	√					
蚂蚁金服	√				√		√		√	√	√		
微众银行	√		√		√				√			√	
京东数科	√		√			√			√	√			

一、数字票据

票据是一种金融产品，具备支付和融资双重功能，具有价值高、承担银行信用或商业信用的特点，票据一经开立，其票面金额、日期等重要信息不得更改。票据具备流通属性，在特定生命周期内可进行承兑、背书、贴现、转贴现、托收等交易，交易行为一旦完成，交易就不可被撤销。

目前票据业务主要存在三方面问题：

(1) 票据的真实性问题：市场中存在假票、克隆票等假冒伪造票据；

(2) 划款的及时性问题：票据到期后承兑人未及时将相关款项划入持票人账户；

(3) 违规交易问题：票据交易主体或中介机构，存在一票多卖、清单交易、出租账户等违规行为。

区块链在金融票据场景应用，形成数字票据，可有效地解决票据业务目前存在的三方面问题：

（1）运用区块链技术，可验证票据的真实性，可从票据发行起对网络内的所有业务参与方进行票据信息广播，参与方可得到实时的票据信息。当数字票据信息存在异议时，区块链可提供无可争议的一致性证明，确定票据是否存在篡改、伪造等问题。

（2）区块链的分布式结构可消除信息不对称问题，实现票据价值传递的去中介化，进而消除目前票据市场的中介乱象。

（3）每张数字票据运行在区块链上，拥有独立的生命周期，通过智能合约实现票据的高效流通转让，提高票据交易率。若在票据链中引入数字货币，便可在票据交易过程中实现自动实时的券款对付（DVP）、监控资金流向等功能，解决票据交易资金结算的及时性问题。

二、区块链跨境支付结算

随着跨境贸易活动的快速发展，跨境支付规模日益扩大，传统支付产品面临流程长、效率低的挑战，特别是记账过程由交易双方分别进行，由于信息不对称，通常需要耗费人力物力完成跨多个机构对账，容易出现对账不一致的情况，影响结算效率。基于区块链技术打造的跨机构支付清算平台，可以在交易双方之间直接共享交易数据流，简化对账处理流程，成为传统支付产品的有效补充。

一些金融机构积极探索将区块链技术应用于金融机构间的对账业务和跨境汇款服务，并取得了良好的效果，典型的实践案例包括 Ripple、IBM 构建的全球支付网络 World Wire、摩根大通 IIN 银行间支付网络、VISA B2B Connect、中国银行区块链跨境钱包项目、招商银行直联支付区块链平台、微众银行的金融机构间对账平台和趣链的中国银联区块链跨境汇款服务平台等。

三、区块链供应链金融

供应链金融是指将供应链上的核心企业以及与其相关的上下游企业看作一个整体，以核心企业为依托，以真实贸易为前提，运用自偿性贸易融资的方式，对供应链上下游企业提供的综合性金融产品和服务。利用区块链的去中心化、防篡改、防抵赖特性，借助这一技术保障的刚性信任能力，使得核心企业资信能够可靠、可信地随着应收款在区块链上同步流转，实现应收款在供应链上下游的流通，有效盘活企业的应收账款，解决传统模式下小微企业融资难、融资贵的问题。在此基础上，进一步利用区块链仓单、区块链订单等创新金融产品，围绕特定生产经营场景提供场景化解决方案，构成供应链金融服务产品的完整拼图。区块链供应链金融全貌展示如图 4-5 所示。

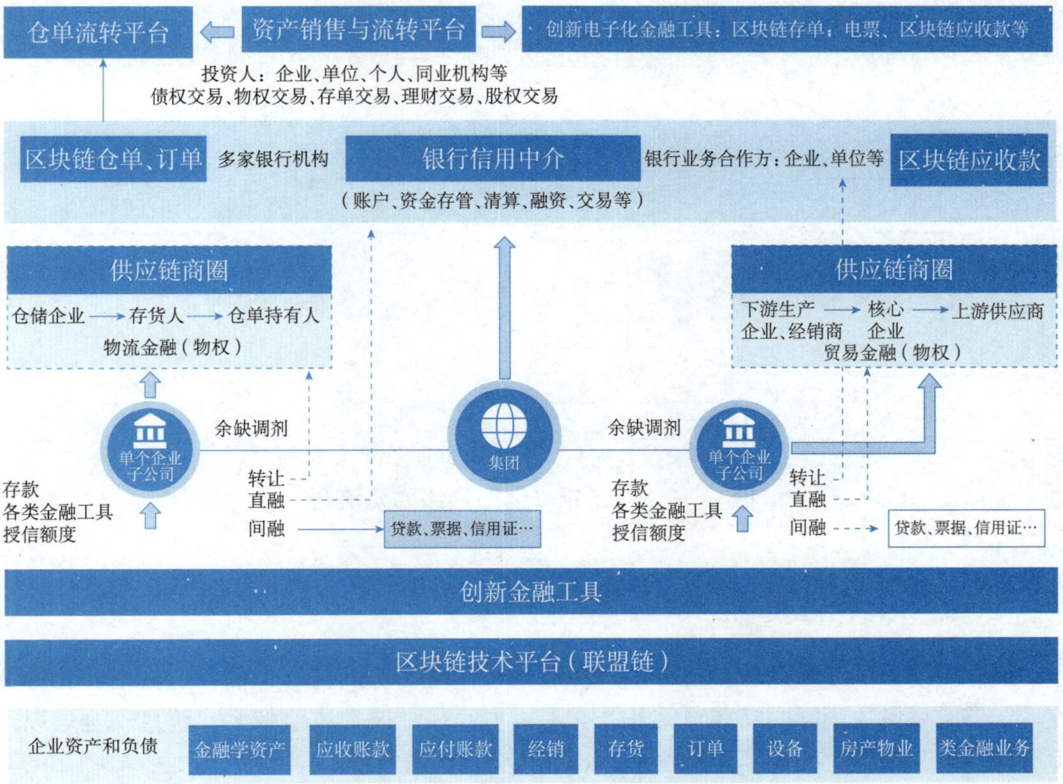

图 4－5　区块链供应链金融全貌

（资料来源：浙商银行股份有限公司《基于区块链技术的供应链金融白皮书（2020）》）

拓展阅读

中国工商银行“工银 e 信”网络融资金融服务平台

“工银 e 信”基于核心企业的应付账款，是一种可流转、可融资、可拆分的电子付款承诺函，可在平台上自由转让、融资、质押或进行其他处置，支持银行增信并提供无条件保兑服务，为产业链上下游企业注入核心企业信用加成，实现银行资金的全产业链资金支持。区块链记录了“工银 e 信”从签发、签收、流转、到期清分等全生命周期的资金流、信息流，通过共识机制解决信任问题，通过智能合约自动执行防范履约风险，其不可篡改的特性保障各环节均可追溯，实现核心企业信用沿供应链条多级传导，盘活供应链应收账款，降低了上游供应商的融资成本。金融机构、供应商、核心企业等各个参与方在区块链技术构成的交易网络节点中进行交易，构建全新可靠的供应链信用体系。图 4－6 为“工银 e 信”网络融资流程。

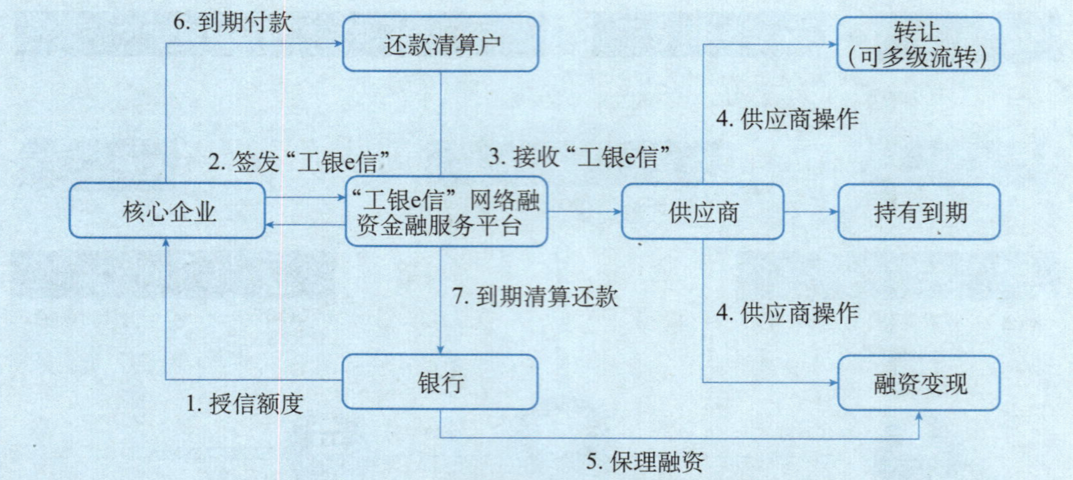

图 4-6 "工银 e 信"网络融资流程

四、区块链国际贸易

国际贸易天然涉及众多参与方，贸易链条长，而区块链技术去信任、去中心化的特点，能够有效解决国际交易环节冗长、交易成本高昂、违约风险较大、信息安全难以保障等问题，从而大大提高了国际贸易的效率和交易的透明度。

（一）提高国际贸易的效率

传统国际贸易中买卖双方的信息审核流程比较复杂烦琐，费时较长。其中，银行开具信用证的时间为 3～5 天，加上通知时间，仅开立纸质单据的时间就在两周以上。区块链技术可以缩短银行的开证时长。对卖方而言，制定合同、审核客户信息、产地调查等工作也同样耗时耗力。特别是国际贸易中，交易双方一般会有一定时差，这就更加延长了单据审核的时间。区块链可以完全代替传统的纸质单据，通过自动化数据匹配的方式，使文件数据处理的效率提升数倍。因此，将区块链技术运用于国际贸易中，能够极大地提升贸易效率。

（二）提高交易的透明度

传统国际贸易中纸质单据容易损坏、丢失甚至被偷盗，导致各参与方的信息安全得不到保障。区块链技术通过对相关数据适当加密，同时做好解密密钥的管理，就既能实现交易信息的共享，又能随时查询任一时点的交易记录。对于银行而言，可以随时查询借款方完整的交易行为和信用信息；对于买卖双方而言，双方在区块链平台上进行的交易操作，都会被实时监控和记录，发生数据篡改和丢失等的可能性几乎不存在，这就实现了在保护信息安全的同时提升了交易透明度。

2018 年 4 月，汇丰银行（HSBC）与荷兰国际集团（ING）利用区块链 R3 Corda 平台为农产品巨头 Cargill 将一批大豆从阿根廷出口到了马来西亚。作为一家进出口商，Cargill（日内瓦）代表 Cargill（阿根廷）出售大豆，Cargill（新加坡）则代表 Cargill（马来西亚）购买商品。相比于通常的 5～10 天的时间，这次账务交易只用了 24 个小时。

该过程中的信用证 LC 模块是在区块链上进行的，宣告了区块链技术被首次正式用在实时国际贸易领域。

课堂讨论

请同学们结合所学知识，讨论保险行业存在哪些风险与挑战。

五、区块链保险

传统保险行业面临以下挑战。第一，安全性：客户与保险公司之间的信任问题一直是制约保险行业发展的重要原因，客户信息容易被泄露，还有可能被篡改，赔付过程中可能存在重复交易或者问题交易。第二，信息不对称：客户利用信息不对称制造骗保现象。第三，效率低下：传统保险赔付过程中有大量的人工操作环节，影响了赔付效率。

区块链技术能够实现分布式存储、全链共识、去中介化以及刚性信任，可助力保险行业重构信用体系、实现差别定价，优化流程、削减渠道成本，提高理赔效率、保障消费者权益。

在产品设计环节，区块链、人工智能、大数据等技术结合应用可解决农业保险、品质保险、相互保险等保险品类的诸多痛点。

在保险销售环节，应用区块链技术可以简化销售流程，节省销售成本，实现保险销售行为的可追溯监管，从而规范保险销售行为，维护消费者合法权益，促进行业持续健康稳定发展。

在保险理赔环节，可通过区块链技术的智能合约简化赔付程序，减少人工审查的需要，每项付款均可使用智能合约自动交付，完全脱离后台的干涉。

保险欺诈行为日益猖獗，应用区块链技术能够建立反欺诈共享平台，通过历史索偿信息减少欺诈和加强评估，通过使用可信赖的数据来源及编码化商业规则建立唯一可识别的身份信息，防止冒用身份。

拓展阅读

欧洲五大保险巨头发起区块链项目 B3i

由欧洲五大保险及再保险公司合作发起的区块链项目 B3i，于 2018 年 3 月在苏黎世成立。该项目致力于通过区块链分布式账本技术，建立保险行业区块链生态系统，为参与者创建一个共同维护、共享信任的交易平台，为保险业提供创新的保险服务及解决方案。参与此项目的公司包括安联保险集团（Allianz）、荷兰全球保险集团（Aegon）、慕尼黑再保险公司（Munich Re）、瑞士再保险公司（Swiss Re）和苏黎世保险集团（Zurich），均为欧洲领军的保险及再保险公司。

B3i的产品包括巨灾超额损失（XOL）再保险安置系统。借助分布式账本技术，B3i允许处于竞争位置的参与企业在其网络上运营，保证数据对于被授权用户是安全的，且同时运营方B3i并不拥有对数据的访问权。此外，B3i还在开发的点对点网络，可以促进业务流程自下而上的变更，解决了保险行业历来自上而下推动变革成效缓慢的痛点。B3i可以促进行业在整体市场层面提升效率、降低运行成本，而单个的保险公司很难做到这一点。

2019年10月15日，B3i宣布将为2020年1月的续签季发布巨灾超额损失（XOL）再保险安置系统的最新版。

2019年4月，中国太平洋保险集团完成了对B3i的非公开投资，通过此次投资，中国太平洋保险集团加入了安盛（AXA）、慕尼黑再保险（Munich Re）、法国财产再保险公司（SCOR）和瑞士再保险（Swiss Re）等保险公司的联盟，这些公司均为B3i的股东。

2019年11月，中国太平洋保险集团旗下中国太保产险与B3i成功完成一款巨灾超赔再保险产品的线上测试，并在年底应用于再保合约续转，成为国内首家实现国际再保区块链商业化运用的保险公司。

六、数字货币

数字货币天然和区块链结合，目前世界各国正在广泛应用区块链技术提升流程流转效率，加强业务信任度。

根据大西洋理事会（Atlantic Council）调查研究，截至2022年末，全球有114个国家（占全球GDP的95%）正在研究和开发中央银行数字货币（CBDC），预计到2030年，CBDC的价值将达到2 310亿美元。各经济体法定数字货币发行情况如表4-3所示。

表4-3 各经济体法定数字货币发行情况

经济体	发行目标	发行机制
美国、欧盟、日本等	• 解决零利率下界约束； • 预备支付系统； • 巩固货币国际储备地位	• 中心化发行，与原货币等价； • 计付利息，数字欧元单层投放与双层投放皆可，数字美元与数字日元为双层投放体系； • 零售型法定数字货币
英国、新加坡、加拿大、瑞典等	• 货币政策储备工具； • 防范私有货币冲击； • 现金支付替代方案	• 中心化发行，与原货币等价； • 计付利息，双层投放体系； • 除新加坡为批发型法定数字货币，其他均聚焦零售型法定数字货币
中国	• 服务数字经济发展； • 国内支付系统现代化； • 提高跨境结算便利性	• 中心化发行，与原货币等价； • 双层投放体系，不计付利息； • 零售型法定数字货币

续表

经济体	发行目标	发行机制
部分小型新兴经济体	● 执行普惠金融政策； ● 配合货币政策调控通胀； ● 多元化储备，"去美元化"	● 多数小型经济体选择中心化发行，与原货币等价； ● 未明确是否计付利息

（资料来源：东北证券）

第三节 区块链金融风险与发展趋势

一、区块链金融风险

（一）技术层面

1. 性能效率存在局限性

金融业务需求的增加将导致系统处理量更大幅度的增加，并加剧参与节点在信息存储、同步等方面的负担，在现有技术环境下可能导致系统性能和运行效率下降。

2. 智能合约安全风险

智能合约实现复杂业务功能时，需要深入的业务逻辑理解和较强的程序设计能力，否则可能导致交易执行错误或程序代码漏洞，影响金融业务运转和区块链系统运行。

3. 密钥安全隐患

密钥安全存在一定隐患。比如私钥遗失或被盗等情况会危害私钥所有者的权益，且私钥的唯一性使得上述损失难以补救。

4. 隐私保护与数据共享存在矛盾

在数据共享的情况下实现共享的安全与隐私的保护存在矛盾。金融行业因政策与行业特性，对于数据隐私保护、数据权益保障等有极高要求。

5. 与现有技术体系难融合

区块链技术与现有技术体系存在各自的局限性。区块链系统需要链外系统扩展计算和存储能力，现有技术体系需要区块链系统解决信息孤岛、数据篡改问题。但目前世界上针对链内外协同技术的研究刚刚起步。

（二）治理层面

1. 法律界定不清晰

链上资产和智能合约等方面的法律有效性界定不清晰，发生纠纷时难以寻求法律救济，且分布式体系进一步提高了责任主体认定难度。

2. 监管难度大

部分区块链体系高度自治且数据加密，在缺少必要权限的情况下，违规开展金融业务的行为和潜在风险对金融管理部门等外部者而言相对隐蔽。

3. 标准规范不统一

标准规范有待建立健全，当前存在一定程度的“各自为链”情况，造成不同区块链间信息交互和融合存在困难。

4. 人才培养困难

区块链需要跨学科综合型人才，需掌握包括分布式、存储、密码学、网络通信、金融学、经济学等知识，导致学习成本高、实施难度大，人才培养和实践经验积累周期长。

（三）业务层面

1. 政策不明确

部分依托区块链平台开展的数字凭证拆分、积分通兑等环节尚存在一定的模糊地带，相关政策有待进一步明确。

2. 上链前数据无法保证真实性

无法保证数据上链前的真实性和完整性，难以真正形成闭环以降低风险，可能因信息失真或扭曲而造成潜在损失。

3. 缺少权威认证

部分区块链应用创新未经严密论证，且缺少权威的第三方评估意见作为参考。

二、区块链金融发展趋势

（一）金融区块链技术方案逐渐多样化

金融领域是区块链应用发展最早、应用场景开发最成熟的领域，以支付交易、资产管理以及供应链金融为代表，应用场景丰富。随着区块链在金融行业的不断推广，应用从单一向多元发展。但各类型金融应用，如票据、支付、保险、供应链金融等不同场景对具体的区块链技术需求不同，如实时性、高并发性、延迟和吞吐等维度的差异化需求明显。为更好地服务于金融行业的不同场景，区块链技术厂商必将从共识机制、服务分片、处理方式及组织形式等技术环节提升区块链的性能，切分出更多适用于不同细分场景的技术解决方案，以适应金融行业对区块链应用的细分需求。

（二）许可链或成金融区块链应用优选

区块链应用里去中心化的特点，导致无需中央权威授权与传统的监管需求存在固有矛盾。金融行业的特性要求业务受监管，因此区块链的使用要求是可控的。公有链完全开放，无需授权，所有参与方可自由加入链中，用户身份无法验证，因此不适用于强监管要求的金融行业。许可链或成为金融区块链应用优选。许可链是指参与到区块链系统中的每个节点都是经过许可的，未经许可的节点不可以接入系统。由此可见，许可链是需要用户通过许可后方可加入区块链网络，享受区块链提供的服务，具有身份认证机制和严格的权限分配规则，保证合法或授权个体才可加入区块链网络。许可链的身份认证和授权机制可有效地从源头上控制非法或不良信用的个体或机构的加入，保障区块链网络的可信和安全。许可链属于强管理的区块链部署模式，高度适合金融行业的可控要求，因此许可链或将成为金融行业未来主要的技术选择。

（三）区块链与云计算深度融合

区块链与云计算的结合，将有效降低企业应用区块链的部署成本。目前区块链与云的结合方式较多以提供 BaaS 为基础，BaaS 指在云计算平台中嵌入区块链框架，利用云服务基础设施部署及管理优势，为区块链技术开发者提供高性能、易操作的生态环境和生态配套服务的区块链开放平台，支持开发者的业务拓展及运营。微软的 Azure 云计算平台及 IBM 的 Bluemix Garage 云平台均提供 BaaS。BaaS 节点可快速建立开发者所需的开发环境，提供基于区块链的查询、交易、数据分析等操作服务，帮助开发者快速验证区块链模型与概念。相比在以太坊、EOS 等大型区块链开发平台创建应用，云计算与区块链的结合使区块链商业应用开发的技术与成本门槛降低，有利于区块链应用开发与区块链技术的发展。未来，云服务企业可以逐渐将区块链技术整合至云计算的生态环境中，通过提供 BaaS 功能，有效降低企业应用区块链的部署成本。

本章小结

1. 区块链金融就是在传统的金融领域应用区块链技术进行产业转型升级，通过区块链去中心化、共同维护、不可篡改等特性来重新定义金融行业的概念。

2. 区块链在金融行业的应用价值主要体现在重构信用创造机制、提升金融交易安全性、实现个人隐私保护和协助信息共享与金融监管四个方面。

3. 区块链技术被广泛应用在金融行业中，实现了金融相关信息的存证、溯源、共享、核对等信息存储传输类功能、积分及其系统内通兑通换等附带一定价值传递的功能和基于可被多方形式验证的智能合约自动执行功能。

4. 区块链在金融票据中被加已运用，能够验证票据的真实性，区块链的分布式结构可消除信息不对称问题，通过智能合约实现票据的高效流通转让提高票据交易率。

5. 基于区块链技术打造的跨机构支付清算平台，可以在交易双方之间直接共享交易数据流，简化对账处理流程，作为传统支付产品的有效补充。

6. 利用区块链技术实现供应链上下游的信用穿透，为上游多级供应商解决融资难、融资成本高的问题。

7. 区块链在国际贸易中的应用提高了国际贸易的效率和交易的透明度。

8. 区块链技术能够实现分布式存储、全链共识、去中介化以及刚性信任，可助力保险行业重构信用体系、实现差别定价，优化流程、削减渠道成本，提高理赔效率、保障消费者权益。

9. 区块链金融的风险主要有技术层面、治理层面和业务层面。其中技术层面的风险主要体现在性能效率存在局限性、智能合约安全风险、密钥安全隐患、隐私保护与数据共享存在矛盾和与现有技术体系难融合。治理层面主要体现在法律界定不清晰、监管难度大、标准规范不统一、人才培养困难。业务层面主要是政策不明确、上链前数据无法保证真实性和缺少权威认证。

10. 未来随着技术手段不断发展，区块链金融的技术方案逐渐多样化，许可链或成金融区块链应用优选，区块链将与云计算深度融合。

课后习题

一、单选题

1. 区块链可以帮助解决的金融业痛点是（　　）。

A. 信任：信息真实难验证　　B. 效率：业务流程效率低

C. 风控：互联网金融风险高　　D. 以上都对

2. 以下哪个是国内金融行业首个区块链标准？（　　）

A.《金融分布式账本技术应用技术参考架构》

B.《金融分布式账本技术应用评价规范》

C.《金融分布式账本技术安全规范》

D.《分布式账本贸易金融规范》

3. 区块链底层技术专利数量最多的国家是（　　）。

A. 中国　　B. 美国

C. 日本　　D. 德国

4. 以下对区块链前景展望说法错误的是（　　）。

A. 区块链技术发展不能与其他新一代信息技术相互关联相互促进

B. 区块链将促进跨机构信息共享、信用传递、自动化协作

C. 在区块链基础之上，传统产业链上下游企业、金融机构之间的边界将逐渐消失

D. 区块链金融的技术将逐渐多样化

5. 下列属于 Blockchain in Transport Alliance 联盟宗旨的是（　　）。

A. 推动全球金融市场中加密技术和分布式总账智能协议的应用

B. 降低成本，提高运输效率，推动新兴技术落地，发展区块链行业标准，交流与推广区块链应用、解决方案及分布式账本技术

C. 成员共同合作，共建开放平台，满足来自多个不同行业各种用户案例，并简化业务流程。

D. 制定规范，促进标准和监管融合，以支持创新型区块链技术的开发和应用

二、多选题

1. 区块链的产业应用包括（　　）。

A. 数字货币　　B. 跨境支付

C. 电子发票　　D. 产权保护

2. 区块链金融应用涉及的主要功能有（　　）。

A. 重构信用创造机制　　B. 提升金融交易安全性

C. 实现个人隐私保护　　D. 协助信息共享与金融监管

3. 我国区块链金融行业参与者主要分为（　　）。

A. 银行、证券、保险等金融机构　　B. 金融科技公司

C. 技术服务商　　D. 个人投资者

4. 以下哪些是区块链金融技术方面存在的问题？（　　）

A. 性能效率存在局限性　　B. 智能合约安全风险

C. 密钥安全隐患　　D. 与现有技术难以融合

三、判断题

1. 智能合约在金融领域的应用不会存在安全风险。（　　）

2. 随着区块链技术在金融领域中的应用，一切违规开展金融业务的活动都将会被发现。（　　）

3. 2015 年 9 月 R3 区块链联盟组织成立。（　　）

4. 区块链技术能够实现分布式存储、全链共识、去中介化以及刚性信任，可助力保险行业重构信用体系、实现差别定价，优化流程、削减渠道成本，提高理赔效率、保障消费者权益。（　　）

5. 区块链技术已被应用在政务民生、金融贸易、司法仲裁、税务发票、智慧医疗、食品安全等领域。（　　）

四、简答题

1. 简述区块链金融的定义及参与者。

2. 简述区块链在金融行业的应用价值。

3. 简述区块链金融面临的风险。

4. 通过查询资料，了解区块链技术在金融行业不同领域的应用案例。

第五章

区块链电子发票

思维导图

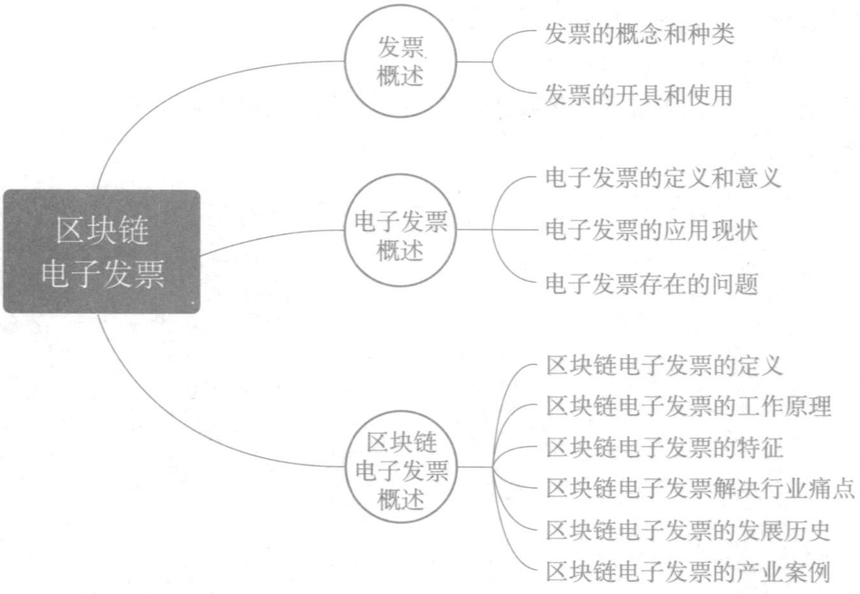

知识目标

1. 掌握发票的概念和分类；
2. 了解电子发票；
3. 了解区块链技术在电子发票中的作用及区块链电子发票的产业案例。

能力目标

理解区块链技术在电子发票中的运用逻辑与原理。

案例导入

支付即开票——微信支付区块链电子发票功能上线

2018 年 12 月 11 日，国家税务总局、深圳市税务局与微信支付联合推出“微信支付区块链电子发票”功能，“区块链＋发票”的创新生态正式落地。无论商户还是消费者，都可以实现“零成本、零开发、零难度”的全新开票体验，享受三步快捷接入、即时开票零等待。

开通微信支付的商户号，直连或者通过支付服务商的商家均可在线零成本快捷接入微信支付区块链电子发票服务。商户通过微信支付商户平台，选择开通电子发票功能，将开票模式设置为区块链电子发票模式，便可以实现向顾客快速开具电子发票。从此，商户可以不再像以往那样经历核定票种、领用发票、电脑打印机以及人工开票操作等复杂的程序。

消费者在微信支付付款后收到的支付凭证中，点击“开发票”按钮，即可进入开票界面，输入开票抬头，提交开票申请。待商家确认开票后，成功开具的发票将直接存入用户的微信卡包当中。

“微信支付开具发票让我不用再到税务局领购发票，解决了店内开票慢、票不足的难题，只要消费者是用微信支付付款的，在支付通知界面就可以直接开票，而且是区块链电子发票，科技感十足。”首家在微信支付商户平台开通区块链电子发票服务的拿西克咖啡厅负责人朱勇表示。

此外，区块链电子发票借助区块链底层技术、结合移动支付及新型报销模式，不仅具备与增值税普通发票同样的效力，而且显示出“资金流、发票流”合一的特性，实现“交易数据即发票”，让发票回归交易凭据的本质。

思考：日常生活中，你见过哪些纸质发票？它们有哪些特点？在流通过程中，有没有什么风险？

第一节 发票概述

一、发票的概念和种类

（一）发票的概念

发票是指一切单位和个人在购销商品、提供或接受服务以及从事其他经营活动中，所开具和收取的业务凭证，是会计核算的原始依据，也是审计机关、税务机关执法检查的重要依据。发票具有合法性、真实性、统一性、及时性等特征，是最基本的会计原始凭证之一。同时，发票是记录经济活动内容的载体，是财务管理的重要工具；是税务机关控制税源，是征收税款的重要依据。

（二）发票的种类

常见的发票有增值税普通发票、增值税专用发票和专业发票。

1. 增值税普通发票

增值税普通发票主要由增值税小规模纳税人使用，增值税一般纳税人在不能开具增值税专用发票的情况下也可使用增值税普通发票。增值税普通发票包括增值税普通发票（折叠票）（见图 5－1）、增值税普通发票（卷票）和增值税电子普通发票。

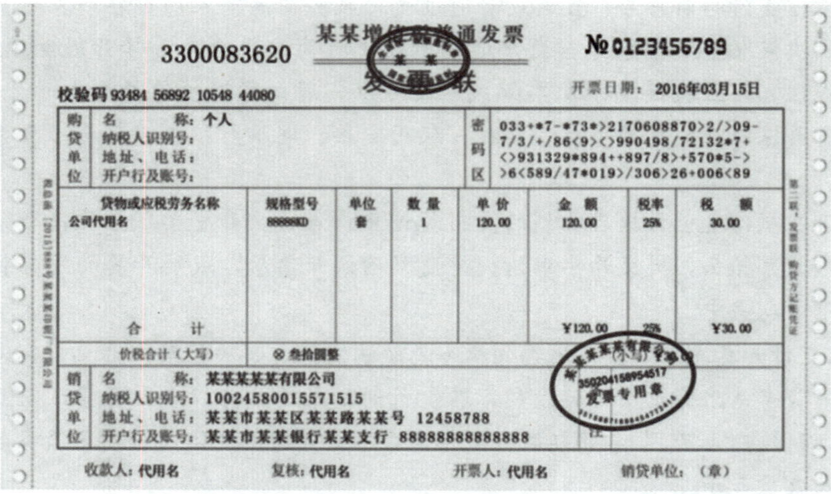

某某增值税普通发票
3300083620
发票联
№0123456789
校验码 93484 56892 10548 44080
开票日期：2016年03月15日

购贷单位 名称：个人
纳税人识别号：
地址、电话：
开户行及账号：

密码区
033+*7-*73*>2170608870>2/>09-
7/3/+/86<9><>990498/72132*7+
<>931329*894++897/8>+570*5->
>6<589/47*019>/306>26+006<89

贷物或应税劳务名称	规格型号	单位	数量	单价	金额	税率	税额
公司代用名	888888KD	套	1	120.00	120.00	25%	30.00
合计					¥120.00	25%	¥30.00

价税合计（大写） ⊗叁拾圆整 （小写）¥30.00

销贷单位 名称：某某某某某有限公司
纳税人识别号：10024580015571515
地址、电话：某某市某某区某某路某某号 12458788
开户行及账号：某某市某某银行某某支行 88888888888888

收款人：代用名 复核：代用名 开票人：代用名 销贷单位：（章）

图 5－1 增值税普通发票（折叠票）图样

2. 增值税专用发票

增值税专用发票（见图 5－2）是我国实施新税制的产物，是国家税务部门根据增值税征收管理需要而设定的、专用于增值税一般纳税人发生增值税应税行为时使用的一种发票。增值税专用发票分为三联：抵扣联、发票联和记账联。

3. 专业发票

专业发票是指国有金融、保险企业的存贷、汇兑、转账凭证、保险凭证；国有邮政、

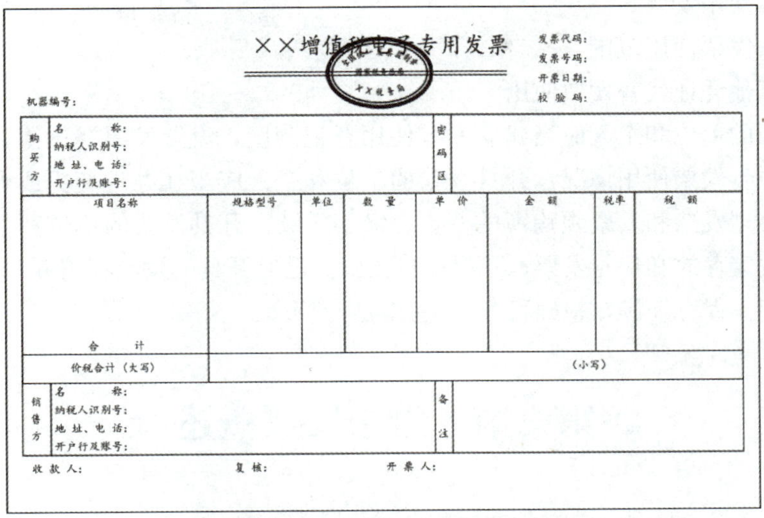

图 5-2　增值税专用发票图样

电信企业的邮票、邮单、话务、电报收据；国有铁路、国有航空企业和交通部门、国有公路、水上运输企业的客票、货票等。

二、发票的开具和使用

（一）发票的开具

销售商品、提供服务以及从事其他经营活动的单位和个人，对外发生经营业务收取款项，收款方应当向付款方开具发票；特殊情况下，由付款方向收款方开具发票。特殊情况是指收购单位和扣缴义务人支付个人款项时，以及国家税务总局认为其他需要由付款方向收款方开具发票的情况。

所有单位和从事生产、经营活动的个人在购买商品、接受服务，以及从事其他经营活动支付款项时，应当向收款方取得发票。取得发票时，不得要求变更品名和金额。

开具发票应当按照规定的时限、顺序、栏目，全部联次一次性如实开具，并加盖发票专用章。不符合规定的发票，不得作为财务报销凭证，任何单位和个人均有权拒收。

任何单位和个人不得有下列虚开发票行为：

（1）为他人、为自己开具与实际经营业务情况不符的发票。

（2）让他人为自己开具与实际经营业务情况不符的发票。

（3）介绍他人开具与实际经营业务情况不符的发票。

（二）发票的使用

任何单位和个人应当按照发票管理规定使用发票，不得有下列行为：

（1）转借、转让、介绍他人转让发票省发票监制章和发票防伪专用品。

（2）知道或者应当知道是私自印制、伪造、变造、非法取得或者废止的发票而受让、开具、存放、携带、邮寄、运输。

（3）拆本使用发票。

（4）扩大发票使用范围。

（5）以其他凭证代替发票使用。

开具发票的单位和个人应当建立发票使用登记制度，设置发票登记簿，并定期向主管税务机关报告发票使用情况。开具发票的单位和个人应当在办理变更或者注销税务登记的同时，办理发票和发票领购簿的变更、缴销手续。开具发票的单位和个人应当按照税务机关的规定存放和保管发票，不得擅自损毁。已经开具的发票存根联和发票登记簿，应当保存5年。保存期满，报经税务机关查验后销毁。

第二节　电子发票概述

一、电子发票的定义和意义

（一）电子发票的定义

电子发票是指在购销商品、提供或者接受服务以及从事其他经营活动中，开具、收取的以电子方式存储的收付款凭证。它采用统一的版式、规则、防伪技术，并附有税务机关、纳税人的电子签章。电子发票由财政部门统一监管，是行政事业单位在依法收取政府非税收入或者从事非营利性活动收取财物时，运用计算机和信息网络技术开具、存储、传输和接收的数字电文形式的凭证，与纸质票据具有同等法律效力。电子发票的基本特征是以数字信息代替纸质文件、以电子签名代替手工签章，通过网络手段进行传输流转，通过计算机等电子载体进行存储保管。图5-3为增值税电子普通发票图样。

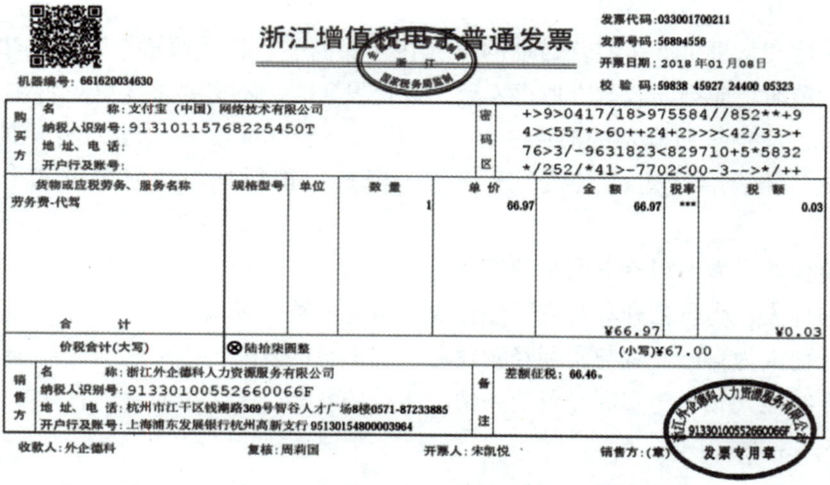

浙江增值税电子普通发票

机器编号：661620034630

发票代码：033001700211
发票号码：56894556
开票日期：2018年01月08日
校 验 码：59838 45927 24400 05323

购买方	名　　称：支付宝（中国）网络技术有限公司 纳税人识别号：91310115768225450T 地 址、电 话： 开户行及账号：	密码区	+>9>0417/18>975584//852**+9 4><557*>60++24+2>>><42/33>+ 76>3/-9631823<829710+5*5832 */252/*41>-7702<00-3-->*/++

货物或应税劳务、服务名称	规格型号	单位	数量	单价	金额	税率	税额
劳务费-代驾			1	66.97	66.97	***	0.03
合　计					¥66.97		¥0.03
价税合计(大写)	⊗陆拾柒圆整				(小写)¥67.00		

销售方	名　　称：浙江外企德科人力资源服务有限公司 纳税人识别号：91330100552660066F 地 址、电 话：杭州市江干区钱潮路369号智谷人才广场8楼0571-87233885 开户行及账号：上海浦东发展银行杭州高新支行 95130154800003964	备注	差额征税：66.46。

收款人：外企德科　　复核：周莉国　　开票人：宋凯悦　　销售方：（章）

图5-3　增值税电子普通发票图样

企业可在线领购、开具、查验、接收电子发票入账。2012年11月，我国在部分地区试行电子发票；2013年2月，国家税务总局发布《网络发票管理办法》，提出省级以上税务机关可以试行电子发票，部分地区逐渐不再提供纸质发票，只提供电子发票。图5-4为电子发票的发展流程图，表5-1汇总了电子发票的管理变化。在具体实施方面，如2018年8月1日起，北京公交系统“一卡通”不再提供纸质定额发票，用户需通过“北京一卡通”App在线申领电子发票。

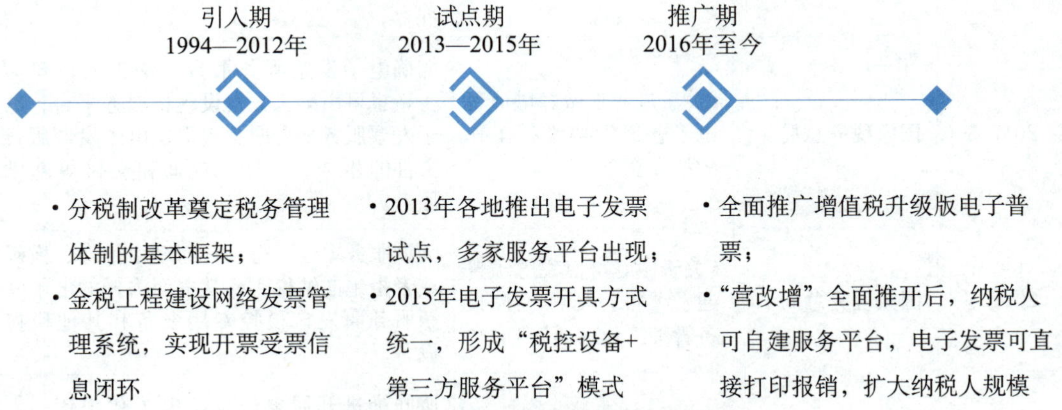

图5-4 电子发票的发展流程图

表5-1 电子发票的管理变化总汇

时间	有关部门	相关文件或会议	文件或会议概要
2012.11	国家发改委、财政部、国家税务总局和国家档案局	开展电子发票与会计档案电子化综合试点工作	电子发票作为企业有效原始凭证的尝试。
2013.2	国家税务总局	《网络发票管理办法》	提出省以上税务机关可以试行电子发票。
2013.12	国家发改委、财政部、国家税务总局和国家档案局	《关于组织开展电子发票及电子会计档案综合试点工作的通知》	推动电子发票的接收及归档保存，做好电子发票系统与会计核算系统的对接试点工作。
2015.7	国家税务总局	《关于开展增值税发票系统升级版电子发票试运行工作有关问题的通知》	自2015年8月1日起，在京、沪、深、浙四地开展试运行工作。
2015.9	国家税务总局	《“互联网+”税务行动计划》	推动税务信息化建设，重点推进社会协作、办税服务、发票服务、信息服务和智能应用五大板块。
2015.11	国家税务总局	《关于推行通过增值税电子发票系统开具的增值税电子普通发票有关问题的公告》	提出增值税电子发票系统具备全国通行条件，2016年1月1日起，京、沪、深、浙四地外的地区已使用电子发票的增值税纳税人使用增值税电子发票系统开具增值税电子普通发票，其他开具电子发票的系统同时停止使用。

续表

时间	有关部门	相关文件或会议	文件或会议概要
2015.12	财政部、国家档案局	《会计档案管理办法》	明确了电子档案的法律地位。只要满足该办法规定的条件，电子发票的开票方或受票方，可仅以电子形式对发票进行归档保存。
2017.3	国家税务总局	《关于进一步做好增值税电子普通发票推行工作的指导意见》	明确电子发票服务平台以纳税人自建为主，也可由第三方建设提供服务平台；电子发票服务平台应免费提供电子发票版式文件的生成、打印、查询和交付等基础服务。
2017.6	国家税务总局	《关于做好增值税电子普通发票推行所需税控设备管理工作的通知》	强调服务单位不得以任何理由推诿、拖延或者拒绝向纳税人或其书面委托的电子发票服务商发售税控专用设备和其他税控设备。
2019.6	国家档案局、财政部、商务部和国家税务总局	《关于增加电子发票电子化报销入账归档试点企业的通知》	协同推进开展电子发票电子化报销、入账、归档试点工作，共同研究确定扩大试点企业范围，为电子发票的推广应用、进一步降低纳税人经营成本奠定坚实的基础。
2021.2	国家档案局、财政部、商务部、国家税务总局	《关于进一步扩大增值税电子发票电子化报销、入账、归档试点工作的通知》	再选定一批单位开展增值税电子发票电子化报销、入账、归档试点工作，形成示范效应，进一步完善数字经济发展所需的制度和标准规范。

（二）电子发票的意义

电子发票的发行和实施具有的积极意义不言而喻。

1. 对企业而言

第一，减少传统纸质发票的使用。

第二，基于互联网的传输使得企业节约了人力和物力资源。电子发票与企业内部的ERP等系统相结合，发票资料全面电子化并集中处理，有助于企业本身的账务处理，提高了效率，降低了成本。

第三，电子发票替代传统发票，随电商扩张而延展增长空间。（1）线下，电子发票可以降低成本、提高效率，缓解传统发票痛点，提升渗透率。纸质发票印刷成本高（根据中标信息，每张普票成本约0.1元）、寄送成本高，电子发票相关成本接近于0；纸质发票开票、寄送、贴票链条长，处理效率低；纸质发票手工入账，出错率与丢失率高。（2）线上，电商行业规模高速扩张，延展电子发票增长空间。电商发展拉动电子发票规模增长：一方面，《中华人民共和国电子商务法》要求线上交易必须开具发票；另一方面，电商交易频繁，订单价小量大，而电子发票随系统直接发出，符合商户对高效率的要求。因此，电子发票线上开具量将根据《中华人民共和国电子商务法》的落实和电商行业的高速扩张而增长。

2. 对消费者而言

电子发票提升了消费者的用户体验，消费者可以直接通过电子邮箱、支付宝或微信等获取电子发票，且电子发票不会面临丢失或破损的问题。

3. 对政府而言

电子发票通过签名和加密机制保证了发票的真实性，从根本上杜绝了作假问题的发生，规范企业的经营和纳税行为。同时方便国家“以票控税”，提高了税收征管水平。

4. 对社会而言

首先，电子发票的普及减少了纸张的使用，节约社会资源的同时减少了环境污染。其次，电子发票的推广也营造出更好的社会信用氛围，促进了全社会信用体系的建立。

二、电子发票的应用现状

当前数字经济已经成为中国经济发展的新动能，推动传统领域进行数字化变革的呼声日渐高涨。电子发票作为中国税务信息化的重要载体以及帮助企业实现数字化转型的有效工具，其推广和应用势在必行。电子发票的业务流程如图 5－5 所示。

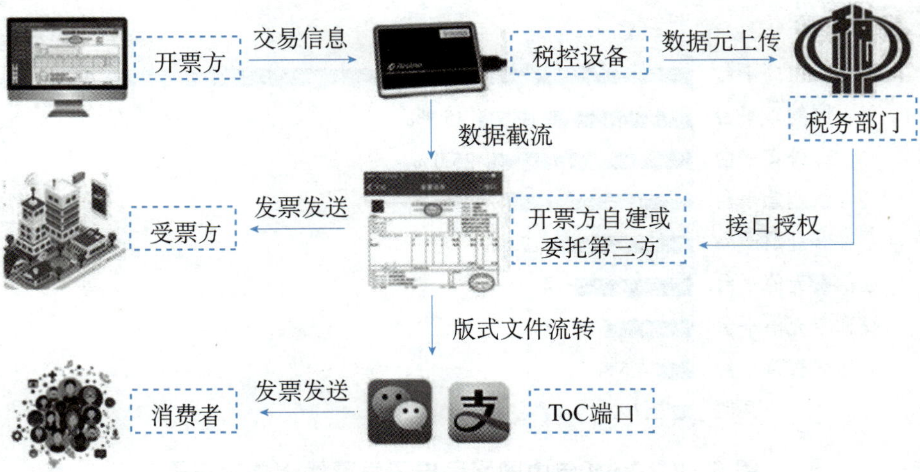

图 5－5　电子发票业务流程

(一) 中国电子发票市场规模及预测

iiMedia Research（艾媒咨询）数据显示（见图 5－6），2018 年全国电子发票开具数量为 32.7 亿张，较 2017 年增长了 257.1%。然而到 2020 年中国电子发票开具数量为 246 亿张，约为 2018 年的 7.5 倍。艾媒咨询分析师认为，随着国家政策持续的引导和推进，以及市场教育程度的深化，电子发票普及率将会快速提升，电子发票开具数量也将维持高速增长态势。

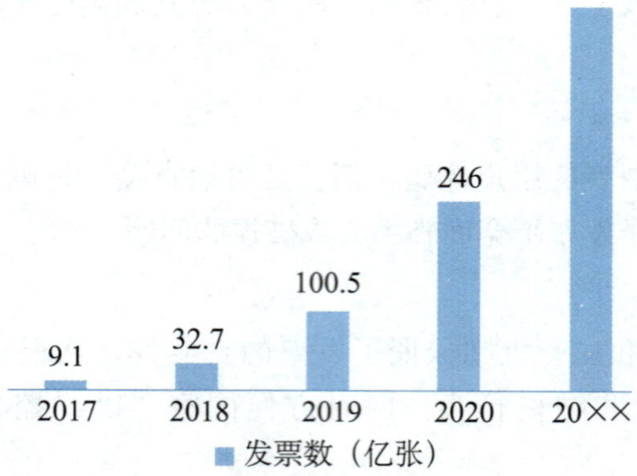

图 5-6　中国电子发票市场规模及预测

（资料来源：艾媒咨询数据中心）

（二）电商平台是电子发票最主要的线上使用场景

iiMedia Research（艾媒咨询）数据显示（见图 5-7），在使用过电子发票的受访网民中，70.5%的网民表示在电商平台使用过电子发票，25.9%的网民表示在网约车平台使用过电子发票。艾媒咨询分析师认为，电子发票由网络发票发展而来，其最初的用途就是解决电商征税问题，在政策推动下率先在电商平台普及。以京东、苏宁、国美为代表的自营电商在消费者交易完成后会默认开具电子发票，间接提高了网民在电商平台的使用率。

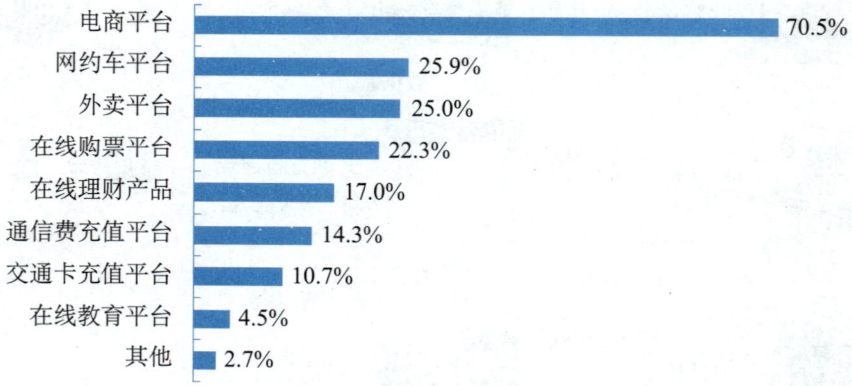

图 5-7　2019 年中国网民电子发票线上使用场景

（资料来源：艾媒咨询数据中心）

（三）餐厅是电子发票最主要的线下使用场景

iiMedia Research（艾媒咨询）2019 年的数据显示，在使用过电子发票的受访网民中，餐厅和酒店是其最常使用电子发票的场景，占比分别为 40.2%、33.0%。艾媒咨询分析师认为，餐厅、酒店是发票索要率较高的场景，但传统纸质发票的开具方式耗时耗力。节约成本以及改善消费者体验，成为这些领域使用电子发票的主要驱动力。

（四）电子发票流转与报销环节用户体验有待改善

艾媒咨询（iiMedia Research）2019 年的数据显示（见图 5－8），开具电子发票为用户带来便利，但在后续的流转和报销环节仍存在一些问题影响用户体验。信息找回麻烦、增加打印成本、无法变更错误信息、自助流程烦琐被受访用户视为较差的体验。艾媒咨询分析师认为，电子发票涉及开具、流转、报销等多个环节，但在标准化、信息化方面步伐不一，导致用户的体验较为割裂，随着产业信息化程度的进一步加深，电子发票的全程使用体验将会得到改善。

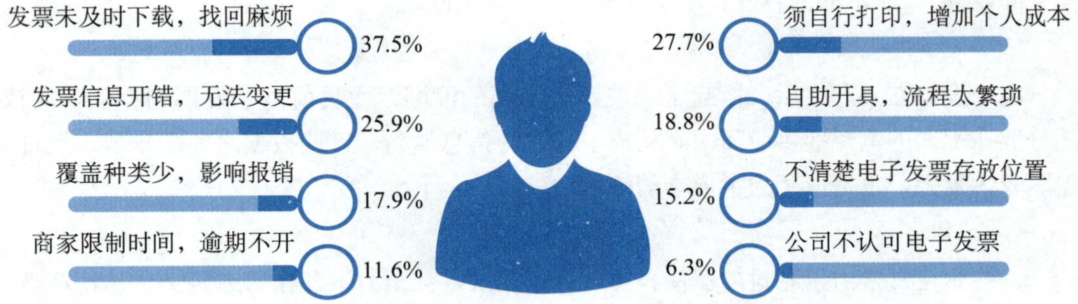

图 5－8　2019 中国网民使用电子发票不良体验调查

（资料来源：艾媒咨询数据中心）

课堂讨论

请同学们结合生活实际，思考电子发票有哪些缺陷。

三、电子发票存在的问题

纸质发票与电子发票的对比如表 5－2 所示。

表 5－2　纸质发票与电子发票对比

项目	纸质发票	电子发票
票据印制	浪费纸质资源，印刷成本高	环保，节省财政开支
票据领购	向财政部门领取，耗时耗力	票种核定，网络领购
票据开具	人工填写，容易出错	线上线下多方式开票；可批量导入，开票信息智能填充
票据交验	验当面交付或快递邮寄，运输成本高且易遗失损毁	短信、邮件通知；网站和 App 自行下载查验
存储方式	人工存储保管，量大占地，成本高且易遗失损毁	云端存储，容易查询

续表

项目	纸质发票	电子发票
共享能力	容易遗失损毁，不易管理	便携，随时查找、下载、打印、导出
监督管理	统计、审计工作繁重，手动翻存根	针对电子信息管理，集中化，精细化
安全性	假票、克隆票风险	全国统一编码和统一防伪技术，确保真实性和有效性

除表 5-2 所示的内容外，电子发票还存在如下问题。

（一）电子发票存在信息孤岛

电子发票在兴起之后，掀起了一波不可阻挡的浪潮。而目前电子发票的存储，还依然分散在不同的电子票供应商中，构成了分散的信息孤岛。这些数据之间的集成、验证、追踪较为复杂，也造成了大量成本的浪费。

（二）发票虚开、错开问题突出

一些企业常常由于利益的驱使，虚开大额发票，甚至为不存在的虚假交易开具发票。

企业对于发票造假的验证手段单一，而且目前验证有一定的滞后性。这使得企业蒙受信息不对称产生的损失，降低了员工与企业间、企业与企业间的信任。

（三）发票电子化后未做到全流程管理电子化

发票在开票环节上是实现电子化了，但到公司财务报销时有些还是要把发票打印下来、落实在纸上。究其原因，电子发票目前还没有完全实现全链条“无纸化”，而这又主要是因为目前一些企业、单位对电子发票的报销制度尚不完善。2015 年 12 月，财政部、国家档案局联合公布的《会计档案管理办法》中已明确了电子会计档案的法律地位，只要满足该办法规定的条件，电子发票的开票方或受票方，可仅以电子形式对发票进行归档保存。

另外，在当下的环境中，不同的信息化供应商提供了不同的税务管理系统。而这些系统与订单系统、支付系统、财务系统的集成需要分别进行定制化接口对接。

第三节　区块链电子发票概述

一、区块链电子发票的定义

区块链电子票据是以提供隐私保护和多方安全用票为目的，结合区块链不可篡改、可追溯的特性，为财政电子票据在查验、归集、报销入账等民生应用中提供技术保障的服务。

区块链电子发票是区块链电子票据的一种典型应用。区块链电子发票的本质就是电子发票，在电子发票基础上，通过密码学和分布式存储技术，连接消费者、商户、公司、税务局等每一个发票干系人，让每个环节都可追溯，实现数据不可篡改和不可抵赖。

拓展阅读

全国首个区块链电子票据服务平台

2019 年 8 月 1 日，台州市民庞先生怎么也没想到，他在手机上一次简单的操作，让他成为“全国第一”——全国首位通过区块链电子票据实现异地医保报销的老百姓。这天，一直在台州缴纳医保的庞先生刚巧来杭州结项目款，因为高温酷暑感到身体不适，便临时赶往庆春路的浙江大学医学院附属第一医院（简称浙大一院）就诊，挂号、配药前后付费 19 元。“我当时太匆忙也没拿医保卡，异地就诊的话需要把医疗票据拿回台州的医保窗口才能报销，太麻烦了，这 19 块我就自费好了。”次日，庞先生随手点开“浙里办”App 的“医疗保障”专区，看见有个标红的“零星报销”，抱着试试看的心态申请了报销。结果上午申请报销，下午费用就打到了卡上，前后不到 10 小时，没有任何纸质票据，就轻松实现了报销。

就在同一天，财政部、国家卫健委、国家医保局联合发布通知，决定全面推行医疗收费电子票据管理改革。根据部署，自通知发布之日起，全国正式启用统一的医疗收费票据式样，涉及医疗门诊收费、医疗住院收费。同时，启用全国统一的医疗收费明细（电子）式样，配合电子票据使用。按照要求，考虑系统升级改造等因素，原则上设置一年过渡期。也就是说，从 2021 年开始，全国将统一票据。

庞先生不经意的这次报销可谓是这场医疗收费电子票据管理改革的一个缩影。帮助他完成这一系列操作的正是浙江省电子票据平台——全国首个基于区块链的电子票据服务平台。2019 年 6 月 12 日，浙江省区块链电子票据平台正式上线。该平台由浙江省财政厅发起，联合省大数据局、省卫健委、省医保局共同打造，蚂蚁区块链提供技术支持，是全国首个基于区块链的电子票据服务平台。

浙江省财政厅表示，该平台的上线，旨在打通用户就医流程优化的“最后一公里”，市民可以完成预约挂号、缴费、取票、拿药等就医全流程，无需窗口反复排队缴费、打印，一个手机就能看病。目前省平台还上线了包括浙大一院、浙大邵逸夫医院等在内的 11 家综合性医院，市民可以在“浙里办”App、“浙里办”支付宝小程序上查看医疗票据。浙江省电子票据平台所提供的电子票据已实现商业保险报销等使用场景，接下来将扩展到医保零星报销、异地报销等领域，甚至在不久的将来拓展至教育、公益等公共支付场景。

二、区块链电子发票的工作原理

区块链电子发票的原理：通过分布式账本技术将消费者、商户、公司、税务局等所有和发票有关系的节点都连接到同一个系统中，每一笔通过线上支付完成的交易数据都被视为一张“发票”；发票数据生成、发票开票申请、发票报销、拿到报销款等各个流程，都以时间戳形式记录下来，并实时同步给系统中各节点。

区块链电子发票具有全流程完整追溯、信息不可篡改等特性，与发票逻辑吻合，能够有效规避假发票，完善发票监管流程，涉费信息更加安全。区块链电子发票将连接每一个发票干系人，可以追溯发票的来源、真伪和报销等信息，让发票信息全场景流通成为现实，解决发票流转过程中一票多报、虚报虚抵、真假难验等难题。

三、区块链电子发票的特征

采用区块链电子发票，经营者可以在区块链上实现发票申领、开具、查验、入账；消费者可以实现链上储存、流转、报销；而对于税务监管方、管理方的税务局而言，则可以达到全流程监管的科技创新，实现无纸化智能税务管理。

在支付过程中使用区块链的好处之一是，区块链电子发票可以放在去中心化的区块链网络中，并且可以同时被多个用户访问。对发票或相关信息所做的任何更改都将被永久记录，表明谁更改了内容和时间。

这种安全、便捷的访问方式，加上对变更的透明性和记录的不可更改性，从而无需中介机构来验证和变更。其结果是可以通过区块链共享电子发票，并且可以简单地针对它们记录付款状态。这样就无需通过连接系统层或认证方来处理和转移发票。

区块链电子发票改变了整个发票过程的动态。在分散的区块链上，发票保持静态，而各种系统都对此进行访问和修改以指示付款状态。区块链上交易记录的防篡改和可验证性质为支付流程带来了前所未有的信任度。作为回报，这为更快地处理付款提供了信心，同时改善了现金流的流速效率等，例如动态贴现以加快付款速度。

四、区块链电子发票解决行业痛点

（一）帮助解决信息孤岛问题

区块链电子发票是区块链技术极为天然的应用场景，使用区块链技术，通过其互联互通的优势，建立相应的联盟链或公有链，可以使这些信息孤岛中的数据真正地整合起来，同时还为链中的所有数据提供了透明、安全的分布式存储方案。而且，这些集成后的数据，拥有可信度高、不或篡改、可验证性强等特点。另外，将发票流转信息上链，解决了发票流转过程中的信息孤岛问题，实现了发票状态全流程可查可追溯。

（二）帮助解决发票虚开、错开和发票造假问题

通过区块链技术，可以将发票数据存储在区块链上。结合交易数据的区块链技术，就可以使得交易数据与发票能够拥有公开、透明以及可跟踪性，使交易数据与发票数据能够保持一定的匹配关系，进而快速鉴别虚开发票的现象。

另外，发票开具系统其实也能自动使用区块链中的交易数据来开具发票，减少了因为人工疏忽而导致错开发票的问题。

如果使用区块链技术来管理发票数据，这将会使得这些发票数据可以快速地在所有

节点中被记录，所有安装了客户端的企业都可以及时地查询到这些发票数据。同时，由于区块链技术拥有透明、刚性信任的特点，使得只要是能在区块链中查询到的发票数据，都是真实的发票，一并解决了假票难查、慢查的问题。

（三）帮助发票全程电子化升级

使用区块链技术，可以通过溯源等方式对发票进行真伪确认，证明其存在性、真实性和唯一性。一旦在区块链上被确定，发票的后续操作都会被实时记录，其全生命周期可追溯、可追踪，这为财税全业务流程管理提供了一种强大的技术保障和完整的数据支撑。区块链技术的大规模应用，将优化财税领域的业务流程、降低运营成本、提升协同效率，进而为发票电子化升级提供系统化的支撑。

五、区块链电子发票的发展历史

2018 年 8 月 10 日，广东深圳国贸旋转餐厅开出了全国首张区块链电子普通发票，宣告深圳成为全国首个区块链电子发票试点城市，该区块链电子发票是深圳市税务局与腾讯的合作项目。

2019 年 3 月 18 日，全国首张轨道交通区块链电子发票在深圳地铁福田站开出，宣告深圳区块链电子发票推广至交通行业。同年 5 月 30 日，深圳市税务局联合市交通运输局、腾讯共同打造的“出租车助手”微信小程序正式上线，这是全国范围内首个出租车行业电子发票应用平台，覆盖全市超过 2 万辆出租车，为乘客提供随时随地随手开具区块链电子发票的全新用票体验，为全市 59 家出租汽车公司节省每年约 1 000 万元的纸质发票印制成本，上线短短两个多月，出租车行业开票量累计已达 30 万张。

2019 年 10 月，中国信通院、深圳税务局和腾讯联合代表中国在国际电信联盟标准局 ITU-T SG16 Q22 会议上首次主导提出了《区块链发票通用技术框架》国际标准立项，这一立项获得了成员国的支持并得以顺利通过。这意味着区块链发票的标准起草工作正式启动。

2021 年 4 月，由深圳市税务局主导推进的《基于区块链技术的电子发票应用推荐规程》国际标准正式经电子电气工程师协会标准协会（IEEE-SA）确认发布，成为全球首个基于区块链的电子发票应用国际标准。

2021 年 8 月 10 日，区块链电子发票迎来落地三周年。深圳市税务局数据显示，以深圳市区块链电子发票为例，截至 2021 年 8 月，深圳累计开票超 5 800 万张，日均开票超 12 万张，累计开票金额近 800 亿元，覆盖零售、餐饮、交通、房地产、医疗、互联网等百余行业领域，接入企业超 3.2 万家。

六、区块链电子发票的产业案例

区块链电子发票是区块链技术的重要应用领域之一，借助分布式账本、多方共识和非对称加密等技术，助力国家解决了现行财税环境下的一些实际问题，提供了一套全新的电子发票标准。区块链电子发票有别于传统电子发票，例如深圳市税务局携手腾讯落地的区块链电子发票，将“资金流、发票流”二流合一，将发票开具与线上支付相结合，打通了领票、开票、报销和报税全流程。

（一）业务链上流转：优化领票、开票、报销和报税全流程

区块链电子发票业务流程包含领票、开票、流转、验收和入账等，大致分为4个步骤，如图5-9所示：

（1）税务机关在税务链上写入开票规则，将开票限制性条件上链，实时核准和管控开票；

（2）开票企业在链上申领发票，并写入交易订单信息和链上身份标识；

（3）纳税人在链上认领发票，并更新链上纳税人身份标识；

（4）收票企业验收发票，锁定链上发票状态，审核入账，更新链上发票状态，最后支付报销款。

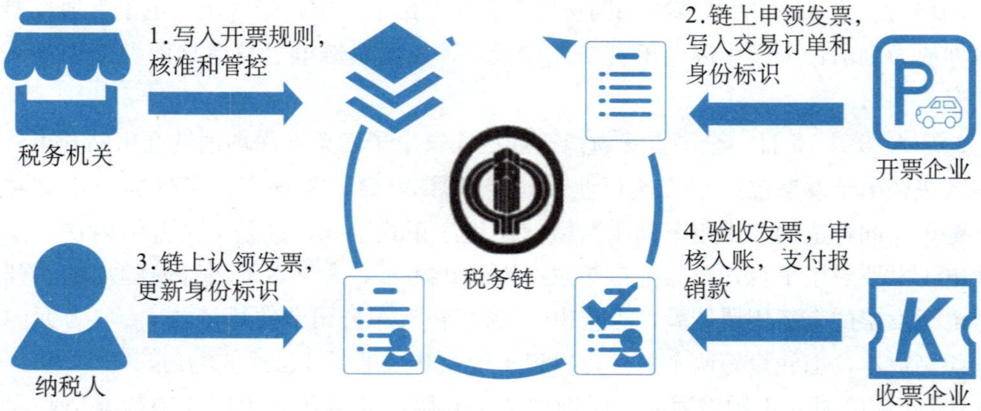

图5-9　区块链电子发票业务流程

（二）业务模式创新：连接每一个发票干系人，解决诸多痛点

腾讯自研的区块链技术依托分布式账本、多方共识和非对称加密等机制，使区块链电子发票形成了以下优势：

（1）不可篡改，提高伪造和篡改原有发票的难度；

（2）信任传递，降低报销公司财务审核、税务稽查的成本；

（3）不可“双花”，有效防止一票多报；

（4）以业务和数据隔离创新了隐私保护策略。

这种业务模式创新，在用户层面，可解决用户报销难、流程繁杂的问题；在企业层面，可帮助企业降低开票、存档以及审核入账成本；在政府层面，可帮助税务局降低监管成本、服务成本。

本章小结

1. 发票是指一切单位和个人在购销商品、提供或接受服务以及从事其他经营活动

中，所开具和收取的业务凭证，是会计核算的原始依据，也是审计机关、税务机关执法检查的重要依据。

2. 常见的发票有增值税普通发票、增值税专用发票和专业发票。

3. 电子发票是指在购销商品、提供或者接受服务以及从事其他经营活动中，开具、收取的以电子方式存储的收付款凭证。

4. 电子发票的使用对企业、消费者、政府和社会都具有一定意义。

5. 区块链电子票据是以提供隐私保护和多方安全用票为目的，结合区块链不可篡改、可追溯的特性，为财政电子票据在查验、归集、报销入账等民生应用中提供技术保障的服务。

6. 区块链电子发票的原理：通过分布式账本技术将消费者、商户、公司、税务局等所有和发票有关系的节点都连接到同一个系统中，每一笔通过线上支付完成的交易数据都被视为一张“发票”；发票数据生成、发票开票申请、发票报销、拿到报销款等各个流程，都以时间戳形式记录下来，并实时同步给系统中各节点。

7. 区块链电子发票可以帮助解决信息孤岛问题，帮助解决发票虚开、错开和发票造假问题，帮助发票全程电子化升级。

8. 在支付过程中使用区块链的好处之一是，区块链电子发票可以放在去中心化的区块链网络中，并且可以同时被多个用户访问。对发票或相关信息所做的任何更改都将被永久记录，表明谁更改了内容和时间。

课后习题

一、单选题

1. 下列属于发票种类的是（　　）。

A. 增值税普通发票　　B. 增值税专用发票

C. 专业发票　　D. 以上都是

2. 关于电子发票，下面说法错误的是（　　）。

A. 电子发票是以电子方式存储的收付款凭证

B. 电子发票通过互联网传输保证了发票的唯一性和不可抵赖性

C. 消费者可以直接通过电子邮箱、支付宝或微信等获取电子发票

D. 电子发票可以云端存储，更容易查询

3. 下列关于区块链电子发票，说法错误的是（　　）。

A. 区块链电子发票由所有节点共同维护一个公共账本，可以解决电子发票的重复报销、数据不一致的问题

B. 区块链电子发票全流程的信息都在链上，报销时只要链上更新发票状态即可，无需再打印为纸制的文件存档

C. 发票数据生成、发票开票申请、发票报销、拿到报销款等各个流程，不能以时间

戳形式记录下来并实时同步给系统中各节点

D. 区块链电子发票能够有效规避假发票，完善发票监管流程，涉费信息更加安全

4. 下列关于电子发票和区块链电子发票，说法正确的是（　　）。

A. 区块链电子发票实现了无纸化报销

B. 区块链电子发票基于互联网传输，节约了人力和物力资源

C. 电子发票解决了信息孤岛的问题

D. 区块链发票可以解决虚开、错开和发票造假问题

5. 下面关于电子发票的说法，不正确的是（　　）。

A. 电子发票可以减少企业对传统纸质发票的使用

B. 消费者可以直接通过电子邮箱或微信获取电子发票

C. 电子发票通过签名和加密机制保证了发票的真实性

D. 电子发票解决了传统发票数据孤岛的问题

二、多选题

1. 电子发票存在（　　）问题。

A. 信息孤岛　　B. 存在一票多报、虚抵虚报

C. 监管成本高　　D. 容易遗失且印制成本高

2. 下列关于区块链电子发票的流程，说法正确的是（　　）。

A. 区块链电子发票业务流程包括领票、开票、流转、验收和入账

B. 当购买方确认交易完成之后，企业或电子发票服务商需要使用自己的私钥对电子发票数据进行签名，并保证电子发票的唯一性

C. 开票企业需要在链上申领发票，并写入交易订单信息和链上身份标识

D. 当购买方确认交易完成之后，企业或电子发票服务商需要使用自己的公钥对电子发票数据进行签名，并保证电子发票的唯一性

3. 下面关于发票的分类，说法错误的是（　　）。

A. 火车票、出租车票、飞机票等适用于非增值税发票

B. 增值税一般纳税人在不能开具专用发票的情况下也可使用普通发票

C. 不同类型的发票开票主体不同，但是它们的印制机关是相同的

D. 增值税专用发票分为三联：抵扣联、发票联和记账联

4. 下列属于常见的发票的种类有（　　）。

A. 增值税普通发票　　B. 增值税专用发票

C. 专业发票　　D. 纸质发票

5. 下列属于纸质发票和电子发票区别的是（　　）。

A. 票据印制　　B. 票据交验

C. 存储方式　　D. 监督管理

三、判断题

1. 在区块链电子发票中，当购买方确认交易完成后，企业或电子发票服务商需要使用密码对电子发票进行签名。(　　)

2. 电子发票已完全替代纸质发票。(　　)

3. 电子发票通过签名和加密机制保证了发票的真实性，从根本上杜绝了票据造假的发生，规范企业的经营和纳税行为。(　　)

4. 区块链电子发票具有全流程完整追溯、信息不可篡改等特性，可让发票信息全场景流通成为现实，解决发票流转过程中一票多报、虚报虚抵、真假难验等难题。(　　)

5. 采用区块链电子发票，经营者可以在区块链上实现发票申领、开具、查验，但不能入账。(　　)

四、简答题

1. 简述发票的概念及分类。

2. 简述电子发票的定义和意义。

3. 简述电子发票存在的问题。

4. 简述区块链电子发票的定义及工作原理。

5. 区块链电子发票的出现解决了哪些问题?

6. 请同学们通过互联网搜索区块链电子发票具体应用案例，并尝试分析其工作流程。

第六章

区块链跨境支付

思维导图

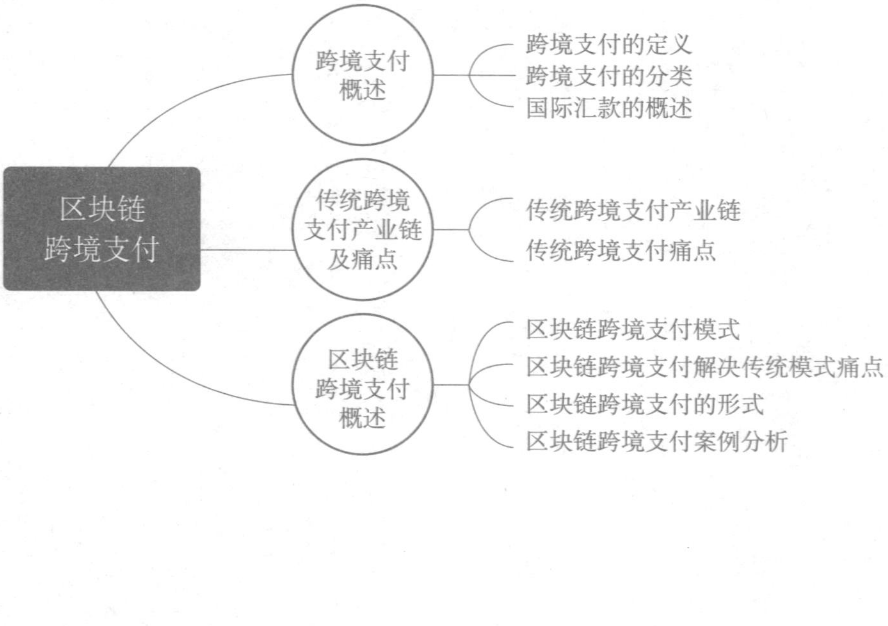

知识目标

1. 掌握跨境支付的概念和分类；
2. 了解国际汇款的分类和流程；
3. 掌握传统跨境支付痛点；
4. 掌握区块链跨境支付相关知识。

能力目标

理解区块链技术在跨境支付中的运用逻辑与原理。

案例导入

跨境金融区块链服务平台山东试点成效显著

为进一步提升金融科技创新服务实体经济水平，助力服务全省“稳外资、稳外贸”，打造改革开放新高地，国家外汇管理局山东省分局于2020年2月27日启动跨境金融区块链服务平台（以下简称区块链平台）试点工作，并取得显著成效。截至2020年末，山东省内银行通过区块链平台累计办理出口应收账款融资业务4 568笔，放款金额49.7亿美元；办理资本项目收入支付便利化真实性审核业务1 582笔，涉及金额10.8亿美元；办理税务备案信息核验业务275笔，涉及金额4.71亿美元。

试点工作申请获得国家外汇管理局批准后，山东省分局迅速行动，结合全省实际情况，精心制定工作方案，周密部署各项具体任务。全省各级外汇局充分调动金融机构资源，积极扩大政策宣传覆盖面，向涉外企业详细介绍平台在出口贸易融资等方面的优势，精准对接企业融资需求，有效提升企业参与试点积极性，促进试点业务全面推广，政策红利充分释放。针对特殊时期企业资金紧张情况及线上业务办理需求，山东省分局积极指导银行依托区块链平台，加强对山东省重点外贸企业的融资支持，及时缓解企业资金压力，帮助企业迅速恢复生产，助推全省外贸稳定发展。

区块链平台业务办理实现快速增长，应用场景不断丰富，平台目前包括“出口应收账款融资核验”“资本项目收入支付便利化真实性审核”“服务贸易税务备案信息银行核验”“企业跨境信用信息授权查证服务”四大模块。区块链平台的顺利试点，对于缓解山东省涉外企业融资难、融资贵问题，提升跨境投融资便利化水平，助力全省“稳外资、稳外贸”发挥了重要作用。

银行对贸易融资的审核能力和办理效率大幅提高。区块链平台提供企业融资申请、银行融资受理、融资审核和放款登记的全流程服务，与银行现有业务流程紧密契合，通过比对海关系统数据，实现报关单真实性、可用额度、使用状态等要素的在线核验，极大提高了银行审核贸易背景能力和业务办理效率，有效缓解了银企间信息不对称问题，增强了银行办理贸易融资的意愿。

企业融资难题得到缓解，融资成本大幅下降。审核效率的提高和风控成本的下降，也有效推动了银行不断降低融资产品定价。尤其是对以信用融资为主的中小企业而言，可以通过区块链平台以真实贸易背景积累信用，从而取得低成本的融资利率，缓解融资难、融资贵的问题。从统计情况来看，山东省内银行通过区块链平台放款平均利率仅为3.5%，较平台上线前下降约1.5个百分点。区块链平台在引导市场利率下行、助力涉外经济健康发展方面发挥了积极作用。

有效防范业务风险，便利化水平显著提升。区块链平台资本项目真实性审核场景和服务贸易税务备案信息银行核验通过建立银行、企业和监管部门间的业务信息交互核验机制，以线上实时核验替代线下人工核对，有效解决银行审查企业发票信息和税务备案信息、履行真实合规要求的难题，大大节省了时间及人力成本，促进外汇业务办理便利化水平显著提升。

随着跨境金融区块链服务平台的逐步推广，应用场景也会逐步扩大。2021年，国家外汇管理局山东省分局在全面总结2020年试点工作经验的基础上，持续深化跨境金融区块链服务平台应用，不断扩大参与主体，探索研究丰富应用场景，进一步提升贸易投资便利化水平，促进全省涉外经济健康稳定发展。

思考：生活中你听到的跨境支付是如何运转的？

第一节　跨境支付概述

一、跨境支付的定义

跨境支付是指因贸易、消费、投资及其他目的所发生的涉及两个及以上金融监管区域，借助一定的结算工具和支付系统，实现的价值转移的行为。如跨境电商中，由于买卖双方所持币种不同，就需要通过一定的结算工具和支付系统实现两个国家或地区之间的资金转换，最终完成交易。

纵观全球跨境支付历史演变过程，跨境支付是随着国际产业分工及国际交往活动的持续发展而兴起的。在最早期，国际间使用贵金属进行跨境支付清算，后续出现了纸币现金、纸质转账的清算方式，再到电子转账清算阶段，跨境支付随着整个国际社会各项活动的日益频繁和科学技术的更迭进步，逐渐向着迅速、安全、节约的方向发展。图6-1为全球跨境支付发展历程。

二、跨境支付的分类

我国跨境支付市场由银行电汇、国际信用卡、专业汇款公司和第三方跨境支付四类支付方式主导。

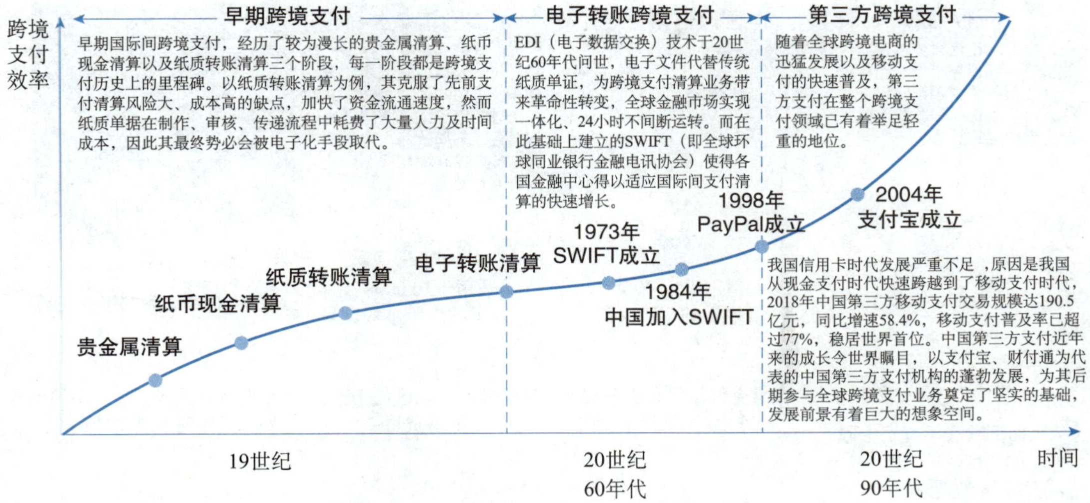

图 6－1　全球跨境支付发展历程

（资料来源：艾瑞咨询研究院）

（一）银行电汇

银行电汇是最传统、使用最广泛的跨境支付方式。是银行按照汇款人的指令，以加押电报、电传或 SWIFT（环球同业银行金融电讯协会）等形式将款项汇入国外银行，由汇入行通知收款人就近存取款项的结算方式。通常通过 SWIFT 系统传输交易信息，一般在数个工作日内到账，费用需要几十美元，主要用于 B2B 等大额汇款。

（二）国际信用卡

国际信用卡主要是国际卡组织（如 VISA、Master Card、中国银联等）通过线上或线下刷卡方式付款，向商户收取手续费，客户需支付货币转换费用。

（三）专业汇款公司

专业汇款公司通常与银行、邮局等机构进行合作，在其营业网点设立代理点，以扩展营业范围，部分专业汇款公司也可通过互联网渠道提供服务，目前中国市场主要有西联汇款、速汇金、PayPal、快汇等，一般用于小额汇款。

（四）第三方跨境支付

第三方支付机构为跨境电子商务、境外线下商务的交易双方提供跨境互联网支付或移动支付服务，包含外汇资金集中收付及相关结算等业务，具有快速便捷、安全性高等特点。国内市场从事跨境支付业务的第三方支付公司可分为三类：一是境内获得《支付业务许可证》和跨境支付业务许可的非银行支付机构，如支付宝、财付通等；二是在境外获得相关许可但未获境内许可的机构，如 WorldFirst 等；三是未获得相关资质的公司，作为国际卡组织或银行的代理商从事跨境支付业务，如 PingPong 等。第三方支付公司按交易金额向商户收取手续费。

四种跨境支付方式具体对比见图 6－2。

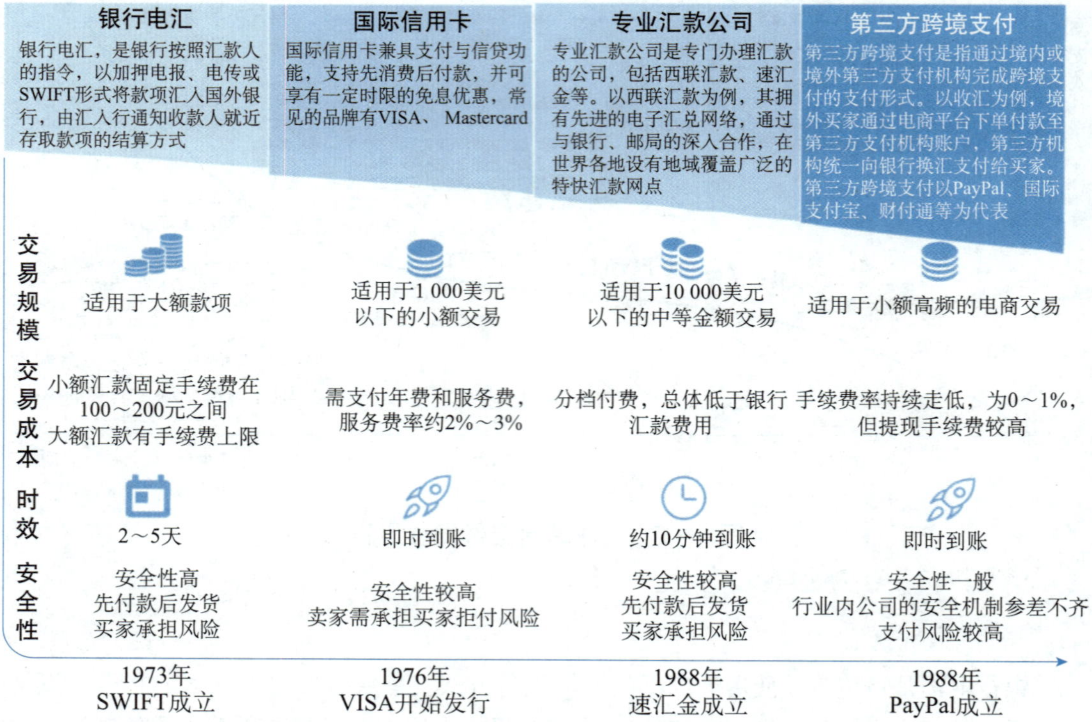

图 6-2　四种跨境支付方式具体对比

（资料来源：头豹研究院）

三、国际汇款的概述

（一）国际汇款的定义

国际结算包含顺汇和逆汇两种结算方式。

顺汇（Forward Remittance）又称汇付法，是指由汇款人（通常为债务人）主动将款项交给银行，委托银行通过结算工具，转托国外银行将汇款付给国外收款人（通常为债权人）的一种汇款方法。其特点是资金流向和结算工具的流向一致，如汇款。

汇款（Remittance）又称汇付，是银行（汇出行）应汇款人（债务人）的要求，以一定的方式将一定的金额，通过联行或代理行作为付款银行（汇入行），付给收款人（债权人）的一种结算方式。汇款业务的大致流程为：汇款人—汇出行—汇入行—收款人。

逆汇（Reverse Remittance）又称出票法，是指由收款人出具汇票，交给银行，委托银行通过国外代理行向付款人收取汇票金额的一种汇款方式。其特点是资金流向和结算支付工具的流向不相同，如托收、信用证。

（二）国际汇款的特点

1. 商业信用性质

在国际汇款中，贸易双方根据贸易合同的约定提供货物或服务来支付货款，银行只是按汇款人指示转移有关款项，不承担任何付款或担保责任。至于贸易双方如何进行货物或服务的提供及如何付款，则主要依靠贸易双方的信用。由此可见，汇付方式的基础是贸易双方的信任，交易的预期目的能否实现也完全取决于贸易双方的信用，因此汇付有商业信用性质。

2. 风险大

因为国际汇款有商业信用性质，对预付款中货物或服务的接受者以及货款中货物或服务的提供者而言，风险是极大的，所以除非贸易双方之间的关系特殊或买卖的是紧俏品，在一般情况下，接受者不会同意预付全部款项，提供者会同意货到付款。

3. 资金负担不平衡

在货物贸易方式下，进口商若先付款，出口商得以使用进口商的资金备货、装货。在货到付款时，出口商需要垫付自己的资金以备货、交货，而进口商在收到货物后甚至可在货物售出后支付货款，可以得到100%的资金融通。对于出口商而言，货到付款还可能出现钱货两空的情况，可见汇款使交易双方的资金负担不平衡。

4. 顺汇方式

在国际汇款中，进口商主动把资金和汇款申请书一起交给汇出行，由其依据申请书的要求填写支付委托书或银行汇票（作为结算工具）给汇入行，同时把资金转移给汇入行交给出口商，其资金和结算工具的流动方向均从进口商流到出口商，两者方向一致，故属顺汇方式。

5. 手续简便、费用少

汇款支付方式的手续是最简单的，银行收取的只是一笔数额很少的汇款手续费，因此在交易双方相互信任的情况下，或者在跨国公司的不同子公司之间用汇款方式是最理想的。汇款方式尽管有不足之处，但在国际贸易结算中也经常会被使用。

（三）国际汇款的分类和流程

根据汇出行通知汇入行付款的方式，国际汇款业务通常可分为电汇、信汇和票汇3种。我国是外汇管制较严格的国家，无论采取哪种汇款方式，均应符合《中华人民共和国外汇管理暂行条例》或经外汇管理当局批准。

1. 电汇（Telegraphic Transfer，T/T）

电汇是汇出行应汇款人的申请，以发加押电报、电传或SWIFT的方式指示汇入行将资金解付给收款人的汇款方式。

电汇的基本做法如下（其业务流程见图6-3）：

（1）有汇款人填写电汇申请书，并交付电汇款项及手续费，取得电汇回执；

（2）汇出行接受汇款，以发电报的方式或电传方式通知汇入行，为防止意外及便于汇入行辨别电报、电传的真伪，汇出行所拍发的电报、电传、SWIFT都带有密押；

（3）汇入行收到电报或电传后，经核对密押相符，即用电汇通知书通知收款人取款；

（4）收款人取款时填写收款收据并签章交给汇入行，汇入行凭此解付汇款，并将付讫借记通知书寄给汇出行。

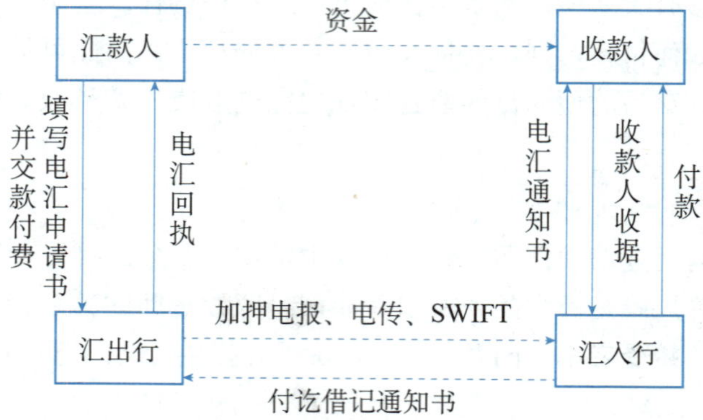

图 6－3　电汇业务流程图

电汇方式的显著特点是快捷，资金调拨速度快。在银行，电汇的优先级最高，一般在当天处理，而且因为是银行之间的直接通信，所以差错率较低，遗失的可能性极小且安全，目前被普遍使用。但由于汇出行占用汇款资金的时间极短，甚至根本不可能占用，因此收取的手续费较高。

拓展阅读

环球银行金融电信协会（SWIFT）

环球银行金融电信协会（Society for Worldwide Interbank Financial Telecommunication，SWIFT），是一个国际银行间非营利的国际合作组织，为国际金融业务提供快捷、准确、优良的服务，运营着世界级的金融电文网络，还向金融机构销售软件和服务。银行和其他金融机构通过 SWIFT 与同业交换电文，从而完成金融交易。SWIFT 成立于 1973 年 5 月，总部设在比利时布鲁塞尔，同时在荷兰阿姆斯特丹和美国纽约分别设立交换中心（Swifting Center），并为各参加国开设集线中心（National Concentration），为国际金融业务提供快捷、准确、优良的服务。SWIFT 在全球拥有会员银行超过 4 000 个，它的全球计算机数据通信网在荷兰和美国设有运行中心，在各会员国设有地区处理站，共连接了近 4 000 个用户，日处理 SWIFT 电信 250 万笔。SWIFT 具有明显的 3 个特征：安全可靠、高速度低费用、自动加核密押，它为客户提供快捷、标准化、自动化的通信服务。中国是 SWIFT 会员国，中国银行、中国工商银行、中国农业银行、中国建设银行、交通银行等均加入了 SWIFT，开通了 SWIFT 网络系统。

2. 信汇（Mail Transfer，M/T）

信汇是汇出行按汇款人的要求，利用航邮信汇委托书（M/T Advice）或支付委托书（Payment Order）指示/授权汇入行支付一定货币金额给指定收款人的汇款方式。

信汇的结算程序与电汇大致相同（信汇业务流程如图 6－4 所示），所不同的是结算及其寄送方式的差异。信汇是以信汇委托书或支付委托书作为结算工具，以航函方式邮寄给汇入行，委托其解付款项，从而完成资金的划拨。信汇委托书不加密押，只需签字，汇入行核对无误后方能解付。信汇方式费用低廉，但收款时间较慢，传递环节多，易发生积压甚至丢失的情况。

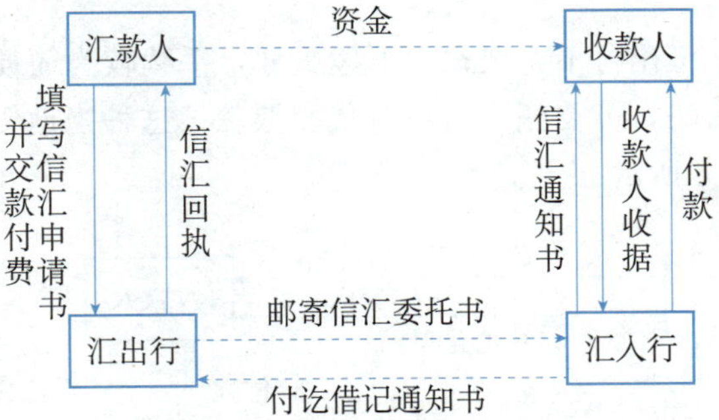

图 6-4　信汇业务流程图

3. 票汇（Demand Draft，D/D）

票汇是汇出行应汇款人的要求，开立以汇出行的海外分行或代理行为付款人的银行即期汇票，交给汇款人自带出境或自行寄交收款人，由后者凭票取款的汇款方式。

票汇的基本做法如下（其业务流程见图 6-5）：

（1）汇款人填写票汇申请书，交款付费给汇出行，汇出行开立银行即期汇票交给汇款人，由汇款人寄给收款人；

（2）由汇出行将汇票通知书或票根寄给汇入行；

（3）收款人持汇票向汇入行取款时汇入行将汇票与票根核对无误后，解付票款给取款人，并将付讫借记通知书寄汇出行，从而使资金从债务人流向债权人，完成一笔票汇业务。

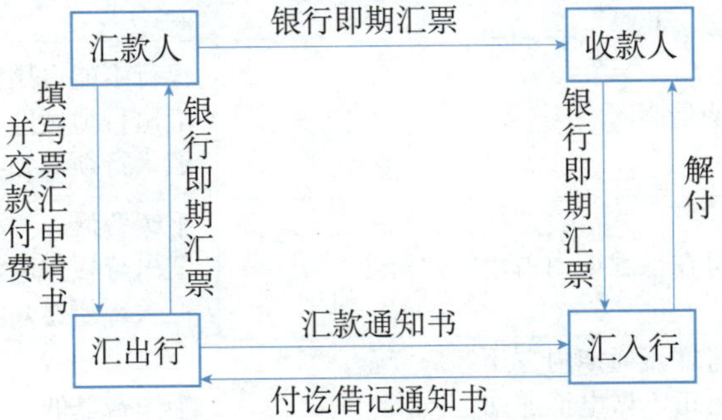

图 6-5　票汇业务流程图

与信汇和电汇相比，票汇的突出特点是灵活性。票汇的收款方式本质上是凭汇票取款，因此只要抬头许可，汇款人可将汇票带到国外亲自取款；也可将汇票寄给国外货权人，有债权人取款；还可以背书后转让给其他人取款。票汇的传送不通过银行，汇入行无需通知收款人，而由收款人持票登门取款。票汇的领款方法是收款人背书后，凭票领款，而信汇和电汇都由汇入行填制汇款收据，收款人在收据上签字。凡是不限制转让的汇票经背书后均可转让，而信汇和电汇业务中不涉及转让问题。

此外，还能采用中心汇票支付的方式。

中心汇票是指付款行位于货币清算中心城市的汇票。

中心汇票当事人有汇出行、付款行（汇出行在货币清算中心城市的联行或代理行）、汇款的收款人。

用中心汇票汇款，汇出行不寄票根，不拨头寸，手续较为简便。当收款人的所在地不在货币清算中心城市时，可委托当地银行代收票款，这种当地银行成为托收行。中心汇票业务流程如图 6－6 所示。

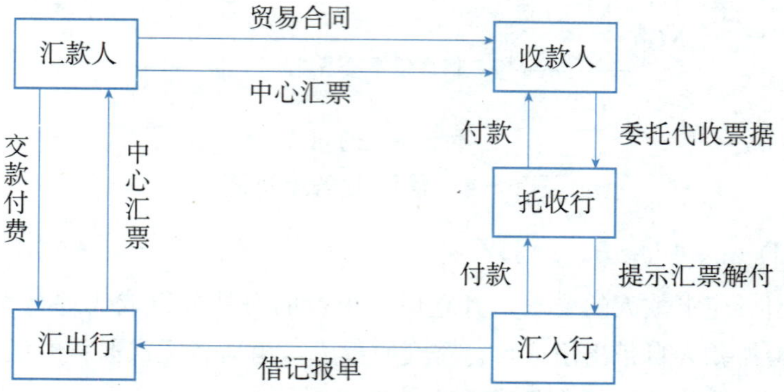

图 6－6　中心票汇业务流程

4. 汇款方式比较

接下来分别从银行和客户角度比较 3 种汇款方式。

从银行的角度看，3 种汇款方式的比较如表 6－1 所示。

表 6－1　3 种汇款方式的比较（从银行的角度）

方式	利	弊
电汇	手续费最高	银行不能占用客户资金； 汇出行须做电汇通知； 汇入行须通知收款人取款
信汇	银行可在汇款期内占用客户资金	手续费低； 汇出行须作电汇通知； 汇入行须通知收款人取款
票汇	银行可在流通期内占用客户资金； 汇出行可不做电汇通知； 汇入行不必通知收款人取款	手续费最低

从客户的角度看，3 种汇款方式的比较如表 6－2 所示。

表 6－2　3 种汇款方式的比较（从客户的角度）

方式	利	弊
电汇	安全可靠（充分利用资金，减少利息损失）； 速度最快； 汇率风险低	汇款成本高（多付手续费和电讯费）

续表

方式	利	弊
信汇	汇款成本较低	速度慢； 信汇委托书有可能在邮寄中丢失或延误； 汇率风险高
票汇	汇款成本最低； 取款灵活，任何一家汇出行的代理行都可付汇票； 背书后可流通转让或托收票款	速度慢； 票据可能丢失或被窃，可能发生汇票纠纷； 汇率风险高

课堂讨论

我国某出口企业A与另一国的进口企业B签订了一份进出口贸易合同，合同中规定：支付条款为装运月份前15天电付汇款。但是在后来的履约过程中，进口企业B延至装运月份的中旬才寄来一张银行汇票。为保证按期交货，出口企业A于收到汇票次日将货物托运，同时委托银行C代收票款。一个月后接到银行C通知，因该汇票系伪造，已被退票。此时，货物已抵达目的港，并已被进口方凭出口企业自行寄去的单据提走。事后出口企业A进行了追偿，但进口企业B早已人去楼空，出口企业A遭受货款两空的重大损失。

要求：分析造成损失的主要原因及防范的措施。

第二节　传统跨境支付产业链及痛点

一、传统跨境支付产业链

中国的传统跨境支付产业链主要是由上游服务提供商、中游跨境支付机构和下游客户组成。具体如图6-7所示。

（一）跨境支付产业链上游服务提供商

中国跨境支付行业的上游主体主要包括发卡行、清算机构、技术提供商等，其主要负责向中游的跨境支付机构提供资金清算以及风险管理系统软硬件产品服务。

发卡行发卡行为中国银行、中国工商银行、中国建设银行、中国招商银行等商业银行机构，其主要为跨境支付机构提供各种银行卡服务，并根据提供的各类相关银行卡服务收取一定的费用，包括商户回佣分成、刷卡支付手续费用等。2016年3月国家发改委与中国人民银行共同印发的《关于完善银行卡刷卡手续费定价机制的通知》中明确完善

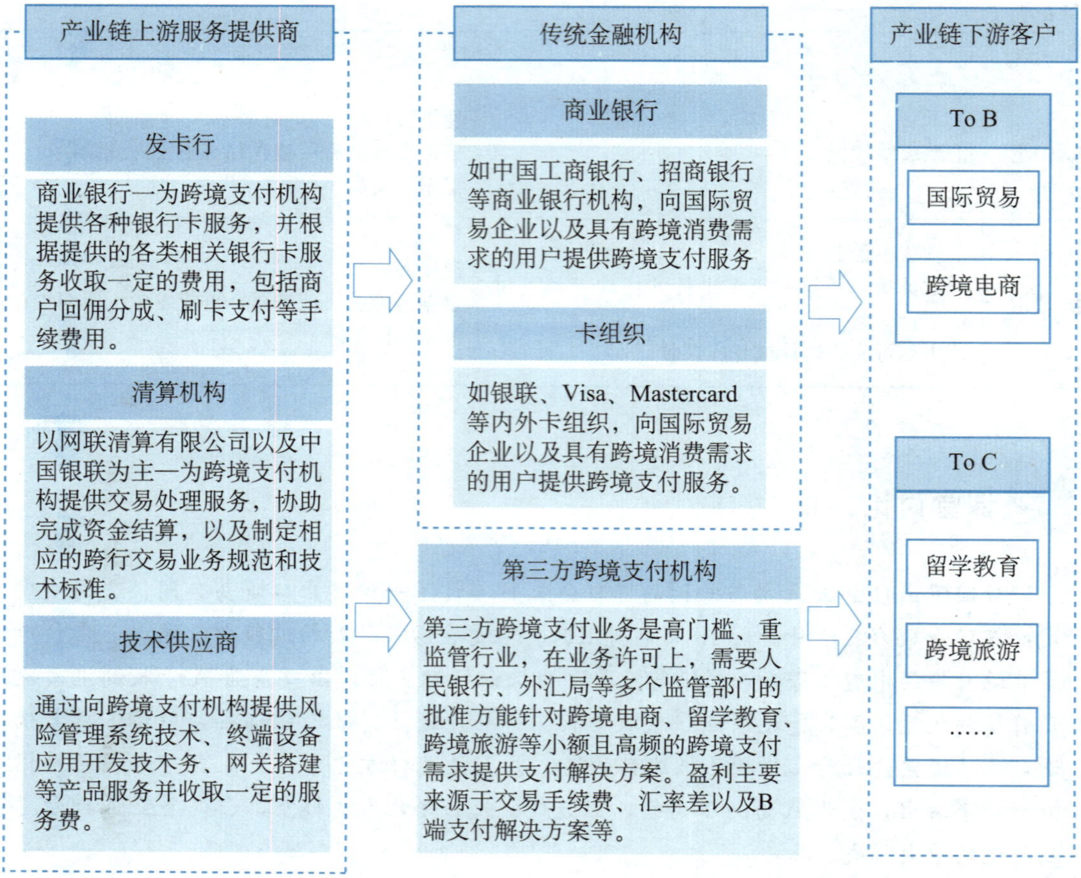

图 6－7 跨境支付产业链结构

（资料来源：易观分析）

定价机制，包括降低发卡行服务费费率水平、调整发卡行服务费、网络服务费封顶控制措施等，并积极鼓励发卡行根据商户需求提供个性化、差异化增值服务。发卡行服务费费率降低以及个性化增值服务产品的推出将有效降低跨境支付机构的运营成本，助力跨境支付机构快速发展。

清算机构清算机构主要为跨境支付机构提供交易处理服务，协助完成资金结算，以及制定相应的跨行交易业务规范和技术标准，以网联清算有限公司以及中国银联为主。其中网络清算有限公司主要向非银行跨境支付机构提供交易信息转接和资金清算服务。中国银联主要负责银行卡清算业务系统的运营工作，包括交易信息传递、清分，以及资金结算等内容，为中国唯一一家银行卡清算机构。2018 年 11 月美国运通公司获批进入中国设立银行卡清算机构“连通公司”，并于 2019 年底正式投入运营，这意味着中国清算机构的开放程度逐渐提升，清算机构市场主体将日益增多，市场竞争将日趋激烈。清算机构的竞争格局不断多元化，一方面给予跨境支付机构更多选择空间，寻找最合适的清算产品服务；另一方面亦将促进清算机构不断优化升级自身产品服务，并有望基于跨境支付机构的个性化清算需求，定制化产品服务。

技术供应商技术供应商主要向跨境支付机构提供风险管理系统技术、终端设备应用开发技术务、网关搭建等产品服务，典型代表企业为锐融科技、棠棣信息。伴随技术供应商的金融科技持续创新研发，不断推出更为成熟的金融科技产品服务，将有利于降低跨境支付机构运营成本，扩大跨境支付机构盈利空间。

（二）跨境支付产业链中游跨境支付机构

中国跨境支付行业的中游主体包括商业银行、卡组织和第三方跨境支付机构等，其主要向国际贸易企业以及具有跨境消费需求的用户提供跨境支付服务。其中第三方跨境支付机构更加适应新兴跨境电商、留学教育、跨境旅游等小额且高频的跨境支付需求。第三方跨境支付机构需具有支付牌照以及外管牌照方可开展跨境支付业务。不具备外汇支付牌照的第三方跨境支付机构，通常会选择与持有外汇支付牌照机构合作，以合作方式开展跨境支付业务；或者是以提供金融技术或者是综合定制化产品服务形式切入跨境支付行业，例如 PingPong、空中云汇等为代表的非持牌跨境支付机构，其专注于向中小型企业个性化定制跨境支付解决方案或者是为平台企业定制智能跨境支付 API 等服务。

中国跨境支付机构的盈利主要来源于交易手续费、汇率差以及 B 端支付解决方案等。伴随跨境支付电商的蓬勃发展，B 端支付解决方案将成为众多跨境支付机构争夺的市场。同时，部分第三方跨境支付机构通过金融技术手段或本地化运营能力，为用户提供数据营销，供应链金融以及贸易增值等增值服务，从而拓宽自身的盈利渠道，提升企业竞争力。另外，在中国跨境支付行业开放程度不断提高的大背景下，众多品牌外资跨境支付机构涌入中国跨境支付赛道。跨境支付行业参与者增多，行业或将迎来新一轮的价格战争，行业集中度有望进一步提高。

（三）跨境支付产业链下游客户

中国跨境支付行业的下游主体包括 B 端企业（跨境电商平台、国际贸易企业）以及 C 端消费者。当前，跨境电商平台以及 C 端消费者是中国跨境支付行业持续扩容的主力军。伴随中国劳动人口红利的消失，中国传统制造行业经营成本提升，行业盈利空间受挤压，从而使得传统贸易出口成本增加。传统贸易出口成本提升促使海外商家向更为实惠的东南亚国家购买大宗商品服务，中国传统贸易出口受阻。同时在全球经济增长趋缓，中国传统贸易出口增长停滞，这在一定程度上影响跨境支付机构市场规模的增长，尤其是传统银行机构。但随着中国居民消费水平不断提高以及新中产的崛起，中国跨境支付的应用场景不断拓展。

目前跨境支付的新兴场景以跨境电商、跨境旅游、留学教育为主，具有小额与高频特征。而第三方跨境支付推出的产品服务亦具有小额且高效的特点，契合新兴场景的跨境支付需求，新兴场景将为跨境支付行业提供广阔的发展空间。伴随跨境电商、跨境旅游、留学教育等新兴场景的用户规模持续扩大，其释放的跨境支付需求将不断增多，进一步带动跨境支付行业规模持续增加。

拓展阅读

走进 PingPong 公司

杭州乒乓智能技术有限公司（简称 PingPong）成立于 2015 年，诞生于全球跨境电子交易蓬勃发展的浪潮中，是中国跨境行业的创新推动者。目前，PingPong 在全球设有超 20 个分支机构，业务覆盖超 200 个国家和地区，是全球最大的跨境贸易综合服务商之一。

2015 年的中国，跨境电商已从市场化产业迎来政策风口。政府出台多项文件扶持跨境电商发展，在全国设立跨境电子商务试验区和自由贸易自试验区，积极探索跨境电商管理制度。2015 年 6 月，国务院办公厅发布《关于促进跨境电子商务健康快速发展的指导意见》5 大支持措施，其中第 4 条明确指示要鼓励境内支付机构开展跨境支付业务。这一年，跨境电商出口交易规模达 4.49 万亿元，大量中国商品流向全球市场。“互联网+”更成倍放大了中国供应链的优势，中国外贸在全球市场的占比和地位水涨船高。

2020 年以来，全球贸易线上化数字化的进程加速，跨境电商、市场采购贸易等外贸新业态在政策和资本的催化下，实现指数级增长。据商务部统计数据显示，跨境电商进出口规模 5 年增长近 10 倍，市场采购贸易出口规模 7 年增长 7 倍。服务于跨境电商等线上贸易的跨境支付市场，也迎来空前爆发。据艾瑞咨询预计，2022 年全球跨境支付市场规模总额将达到 218 万亿美元。中研普华研究院测算，2016—2020 年，中国第三方跨境支付市场规模（以交易金额计）从 2 437 亿元人民币增长至11 172亿元人民币，年复合增长率达 35.6%。预计 2020—2025 年，该市场规模将保持较高水平的年复合增长率继续增长。

宏观的市场大局也投射到了微观的企业增长上。在国际支付巨头垄断的市场内，名不见经传的 PingPong 自 2015 年以来用十几人的团队冲锋陷阵，从上线 1.0 收款系统，到获得 100 个种子卖家、实现月交易额 300 万美金，只用了数月。PingPong 的商业版图也在全球市场内迅速扩张，100 个种子用户已爆发式增长到全球数十万商户，交易规模早已不可同日而语，2021 年底累计交易金额达到 5 000 亿人民币。公司业务网络渗透到全球 200 个国家和地区，大量国际主流银行、清算机构、发卡组织都已成为 PingPong 的合作方。

作为中国外贸毛细血管的中小微外贸企业，多年来苦于跨境收付款。一方面，传统国际电汇网络操作困难而且资金回收周期比较长，尤其对于订单小、资金分散的中小微外贸企业来说，要获得这些服务需要付出的显性和隐性成本都很高，同时他们还不得不解决比如出口权、贸易发票等棘手的问题。所以，行业惯例让很多中小微企业主不得已选择非正规渠道，但却因此容易被动卷入洗钱风险。2020—2021 年，由外商主导货款结算、经由第三方灰色渠道支付的不规范模式，最终引发公安部会同工信部、人民银行、最高法、最高检和三大电信运营商开展“断卡”行动，这场惊心动魄的“冻卡潮”让许多外贸B2B中小微企业遭遇资金冻结，甚至濒临倒闭。阳光化B2B跨境支付的需求迫在眉睫。

2021年5月，PingPong在跨境电商之外，将产品研发的触角拓展到了中小外贸B2B客群，将已沉淀和优化升级后的全球化资源通道、技术研发体系、本地化服务能力等悉数奉上，开发出了一站式B2B安全收付款工具“福贸”，为他们提供银行级的产品与服务，解决他们跨境收付款“不可得”与“安全性低”的痛点。

在使用福贸前，从事化工原料外贸出口生意的张渤铭曾用过很多收付款方式。“最早我是用香港离岸账户，但后面因为流水没达到要求被关了。”张渤铭说，“离岸账户对公司的流水要求很高，提现也比较麻烦。用其他平台收付款要提交很多材料，流程复杂，收款速度也慢。”经朋友推荐，他找到了理想中的产品，“福贸收款速度非常快，很适合我们这种对资金周转速度要求比较高的企业，一般上午发起提现，下午就可以到。”现在，张渤铭八成以上的生意都用福贸进行收付款。

以遍布全球的运营服务网络、主流国家地区支付牌照和合规资质为依托，PingPong围绕跨境电商和外贸企业出海的综合需求，建立了涵盖跨境收款、外贸B2B收付款、全球收单、全球分发、供应链融资、海外汇率避险、出口退税、VAT税务缴纳、虚拟信用卡、SaaS企业服务等多元化的产品矩阵，可为不同类型的客户提供合规、安全、便捷的一站式数字化金融科技服务。

公司坚持“越世界，为中国”的初心，始终致力于通过科技创新，携手更多生态合作伙伴，构建全球数字化运营服务网络，帮助跨境卖家和企业提升全球竞争力，共建跨境贸易的繁荣生态。

（资料来源：PingPong官网）

二、传统跨境支付痛点

（一）交易时间较长

传统跨境支付业务需经过付款机构、付款清算行、清算组织、收款清算行、收款机构等多个环节，每个环节均需对交易真实性、合规性进行审核，还需要进行清结算以及对账，各个环节为串行状态，不能并发进行，因此资金在途时间较长。同时，由于时差问题各国工作时间不一致，转账会受到营业时间限制。目前部分服务商简化了个人跨境汇款流程，但B2B业务的交易时间仍然较长。

（二）交易费用较高

由于传统跨境支付业务需经过多个环节，各个环节均需收取一定的手续费，因此交易费用较高。据世界银行调查，目前的跨境支付成本约为7%，远高于境内支付结算费率。同时每个银行都不得不在代理银行建立账户，因此需要大量的准备金用于跨境支付，从而造成较大的流动性损失。根据麦肯锡的预测，流动性的锁定占到跨境支付成本的

34%。同时，整个业务流程的信息不共享、透明度低、定价标准不清晰，客户体验不佳，如果出现退款情况，追踪就较为困难。

（三）安全性较差

传统跨境支付模式经过的中间机构较多，客户信息在每个中间机构均有留存，存在信息泄露风险。同时，不同国家法律及监管政策、技术水平、市场环境、信用等级差异较大，欺诈交易、持卡人拒付等风险较高。2016 年，黑客入侵 SWIFT 的 Alliance Access 软件，造成孟加拉国中央银行账户上 8 100 万美元被盗走。

（四）自主性较差

传统跨境支付系统中心化程度较高，可能会造成垄断问题，导致各国跨境支付自主性较差。目前国际上大部分跨境支付业务依赖于 SWIFT。一旦被限制接入 SWIFT 系统，就断开了与国外其他银行的联系。例如 2018 年，伊朗银行被纳入 SWIFT 系统制裁名单，使得以石油出口为主要经济来源的伊朗的经济发展遭受巨大冲击，2019 年伊朗 GDP 总值仅为 2 582.45 亿美元，相比 2017 年下降 42.01%。

第三节　区块链跨境支付概述

一、区块链跨境支付模式

区块链跨境支付模式基于区块链账本，将传统跨境支付中的各个机构作为链上节点，通过网络连接器形成分布式网络，各汇出行、收款行、汇款人、收款人及做市商作为链上节点，共同维护区块链账本，即跨境支付的交易数据。区块链跨境支付模式流程如图 6－8 所示。

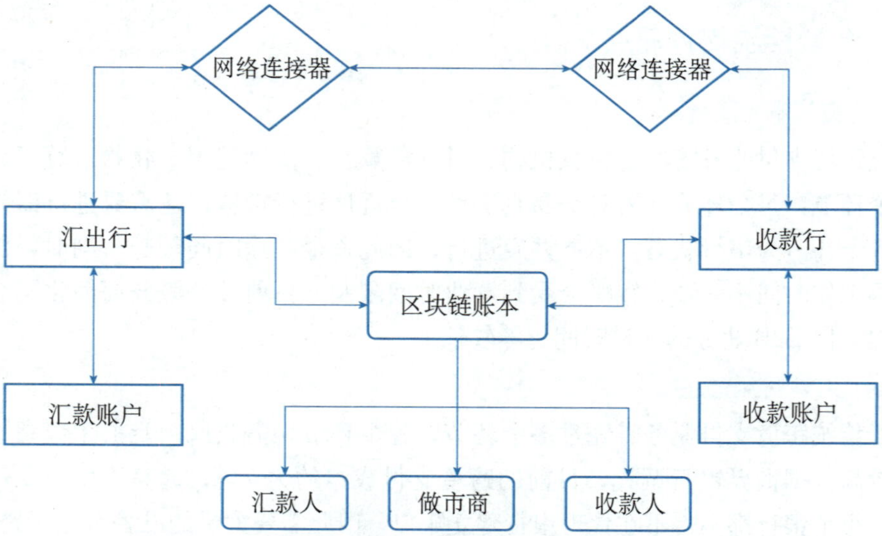

图 6－8　区块链跨境支付模式流程图

具体模式为：在交易前，收款人关键信息上链；在支付发起阶段，所有参与支付结算的网关节点共同维护交易记录，参与一致性校验；在资金转移和交付阶段，通过智能合约记录收付款人之间的转账行为，满足条件时将资金自动存入收款人账户；交易后，相关交易记录密文存储在分布式账本中，监管机构可根据需要进行数据的提取与审查。

二、区块链跨境支付解决传统模式痛点

（一）支付发起阶段

1. 痛点问题

（1）收/付款人信息通过人工和重复性的业务流程收集，效率较低。

（2）在 KYC（Know Your Customer，是为检查客户信息和财务交易目的而创建的合规程序）流程中，银行对客户信息材料真实可信度控制有限，不同机构之间 KYC 水平有差异。

2. 区块链解决

所有参与支付结算的网关节点共同维护交易记录，参与一致性校验，省去银行或金融机构烦琐的对账流程，减少节省银行资源，减少重复性流程，提高效率。

交易前，收付款人关键信息上链，建立付款人、银行、转账服务商和收款人之间的信任。

（二）资金转移阶段

1. 痛点问题

（1）金融机构的基础设施架构和业务流程有差异，清算参与方多、体系复杂，只能通过服务器代码和交易数据报送的方式，成本高，耗时长。

（2）通过代理行模式需要逐行逐笔进行信息验证，效率低且拒绝率高。

（3）银行需在往来账户中预存外币，交易成本高。

2. 区块链解决

通过智能合约记录收付款人之间转账行为的权利与义务关系，将原有人工操作和流程审批等过程做自动化处理，降低时间成本。

（三）资金交付阶段

在资金交付阶段的痛点问题与支付发起阶段类似，不同银行的 KYC 和 AML（Anti-money laundering，意为反洗钱）审核水平有差异且能力有限。

使用区块链技术，在资金交付阶段，能够通过嵌入区块链的智能合约增强交易的可控性，条件满足时可以自动将资金存入收款人账户，或者收款行执行 KYC 流程后允许收款人提取资金。

（四）交易完成阶段

交易后，传统跨境支付中，银行监管合规成本较大，由于跨境转账流程复杂，涉及

数据信息和转移渠道多样，需要较高的技术水平和业务流程支持。

使用区块链技术，在交易完成后，相关交易记录会以密文的形式存储在分布式账本中，监管机构可根据需要进行数据的提取解密与审查，为KYC流程和反洗钱监管提供新的解决思路。

三、区块链跨境支付的形式

目前区块链跨境支付主要有两种形式：

(1) 用数字货币作为外汇兑换媒介。支付网关将区块链上数字资产流动与现实中的法定货币相连接，将法定货币转换为区块链上的数字资产，便于后续支付转账。

(2) 向银行提供技术支持与底层协议，建设多中心化全球汇款系统。

四、区块链跨境支付案例分析

(一) Ripple

Ripple是世界上第一个开放的支付网络，它是全球性的支付网络，并且是典型的实时全额支付系统（Real Time Gross Settlement，RTGS），主要应用于跨国汇款领域，是银行业通行的环球银行金融电信协会（SWIFT）系统的有力竞争者，其生态联盟如图6－9所示。

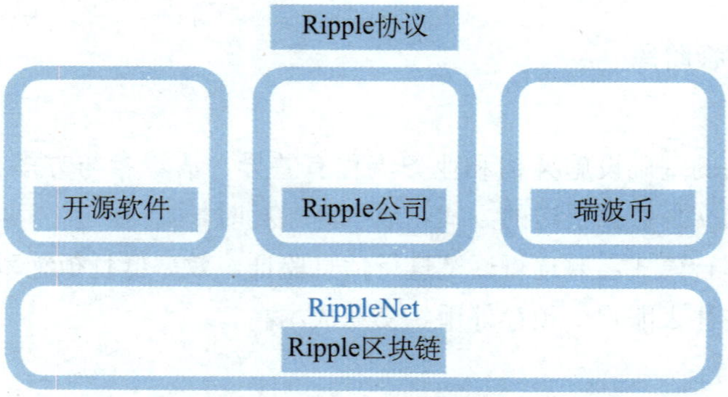

图6－9 Ripple生态联盟

Ripple生态联盟包括：底层的支付协议——Ripple协议、Ripple公司及其开源软件、Ripple公司研发的瑞波币（XRP），以及基于Ripple协议的Ripple区块链。这些共同构成了Ripple生态联盟，为基于Ripple协议的区块链跨境支付服务。

Ripple的网络交易方案分为两种，一种为使用Ripple系统原生代币（瑞波币）进行交易。一种为通过Ripple的xCurrent插件优化银行基础账户，打通银行基础记账模块，此处主要讨论此种交易方案。

1. Ripple xCurrent 工作逻辑

在Ripple xCurrent的工作逻辑中（见图6－10），有以下角色：汇出行、汇入行、信使、分类账、外汇行情及验证器。其中，两个银行通过信使（Messenger）进行信息交换；两个银行经由 Ripple 的分类账、外汇行情、验证器，进行账本的处理，完成资金在区块链账本上的结算。

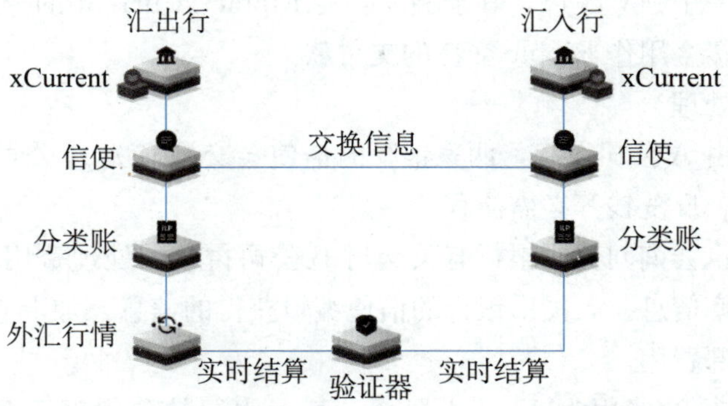

图 6-10　Ripple xCurrent 工作逻辑图

从图 6-10 中可以看到，Ripple xCurrent 软件的 4 个核心组件分别是：

（1）信使。信使的作用为：连接收付款银行，就交易信息、支付费用、外汇汇率、支付细节和预期的资金交付时间进行信息交换。例如：收、付款人（公司）相关信息，进行了解客户（KYC）、反洗钱（AML）相关流程，汇率和双方银行手续费等。

（2）分类账。分类账为交易银行总账本的分类账本，追踪交易各方的信贷、借记和流动资金。它使交易各方能够以原子方式结算资金，这意味着无论涉及多少参与方，整个交易要么即时结算，要么全部不结算。它以毫秒为单位完成资金结算。

（3）验证器。验证器是以加密方式确认付款成功或失败的组件，协调各交易方在分类账上的资金流动。银行可以选择将自己的验证器应用于所有交易中，或者依赖于交易对方运行的验证器。

（4）外汇行情。外汇行情是 Ripple xCurrent 的组成部分，通过流动资金提供商发布外汇汇率。

可以看到，在银行部署 Ripple xCurrent 软件进行跨国转账时，用到了区块链的分布式账本技术，但并没有用到加密数字货币瑞波币。

2. Ripple 跨境支付具体流程

接下来，我们来看看基于 Ripple 协议的跨境支付的具体流程。具体而言，利用 Ripple xCurrent 系统进行一次跨境支付要经过五个步骤：

第一步，发起支付（payment initiation）；

第二步，交易前验证（pre-transaction validation）；

第三步，用加密技术搁置资金（cryptographic hold of fund）；

第四步，结算（settlement）；

第五步，确认（confirmation）。

假设中国的 A 公司需要支付给美国的 B 公司共计 10 000 元人民币。A 公司在中国的人民币银行设有一个账户，B 公司在美国的美元银行设有一个账户。假设两个银行都部署了 Ripple xCurrent 软件系统，都可以通过它汇出和接收付款。

为了使跨货币汇款通过 Ripple xCurrent 流通，银行可以利用其现有的与其他银行的往来账户关系，通过其外汇交易部门或外部做市商提供外汇流动资金。

每家银行设立一个独立账户，其余额反映在 Ripple xCurrent 的分类账上。汇出行将提供 4 万美元可用资金用作 Ripple 交易的支付款。

（1）汇款报文处理。

如果一笔付款由 A 公司发起，两家银行的信使会交换有关 A 公司和 B 公司的信息，以便进行了解客户、反洗钱等必需流程。

付款方的信使也会询问美元银行有关交付 B 公司付款的处理费用，它要从流动资金提供商那里获得汇率信息。人民币银行的信使编辑获得的信息，加上它自己的处理费用，告知交易所需的全部费用。

假设人民币银行的费用为 50 元人民币，美元银行的费用为 5.77 美元，而汇率为 6.93，则总成本约为 10 090 元人民币。

（2）汇款结算时资金搁置。

一旦 A 公司接受要价，付款就开始了。人民币银行扣除 A 公司的账户金额 10 090 元，收取 50 人民币的费用，并贷记 10 040 元至独立账户。

这些资金尚未贷记给流动资金提供商。它们会被搁置，直到美元银行向验证器提供证明，证实它也把资金搁置并能转到 B 公司。

如图 6-11 所示，一系列流程后，美元银行将 1 449 美元搁置（冻结），并向验证器提供加密收据。

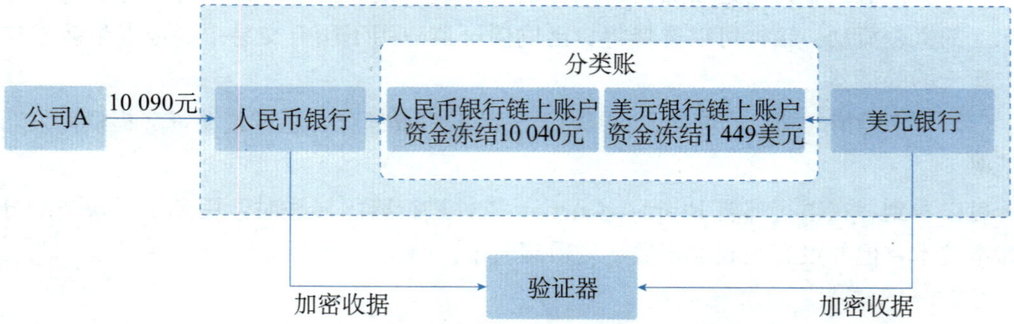

图 6-11　资金搁置（冻结）流程图

（3）汇款结算验证。

这将启动验证器指示人民币银行将来自 A 公司的资金搁置，并提供搁置的加密收据。这些收据包含资金搁置的加密证明，但不包含关于银行、交易方或付款细节的任何信息。验证流程如图 6-12 所示。

一旦验证器收到证据证明两家银行都将资金搁置，它就会启动资金结算，指示两个分类账释放并转移搁置的资金。这个过程意味着两个异地银行结算的交易同时发生，从而消除了结算的风险。

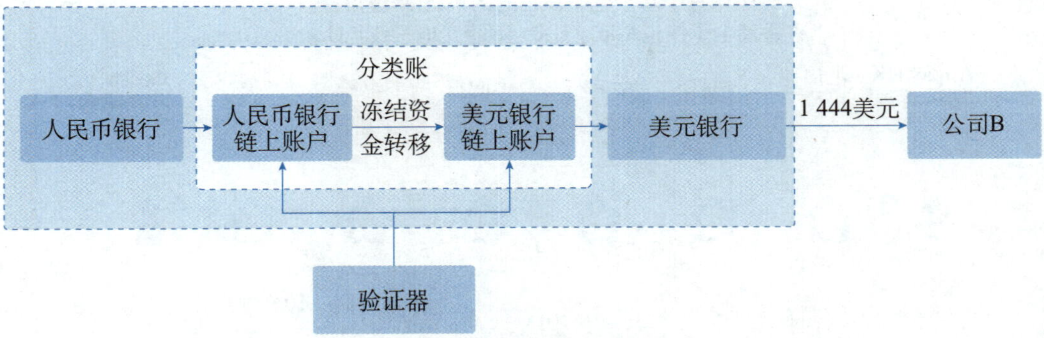

图 6-12 验证流程图

其中，交易细节保密，只对交易银行公开，而验证器只用于验证是否已满足某些条件（比如是否有可用的资金用于交付）。

一旦交易在两个分类账上进行结算，美元银行就将收取 5.77 美元的费用，并将 1 444美元（10 000 元人民币）交付至 B 公司的账户。

一旦资金到达 B 公司的账户，人民币银行就会接到通知，可以立刻向 A 公司提供付款确认信息。

（二）招商银行

再以招商银行的区块链跨境支付为例。招商银行作为代理清算行，完成从香港永隆银行向永隆银行深圳分行的人民币头寸调拨业务。三方还完成了以招商海通贸易有限公司为汇款人，前海蛇口自贸区内海通（深圳）贸易有限公司为收款人的跨境人民币汇款业务。通过总行与海外分行间的直联通道，实现快捷便利的跨境支付功能，采取日间垫付、日终双边差额清算的模式。招商银行通过区块链平台进行点对点跨境支付，实现跨行跨境高效清算，提升资本运转效率，交易时间从一周减少为 2 小时。

以区块链为基础的跨境支付，需要所有参与环节全部加入支付链中，交易各方不再依赖一个中心化的系统，用户可以实时地查看资金的流向，在这个过程中不仅节省人力、时间成本，而且用户体验也大幅提升。与此同时，各大银行也积极地开展区块链相关业务的验证与开发，如中国工商银行提供基于区块链的点对点金融资产转移和交易服务，江苏银行区块链积极开展微众银行的联合贷款、银行微粒贷联合贷款的结算和清算等。

（三）Alipay HK

图 6-13 为 Alipay HK（香港电子钱包）的区块链跨境汇款。基于香港电子钱包的区块链跨境汇款与传统不同的是，区块链跨境汇款中，各个机构都处于区块链上，不同流程可并行。

如图 6-14 所示，相对于传统的跨境汇款，Alipay HK 的区块链跨境汇款可以实现秒到账，随时可通过手机汇款，手续费更低，汇率更优，全程可追溯，个人信息被严密保护，同时各方信息一目了然，实时更新，方便监管。

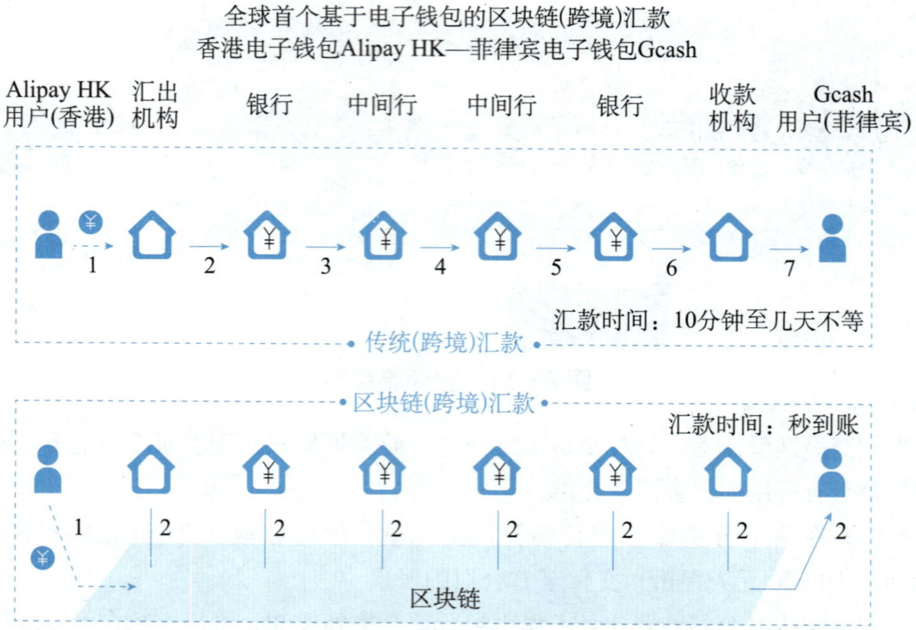

图 6-13 Alipay HK 的区块链跨境汇款

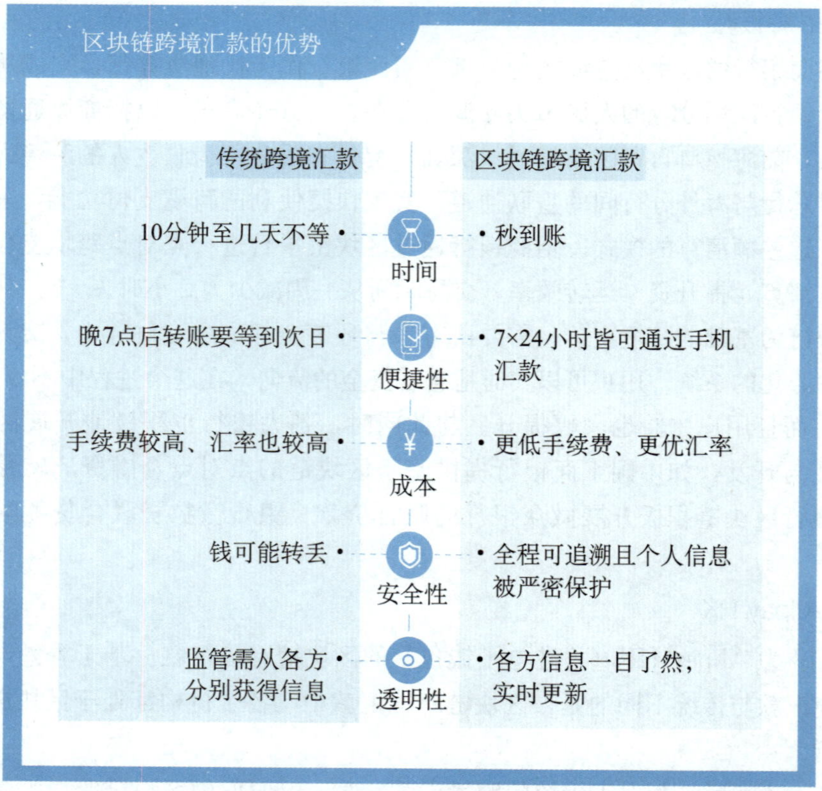

图 6-14 区块链跨境汇款的优势

本章小结

1. 国际结算包含顺汇和逆汇两种结算方式。

2. 汇款又称汇付，是银行（汇出行）应汇款人（债务人）的要求，以一定的方式将一定的金额，通过国外联行或代理行作为付款银行（汇入行），付给收款人（债权人）的一种结算方式。

3. 国际汇款具有商业信用性质、风险大、资金负担不平衡、顺汇方式和手续简便、费用少的特点。

4. 国际汇款的基本当事人包括汇款人、收款人、汇出行及汇入行。

5. 根据汇出行通知汇入行付款的方式，国际汇款业务通常可分为电汇、信汇和票汇3种。

6. 电汇、信汇和票汇3种结算方式在结算工具、汇款人的成本、安全性及汇款速度方面有所不同。

7. 跨境支付是指因贸易、消费、投资及其他目的所发生的涉及两个及以上金融监管区域，借助一定的结算工具和支付系统，实现的价值转移的行为。

8. 中国跨境支付产业链主要是由上游服务提供商、中游跨境支付机构和下游客户组成。传统跨境支付的痛点包括交易时间较长、交易费用较高、安全性较差和自主性较差。

9. 区块链跨境支付模式基于区块链账本技术，将传统跨境支付中的各个机构作为链上节点，通过网络连接器形成分布式网络，各汇出行、收款行、汇款人、收款人及做市商作为链上节点，共同维护区块链账本，即跨境支付的交易数据。

10. 区块链跨境支付解决了传统模式中支付发起阶段、资金转移阶段、资金交付阶段和交易完成阶段的痛点。

11. 区块链跨境支付主要有用数字货币作为外汇兑换媒介和向银行提供技术支持与底层协议，建设多中心化全球汇款系统两种形式。

课后习题

一、单选题

1. 下列选项中（　　）是跨境支付的基本当事人及其正确结算流程。

A. 汇款人—汇出行—中间行—收款人

B. 汇款人—汇出行—汇入行—收款人

C. 汇款人—汇出行—中间行—汇入行—收款人

D. 汇款人—汇入行—汇出行—收款人

2. 下列关于电汇的说法，正确的选项是（　　）。

A. 电汇是指汇出行通过银行即期汇票的方式通知汇入行进行国际汇款

B. 电汇是指汇出行通过信汇委托书、支付委托书的方式通知汇入行进行国际汇款

C. 电汇是指汇出行通过电报、电传或SWIFT通知汇入行进行国际汇款

D. 信汇效率大于电汇

3. 下列关于 Ripple xCurrent 核心组件的说法，不正确的是（　　）。

A. 信使的功能是连接收付款银行，进行信息交换

B. 验证器可以以加密的方式确认付款是否成功，协调链上资金流动

C. 外汇行情作为链上节点，除了发布外汇汇率外，还需要追踪交易各方的信贷信息

D. 分类账是交易银行总账本的分类账本，记录交易各方的资金流动等信息

4. 在基于 Ripple 的跨境支付案例中，支付流程是（　　）。

A. 发起支付—交易前验证—用加密技术冻结资金—结算—确认

B. 发起支付—用加密技术冻结资金—交易前验证—结算—确认

C. 用加密技术冻结资金—交易前验证—发起支付—结算—确认

D. 用加密技术冻结资金—交易前验证—发起支付—确认—结算

5. 关于基于 Ripple 的跨境支付案例，下列说法正确的是（　　）。

A. 在冻结资金阶段，xCurrent 会冻结汇款行的链上账户对应的汇款金额，收到加密收据后启动资金结算

B. 在冻结资金阶段，xCurrent 会冻结双方银行的链上账户对应的汇款金额，收到加密收据后启动资金结算

C. 在冻结资金阶段，xCurrent 会冻结汇款行账户中对应的汇款金额，收到加密收据后启动资金结算

D. 在冻结资金阶段，xCurrent 会冻结双方银行账户中对应的汇款金额，收到加密收据后启动资金结算

二、多选题

1. 下面关于跨境支付分类，说法正确的是（　　）。

A. 银行电汇主要用于 B2B 等大额汇款

B. 国际信用卡适用于大额高频电商交易

C. 专业汇款公司一般用于小额汇款

D. 第三方跨境支付一般会即时到账

2. 区块链解决传统跨境支付的痛点的方法是（　　）。

A. 在支付发起阶段，收付款人关键信息上链，从而建立各个基本当事人之间的信任

B. 在支付发起阶段，以汇出行为中心节点，其他参与结算的网关节点辅助汇出行维护交易记录

C. 在资金转移阶段，通过智能合约将原有的人工操作流程做半自动化处理，降低时间成本

D. 在资金交付阶段，通过智能合约，能够在条件满足时自动将资金存入收款人账户

3. 下列关于国际结算中顺汇和逆汇的说法，正确的是（　　）。

A. 顺汇的资金流向和结算工具的流向相反

B. 逆汇的资金流向和结算工具的流向相反

C. 顺汇的资金流向和结算工具的流向一致

D. 逆汇的资金流向和结算工具的流向一致

4. 下列属于传统跨境支付痛点的是（　　）。

A. 交易时间较长

B. 交易费用较高

C. 安全性较差

D. 自主性较差

5. 下面关于区块链跨境支付，说法错误的是（　　）。

A. 在区块链跨境支付中，使用分布式账本存储交易记录

B. 在区块链跨境支付中，所有参与支付结算的网关节点共同维护交易记录

C. 在区块链跨境支付中，银行需要在往来账户中预存外币，通过代理行模式进行汇款

D. 在区块链跨境支付中，交易完成后，相关的交易记录会存储在分布式账本中，所有人都可以查看

6. 在基于 Ripple 的跨境支付案例中，收付款行通过信使交换下列（　　）信息。

A. 收款公司和付款公司的相关信息　　B. KYC 和 AML 相关流程

C. 汇率　　D. 双方银行手续费

三、判断题

1. 顺汇是由收款人出具汇票，交给银行，委托银行通过国外代理向付款人收取汇票金额。（　　）

2. 跨境支付的正确结算流程是汇款人—汇出行—汇入行—收款人。（　　）

3. 信汇的成本最高，电汇和票汇成本较低。（　　）

4. 在区块链跨境支付中，所有参与支付结算的网关节点可以共同维护交易记录，参与一致性校验，省去银行或金融机构烦琐的对账流程，减少节省银行资源，减少重复性流程，提高效率。（　　）

5. 在冻结资金阶段，Ripple xCurrent 会冻结汇款行的链上账户对应的汇款金额，收到加密收据后启动资金结算。（　　）

四、简答题

1. 简述跨境支付的定义和特点。

2. 简述跨境支付定义和分类。

3. 简述传统跨境支付的痛点。

4. 简述区块链跨境支付是如何解决传统跨境支付的痛点的。

第七章

区块链供应链金融

思维导图

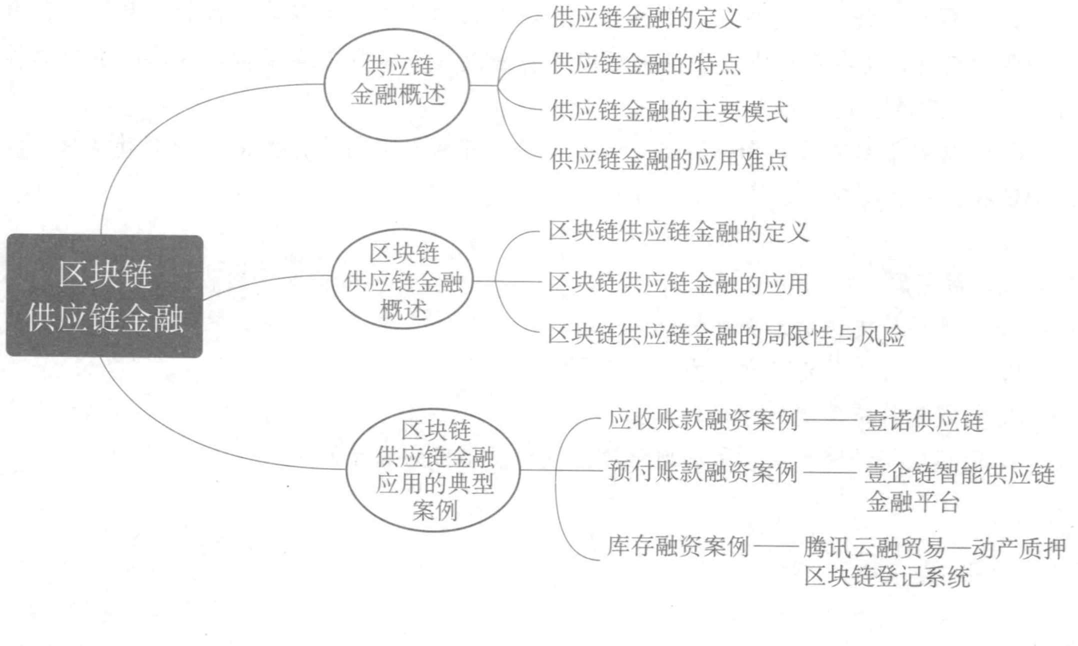

知识目标

1. 掌握供应链金融的定义、特点与主要模式；
2. 了解供应链金融的痛点；
3. 掌握区块链供应链金融的定义；
4. 掌握区块链供应链金融应用的业务流程；
5. 了解区块链供应链金融的应用。

能力目标

理解应收账款融资的模式，以及区块链在供应链金融的应用。

案例导入

浙商银行的应收款链平台

企业供应链中的资金流，现金只是一小部分，绝大多数采用“赊账”进行结算，大量应收款躺在账上难以流动，因此供应链企业盘活应收账款的金融需求客观存在且巨大。处于弱势地位的中小企业面临着融资难、融资贵的困境。传统供应链金融服务使用应收账款保理、质押等融资方式，操作手续复杂、融资成本高，道德风险也难以防范。利用区块链技术的高可信、防篡改、防抵赖特性，使得信用能有效在核心企业与上下游供应商之间传递，实现信用传递的可信、可靠流动。

浙商银行于2017年8月推出了业内首个基于区块链技术的应收款链平台。应收款链平台将企业供应链中沉淀的应收账款改造成为高效、安全的线上化的“区块链应收款”。对核心企业而言，在签发的区块链应收款可在供应链商圈内流转，实现圈内“无资金”交易，减少整个产业链条的外部资金需求，有利于构建健康稳定的供应链生态圈；对上下游中小企业而言，在收到核心企业签发的区块链应收款后，不仅可以向上游供应商进行支付，还可随时转让给银行进行融资变现，能够有效缓解企业融资难融资贵问题，降低企业负债。

（资料来源：浙商银行股份有限公司《基于区块链技术的供应链金融白皮书（2020）》）

思考：你知道什么是供应链金融吗？区块链供应链金融又是什么呢？

第一节　供应链金融概述

一、供应链金融的定义

供应链金融（Supply Chain Finance，SCF）是一种金融服务，即银行将核心企业和上下游企业联系在一起，提供灵活运用金融服务的一种融资模式。在供应链金融中，资金被看作一种溶剂，目的是增加其流动性。

拓展阅读

中小企业的融资问题

一个特定商品的供应链，从原材料采购，到制成中间及最终产品，最后由销售网络把产品送到消费者手中，将供应商、制造商、分销商、零售商、最终用户连成一个整体。在这个供应链中，竞争力较强、规模较大的核心企业因其强势地位，往往在交货、价格、账期等贸易条件方面对上下游配套企业要求苛刻，从而给这些企业造成了巨大的压力。而上下游配套企业恰恰大多是中小企业，难以从银行融资，最后造成资金链十分紧张，整个供应链出现失衡。

宏观经济下行大背景下，中小企业生存状况堪忧，尤其是融资问题非常突出。由于信用缺失、固定资产等抵押担保品少、财务信息不透明等情况，造成中小企业的贷款占比不到3%，对中小企业稳定经营发展造成重大影响，使中小企业面临融资难、融资贵、融资乱、融资险等问题。

(1) 融资难：贷款门槛高、信贷手续繁、办理增信难、资金时间匹配差、贷款稳定性弱。

(2) 融资贵：银行贷款利率高、第三方服务费用高、银行续贷成本高、民间融资成本高。

(3) 融资乱：提供金融服务机构散、乱（熟人借贷、亲友借贷、民间借贷、职工内部集资等）。

(4) 融资险：各项融资风险、三角债等。

在供应链金融中，参与主体主要有金融机构、中小企业、支持性企业，以及在供应链中占优势地位的核心企业。

(一) 金融机构

金融机构在供应链金融中为中小企业提供融资支持，通过与支持性企业、核心企业合作，在供应链的各个环节，根据预付账款、存货、应收账款等动产进行“量体裁衣”，设计相应的金融服务。

金融机构决定了供应链金融业务的融资成本和融资期限。

(二) 中小企业

在生产经营中，受经营周期的影响，预付账款、存货、应收账款等流动资产占用大量的资金。而在供应链金融模式中，中小企业可以通过货权质押、应收账款转让等方式从银行取得融资，把企业资产盘活。

(三) 支持性企业

支持性企业是供应链金融的主要协调者，一方面为中小企业提供物流、仓储服务，另一方面为银行等金融机构提供货押监管服务，搭建银企间合作的桥梁。对于参与供应链金融的物流企业而言，供应链金融为其开辟了新的增值业务，带来新的利润增长点，为物流企业业务的规范与扩大带来更多的机遇。

（四）核心企业

供应链中规模较大、实力较强，能够对整个供应链的物流和资金流产生较大影响的企业为核心企业。供应链作为一个有机整体，中小企业的融资瓶颈会给核心企业造成供应或经销渠道的不稳定。

在供应链金融中，核心企业往往可以依靠自身优势地位和良好信用，通过担保、回购和承诺等方式帮助上下游中小企业进行融资，维持供应链稳定性，有利于自身发展壮大。

二、供应链金融的特点

供应链金融相比传统金融的优势主要体现在对风险的控制、授信的灵活度等方面。中小企业是供应链金融服务的主要对象。通过供应链金融服务，中小企业的资金流得到优化，提高了经营管理能力。通过票据的拆分与转让，核心企业的信用传递给中小型企业，实现产品赋能。而传统金融融资，则是关注企业和业务本身。传统金融融资和供应链金融融资的具体情况如图 7-1、图 7-2 所示。

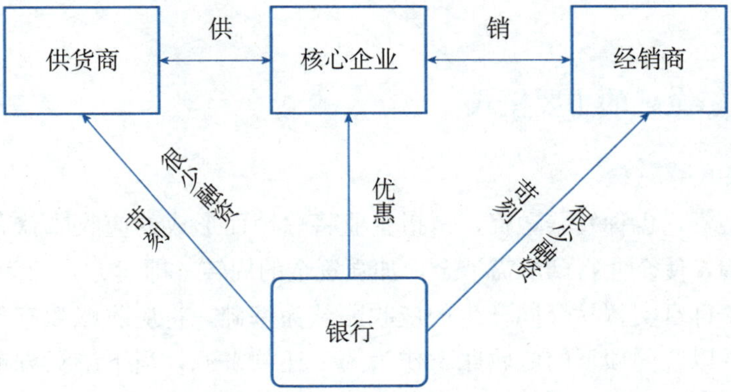

图 7-1　传统金融融资

综上，在传统金融模式下，我国中小企业的融资普遍存在融资门槛高、提供贷款担保的机构少、企业自身综合实力偏低、缺乏担保物等问题。在供应链金融模式下，银行直接授信给其核心企业，核心企业的上下游企业可以通过核心企业的资信借用以及货物动产的有效利用降低融资门槛、拓宽融资渠道。对于支持性企业，比如物流企业而言，通过与银行的紧密协作，可为其深化物流金融服务、争取客户资源、提升服务价值；对于核心企业而言，在这个过程中核心企业从事的是金融融资服务，也能取得一定的收益。

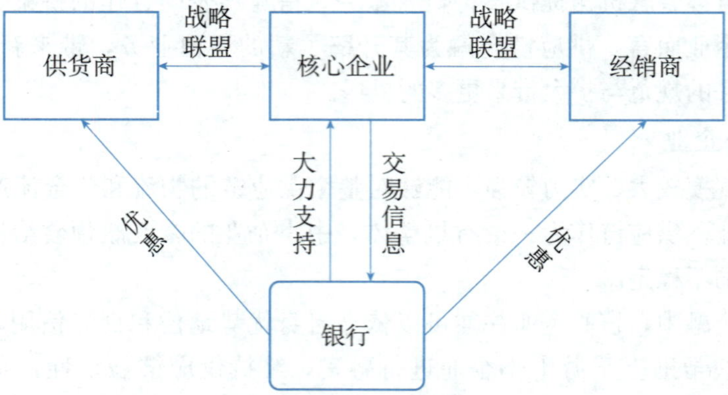

图 7-2　供应链金融融资

课堂讨论

和同学们一起扮演银行、核心企业、一级供应商、二级供应商四个角色。核心企业采购一级供应商的商品 100 万元，一级供应商采购二级供应商的商品 80 万元，核心企业和一级供应商都分别打了白条，账期是半年。月底，一级供应商和二级供应商都现金流紧张，分别拿着核心企业和一级供应商的白条去向银行融资，银行会怎么考虑?

三、供应链金融的主要模式

(一) 应收账款融资

应收账款融资，也称发票融资，是指企业将赊销而形成的应收账款有条件地转让给专门的融资机构，使企业得到所需资金，加强资金的周转。即卖方企业为取得运营资金，以卖方与买方签订真实贸易合同产生的应收账款为基础，将应收账款有条件地转让给专业融资机构，并以合同项下的应收账款作为第一还款来源，当下游买方销货得到资金后将本应支付给卖方的账款支付给融资机构。供应链中的供应商是债权融资需求方，以核心企业的应收账款单据凭证作为质押担保物。核心企业充当债务企业，对债权企业的融资进行增信或反担保。一旦供应商无法还款，核心企业需要承担金融机构相应的坏账损失。具体流程如图 7-3 所示。

(二) 预付账款融资

预付账款融资是买方企业以买方与卖方签订真实贸易合同产生的预付账款为基础，向融资机构申请以其销售收入作为第一还款来源的融资业务，融资机构控制着买方的提货权。预付账款融资模式下，金融机构给经销商融资，预付采购款给核心企业，核心企业发货给金融机构指定的仓储物流，货入库后立即设定质押监管，作为金融机构授信的担保，仓储物流根据金融机构的出库指令逐步放货给经销商。具体流程如图 7-4 所示。

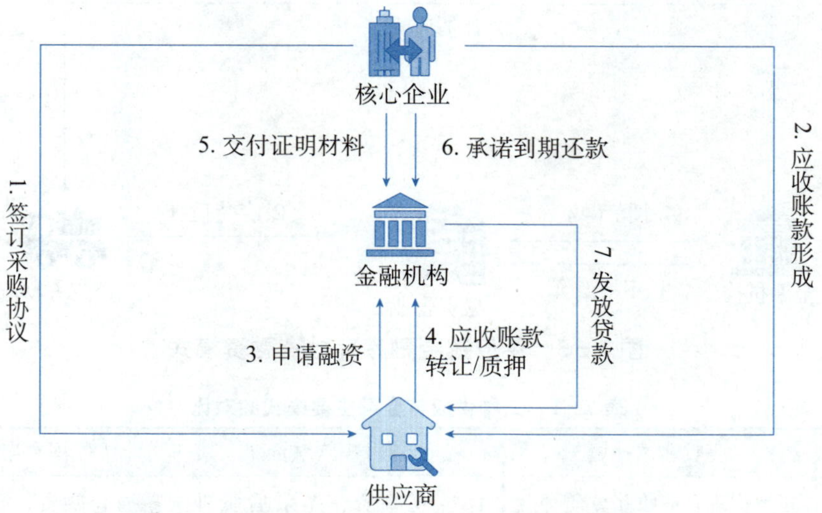

图 7-3　供应链金融应收账款融资模式

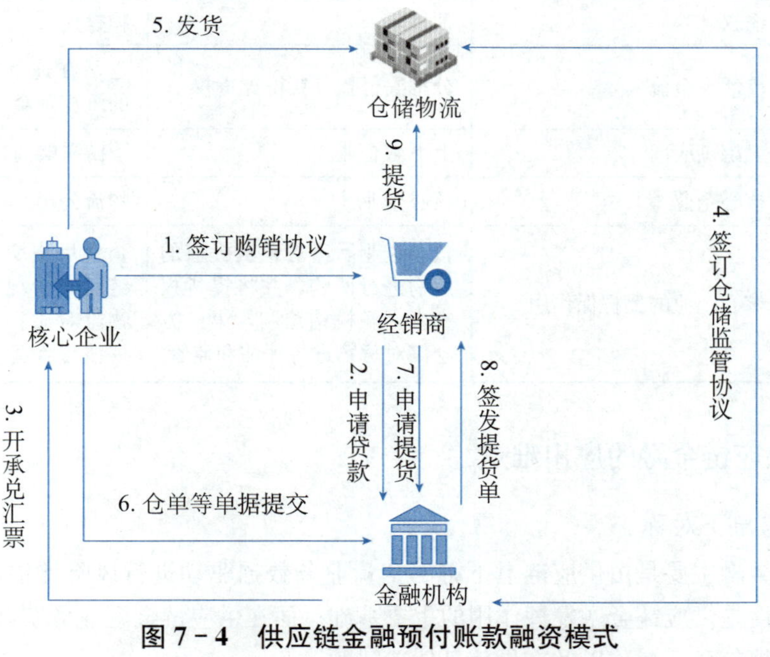

图 7-4　供应链金融预付账款融资模式

(三) 库存融资

库存融资是卖方以存储在仓库的货物作担保，融资机构以存货控制为基础，面向卖方提供的商业贷款服务。库存融资能缓解卖方在途物资及库存产品占用的资金，降低库存资金的占用成本。金融机构在收到中小企业融资业务申请时，一般会考察申请企业的库存稳定情况、交易对象以及整体供应链的综合运作状况，以此作为授信决策依据。具体流程如图 7-5 所示。

表 7-1 为三种供应链金融主要模式的对比。

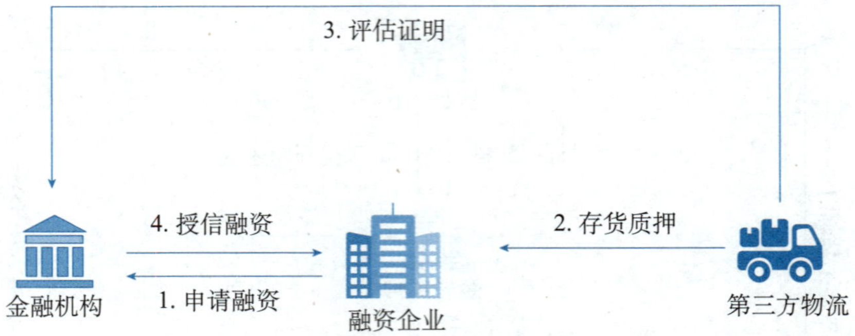

图 7-5　供应链金融库存融资融资模式

表 7-1　三种供应链金融主要模式的对比

业务场景	应收账款融资	预付账款融资	库存融资
金融产品	正反保理、应收账款质押融资、订单融资、应收租赁款质押融资、票据类融资	保税仓融资、先票后货业务、担保提货融资、未来货权质押	融通仓融资、仓单质押融资、现货质押融资、浮动融资等
权益性质	债权	债权	物权
融资用途	盘活现金流	分批次付款，获得提货权	盘活在途物资及库存占用的沉淀资金
融资企业	上游供应商	上下游企业	下游采购商，分销商
主导方	核心企业	核心企业	物流公司
风控重点	核心企业的反担保作用	核心企业承诺对未被提取的货物进行回购，并将提货权交由金融机构控制，第三方仓储对货物进行评估和监管	企业历史交易情况和供应链运作情况调查，第三方物流对质押物验收、价值评估与监管

四、供应链金融的应用难点

（一）信息不对称

供应链金融主要是由供应链上下游的全量业务数据驱动进行风险评估，数据流的透明度与流畅性是供应链金融发挥作用的重要基础。而在供应链金融业务实际运行过程中，往往存在数据信息不对称以及交易信息伪造问题。

供应链运行过程中，各类信息分散保存在各个环节中，供应商的货物信息存储在供应商的仓储信息中，发货信息掌握在物流公司手里，资金信息分布在银行系统内，信息流信息则由核心企业掌握，整个供应链信息不透明、不流畅，各个参与主体难以了解交易事项的进展情况，信息的高度不对称影响了整个链条的效率，最终也导致整个供应链信用体系难以建立。而针对供应链贸易背景提供的金融服务，也由于信息的不对称而难以高效开展。金融机构往往会出于风控的考虑而较为谨慎。

（二）贸易背景真实性难辨

在供应链金融中，银行是以实体经济中供应链上交易方的真实交易关系为基础，利用交易过程中产生的应收账款、预付账款、库存为质押/抵押，为供应链上下游企业提供融资服务。在融资过程中，真实交易背后的存货、应收账款、核心企业补足担保等是授信融资实现自偿的根本保证，一旦交易背景的真实性不存在，出现伪造贸易合同，或融资对应的应收账款的存在性、合法性出现问题，或质押物权属、质量有瑕疵，或买卖双方虚构交易恶意套取银行资金等情况出现，银行在没有真实贸易背景的情况下盲目给予借款人授信，就将面临巨大的风险。

（三）操作风险易出现

供应链金融通过自偿性的交易结构设计，专业化的操作环节流程安排，以及独立的第三方监管引入等方式，构筑了独立于企业信用风险的第一还款来源。但这无疑对操作环节的严密性和规范性提出了很高的要求，容易出现操作风险，因此操作制度的完善性、操作环节的严密性和操作要求的执行力度将直接关系到第一还款来源的效力，进而决定信用风险能否被有效屏蔽。

（四）多层级信用传递衰减

供应链中有多层供应、销售关系，但供应链金融中核心企业的信用背书，往往只能覆盖直接与之有贸易往来的一级供应商和一级经销商，无法传递到更需要金融服务的上下游两端的大量二级、三级乃至链条尾端的多级供应商、经销商，传统的供应链金融服务覆盖区域仍非常狭窄。

（五）中小企业融资相对较难

在供应链场景下，核心企业为可信的贸易场景做信用背书，按照银行标准通常包含服务于核心企业的经销商及其一级供应商。而其他中小企业缺乏实力证明自身还款能力及可靠贸易关系存在，因此缺乏丰富的可信贸易场景，直接导致银行与中小企业缺乏有效互动。

第二节　区块链供应链金融概述

一、区块链供应链金融的定义

区块链技术采用多方维护共同写入的分布式账本技术将供应链上的合同、单据、发票等多种信息分享给具有权限企业，利用 P2P 网络将核心企业及上下游企业、金融机构等连在一起，解决了供应链金融信息无法传递、数据无法存证鉴权问题。密码学技术的引入使得每个参与者都具有各自的身份证书，区块链账本中的内容可追溯但不可篡改，任何有权限的参与者对账本的操作都会记录在案。共识机制能确保链上共同协作的节点达成安全、有效、民主的一致性认识，从而代替或升级传统的供应链金融平台，并通过区块链建立基于技术的多方的信任供应链体系。

二、区块链供应链金融的应用

（一）基于区块链的应收账款融资

应收账款融资主要适用于核心企业话语权较强、上游供应商持有应收账款较多且有融资需求的行业，适用范围非常广泛，包括汽车行业、机械行业、电子产品行业等。

1. 传统应收账款融资的痛点

（1）中小微企业：因经营规模小、财务不规范、担保弱等问题，在融资市场中处于劣势地位，融资渠道极少，“融资难、融资贵”问题成为中小微企业实体经济发展的绊脚石。

（2）金融机构：基于外部监管以及自身风险管理、成本控制的要求，无法为中小微企业提供长期、低成本的金融服务。银行在开展传统贸易融资业务时往往存在诸多痛点，例如：传统应收账款融资确权难、对账难；应收账款回笼资金难以封闭管理，操作成本高；核心企业信用无法跨级传递，银行融资服务难以覆盖多级供应商。

2. 区块链技术应用于应收账款融资的优势

由于供应链金融的业务特点，“区块链＋供应链金融平台”主要以联盟链的形式打造，依托区块链信息不可篡改与一定程度透明化的特点，实现核心企业信用在链上的分割与流转。

图 7－6 展示了“区块链＋供应链联盟”的主要参与方。其中，供应链金融平台作为服务提供方，负责提供供应链信息、客户信息等基础信息，并协助核心企业发行可以在链上流通的数字资产凭证；核心企业作为最终付款人，提供融资的还款来源；金融机构作为资金方，负责对接相应风险偏好的客户，为供应链上的各级企业融资。

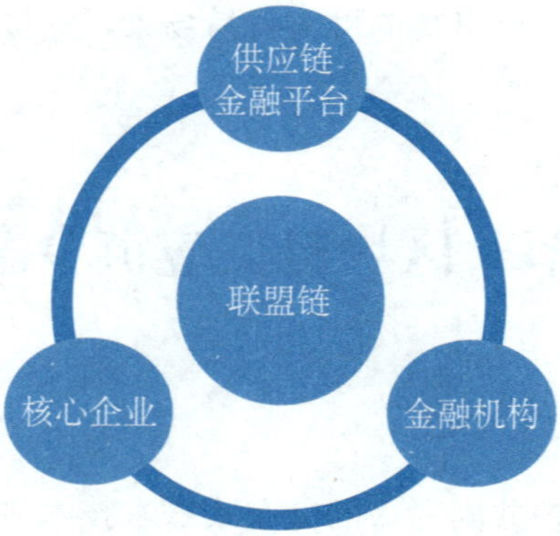

图 7－6　“区块链＋供应链联盟”的主要参与方

以供应链金融中最普遍的应收账款融资为例，“区块链＋供应链金融平台”的主要业务流程如图 7－7 所示。首先核心企业和一级供应商签订供货合同，由于核心企业不愿立即支付，核心企业开具应付账款给一级供应商，平台向核心企业确认应付账款是否上链，

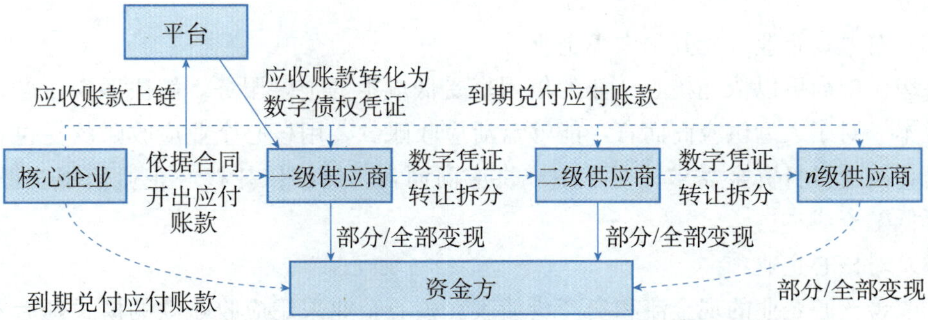

图 7-7　“区块链+供应链金融平台”的主要业务流程图

得到核心企业的确认之后，平台将核心企业的应付账款转化为数字债权凭证，上链流通。数字债权凭证可拆分、可流转、可持有到期、可融资。

各级供货商可以将数字债权凭证拆分转让一部分给上一级供应商作为货款；也可以选择持有部分凭证待核心企业兑付应付账款后将凭证变现；还可以利用数字债权凭证到金融机构进行融资，因为数字债权凭证的债务人是核心企业，所以各级供应商都可以享受到核心企业的优质信用，更容易获得较低成本的融资。核心企业兑付账款后，资金方和各级供应商都可以凭其持有的数字债权凭证获得相应的款项。

基于上述的模式，通过数字债权凭证的流通实现了核心企业到末端供应商的信用穿透。供应链上的中小微企业可以依托核心企业的优质信用方便地进行融资。

金融机构也可以通过区块链平台追溯到供应链上的每家企业，了解其在供应链中的地位和权益，对其债权进行有效风险评估，放心地为之融资。

区块链的应用能够解决传统供应链金融中的诸多痛点问题并能为各方带来好处。

（1）对金融机构：

①解决辨伪难题，减少风控成本。在目前的供应链金融模式下，银行或其他金融机构很担心贸易信息本身的真实性，投入大量的人力物力验证贸易信息的真伪，增加了额外的风控成本。“区块链+供应链金融平台”通过将交易信息上网上链，区块链多节点认证和不可篡改的特性保证了贸易信息的真实性，从而可以降低金融机构的风控成本。

②解决资金闭环问题，使金融机构回款有保障。利用区块链的智能合约技术，能够保证交易自动化强制执行，贸易回款直接划至金融机构账户，解决了金融机构的信贷资金闭环问题。

③获取更多小微企业作为客户，拓展业务范围，提升金融机构的收益。作为供应商或经销商的小微企业对流动资金的需求往往很高，却由于信用评级较低无法到银行融资，银行损失了来自小微企业的收益。加入“区块链+供应链金融平台”，金融机构可以方便地开展小微企业的业务，因为小微企业持有的债权凭证来自核心企业优质信用债权的拆分。重要的是平台并不参与债权资产的定价，定价完全由市场决定，金融机构可以向小微企业收取比核心企业更高的利率，但是风险并没有提高，因为底层资产仍然是核心企

业的债务。

（2）对融资企业（尤其是中小企业）：

各级供应商可以依托核心企业的信用享受低成本的金融服务，解决融资难题，降低融资成本。对于大型供应商而言，能够盘活应收账款，用核心企业应收账款支付自己的供应商，减少自身资金需求；对于中小供应商而言，能够依托核心企业信用获得融资，显著降低融资成本。

（3）对核心企业：

①改善核心企业的现金流和资产负债表。核心企业采用应收账款的模式延后支付的目的就是为了改善自身的现金流和资产负债表，而在供应链上处于相对弱势地位的供应商则承担了较大的资金周转压力，其对核心企业债期的长短也较为敏感。而"区块链＋供应链金融平台"可以让供应商方便地转让和拆分数字债权和获得融资，缓解了供应商的资金周转压力，从而降低了其对核心企业债期的长短的敏感性，核心企业可以更方便地根据自身现金流和资产负债表的需求调整债期。

②改善核心企业与供应商的关系。核心企业在这种模式中仍然处于相对重要的地位，应收账款的数字化和上链需要核心企业的确认。供应商依赖核心企业的优质信用降低了融资成本，核心企业也不必担心债期的问题，二者实现共赢，从而可以改善核心企业与供应商之间的关系。

（二）基于区块链的预付账款融资

1. 传统预付账款融资的痛点

（1）信息缺乏透明度、信任成本高。在现有的预付账款融资体系下，参与融资活动的主体之间缺乏透明度，存在信息不对称、作假、被篡改的风险，直接抬高了信任的成本。目前，银行等金融机构在进行放贷的时候，对交易信息本身的真实性十分关心。虽然交易信息是由核心企业的 ERP 系统记录的，但核心企业和经销商勾结修改信息的可能性依旧存在，因而需要投入人力物力去验证交易的真伪，这大大增加了风控成本。

（2）多层级信用传递难度大、效率低。供应链中往往存在多层供应、销售关系，但在预付账款融资中，核心企业的信用往往只能覆盖到直接与其有贸易往来的一级经销商，无法传递到更需要金融服务的下游末端的中小企业。传统预付账款融资模式下，银行的融资依据是核心企业的控货能力和调节销售能力。由于信息不透明及订单的不可拆，加上出于风控的考虑，银行一般只对核心企业的下游经销商提供预付账款融资业务。这直接导致了有巨大融资需求的二级、三级经销商的需求得不到满足。供应链末端的中小企业融资难、成本高，不能充分利用核心企业的信用进行融资；核心企业的产品销路未能彻底打通，不利于整个供应链体系的长足健康发展。

（3）多方交易系统复杂、融资效率低。预付账款融资的业务主体一般包括核心企业及其下游的中小微企业，此外还需要商业银行、保理公司等金融机构的资金支持，再加上第三方物流、仓储等企业的参与，有的还需要有信息技术服务公司的协助。多主体参与的环境中，融资体系层次堆叠、结构复杂、关系错综，一项简单的融资业务涉及核心企业、增信机构、保理机构的多方处理，花费时间长、交易成本高，不利于经销商实现快速融资，从而导致其快速补充货物的需求得不到满足。

2. 区块链技术应用于预付账款融资的优势

供应链金融是典型的多主体参与、信息不对称、信用机制不完善的场景，与区块链技术有天然的契合性，区块链技术应用于预付账款融资更是颇具优势。图 7-8 为区块链技术应用于预付账款融资流程图。

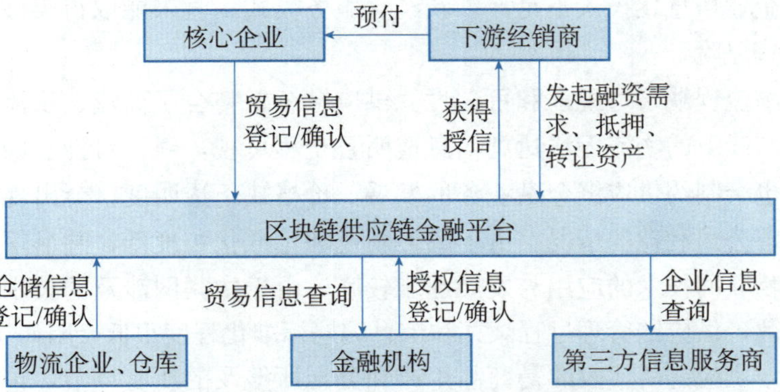

图 7-8　区块链技术应用于预付账款融资流程图

(1) 基于不可篡改的特征，区块链助力预付账款融资解决信息透明度问题。区块链具备可溯源、共识和去中心化的特性，是“令人信任的机器”。区块链上的数据都带有时间戳，加上又有分布式账本本身所具备的优势，即使链上某个节点的数据被修改，也无法一手遮天、瞒天过海。理论上，区块链能够提供绝对可信的环境，减少银行等金融机构的资金端风控成本，解决银行对于信息安全及信息透明度的担心。

(2) 基于资产数字化的特征，区块链助力预付账款融资实现多层级信用传递。众所周知，信用是金融的核心，融资主体间信用的高效传递是供应链金融痛点的关键要素。实体经济发展中所面临的中小企业融资难、融资贵的问题，其关键突破点在于打通信用流转，以实现资产盘活。在区块链的基础上，参与供应链金融的业务主体可以共同运用一种关于预付账款的数字票据，这种票据在公开透明、多方见证的环境下可以进行随意的拆分和转移。通过预付账款数字票据的模式，整个商业体系中的信用将变得可传导、可追溯，大量原本远离核心企业的无法融资的下游中小企业被纳入预付账款融资的服务范畴，因而具备了融资条件和机会，极大地降低中小企业的资金成本。

(3) 基于去中心化和智能合约的特征，实现多主体高效合作。区块链作为一种分布式账本，为各个利益主体提供了平等协作的平台，降低机构间信用协作风险和成本。链上信息可追踪又不可篡改，多个机构之间数据实时同步并可实时对账。同时，通过智能合约控制供应链流程，可有效减少人为交互，提升产业效率。智能合约自动执行，又减少操作失误。在区块链的平台上，传统的预付账款融资业务手续将得到高效的处理，下游企业融资的及时性大大提高。

（三）基于区块链的库存融资

1. 传统库存融资的痛点

（1）行业信息化水平低，流通发展方式落后。在上海钢贸事件中，银行曾授信仓单质押信贷高达 2 200 亿元。在这场钢贸仓单质押信贷风波中，暴露出仓单质押无监管、仓单重复质押、假仓单、货物丢失等管控漏洞。很多行业的仓单质押融资，因信息化覆盖程度低、质押仓监管不够智能，以及流通发展方式落后，致使融资的仓单重复质押，甚至虚假仓单质押等信用事件频发。根源在于，多数流通行业进入门槛低，绝大部分代储存的仓储企业信息化投入不足，创新经营服务模式一直未能取得突破，从而加大了仓单质押的信贷风险。

（2）交易流程缺乏可视度和可信性。供应链金融整合了商流、物流与资金流，如果线上的商流与线下的物流无法达到信息透明且全程可视，银行对押品的控货权可能产生风险疑虑，也会制约供应链金融业务的发展。价格缺乏透明度，会出现传统贸易中买卖双方串通损害公司利益的情况。由于缺乏规范和标准化程度低，共享信息平台的建立受到了阻碍。物联网技术的应用与发展起步较晚，由于物联网涉及的技术多，缺乏技术标准和行业规范，供应链管理过程烦冗和信息编码标准化程度很低，阻碍了 SCM 共享信息平台的建立。供应链所代表的是商品生产和分配所涉及的所有环节，包括从原材料到成品制成再到流通至消费者的整个过程。目前的供应链可以覆盖数百个阶段，跨越数十个地理区域，所以很难去对事件进行追踪或是对事故进行调查。买方缺少一种可靠的方法去验证及确认产品和服务的真正价值，因为供应链普遍缺乏透明度，这就意味着支付的价格无法准确地反映产品的真实成本。

（3）银行基于风险控制不愿授信。基于风险管理的考虑，银行仅愿对核心企业有应收账款义务的上游供应商（一级供应商）提供保理业务（应收账款融资），或是对其直接下游经销商（一级经销商）提供预付款融资或存货融资，因为银行信赖核心企业的控货能力或是调节销售能力。目前的供应链金融业务中，银行或其他资金端除了担心企业的还款能力和还款意愿以外，也很关心交易信息本身的真实性。银行依然担心核心企业和供应商/经销商勾结修改信息，因而需要投入人力物力去验证交易的真伪，这就增加了额外的风控成本。反之，除了一级供应商或经销商外，银行一般不愿直接授信。另外，在金融实际操作上，银行非常关注应收账款债权“转让通知”的法律效力，所以都会要求一级供应商或核心企业签回“债权转让同意书”，如果一级供应商或核心企业无法签回，也会造成银行不愿授信。

2. 区块链技术应用于库存融资的优势

（1）建立物流、资金流与信息流的全程可视的追溯体系。从供应链管理服务入手，比如溯源、追踪、可视化等，将信息流、物流和资金流整合到一起，在此基础之上从事金融服务。建立透明供应链，区块链保存完整数据，使得不同参与者使用一致的数据来源，而不是分散的数据，保证了供应链信息的可追溯性，实现供应链透明化。可以明确的是，由于整体透明度的提高，行业风险将被极大的降低，参与各方均将从中受益。

区块链为供应链提供了交易状态实时、可靠的视图，有效提升了交易透明度，这将大大方便中介机构基于常用的发票、库存资产等金融工具进行放款。其中抵押资产的价值将根据现实时间实时更新，最终这将有助于建立一个更可靠和稳定的供应链金融生态系统。

（2）建立以区块链为核心的交易平台。对于买卖双方而言，一切交易均通过交易中心线上交易来完成，由交易中心负责协调货权转移和货款支付，相当于在买卖双方之间加入了一个独立的第三方公信机构，不付完货款，交易中心不会向仓库发出货权转移指令，避免贸易中打白条、拖欠货款、三角债频发的情况。供应链交易平台要利用区块链等信息技术，整合融资信息、商流信息、物流信息和资金信息，实现交易全程数据可视化。一方面，供应链成员的信息实现共享。供应链成员的信息经过授权认证后进行一定程度的共享，使供应链金融参与主体之间能及时获取所需的信息和沟通。另一方面，建立供应链金融担保物的监控机制，对担保物的流动和安全性进行实时的监控和管理。交易平台在贸易过程中则要做好货权转移、货款支付的监督管理工作，以及交收服务工作和物流服务。同时，针对已进入指定交收仓库的货物对接资金方开展仓单融资业务，解决客户资金需求。

（3）将区块链技术应用于仓单管理。将区块链技术应用于仓单管理是目前区块链在动产质押方面最为适用的领域之一。基于区块链技术开发的，集仓单签发、转让、质押、融资、交易、清算、提单等功能于一体的综合性仓单平台，包括仓单签发、仓单转让、质押融资以及高效提单取货等功能，能够为大宗商品交易提供进、出口融资和内外贸综合联动的系统性服务方案。长期以来，传统仓单交易信息存在数据造假、易篡改、可信度低等痛点问题，会导致仓单重复质押等情况。将区块链仓单作为行业标准并进行推广，商品入库同步生产数字仓单，货物的数量规格以及照片等信息都会被写入区块链，解决仓单可信度问题。同时，利用区块链仓单“多副本共同记账”的特点，实现多方见证，保证仓单信息的一致性可信性，能够规避风险，并且规范仓单质押业务，避免仓单重复质押。这样，交易上下游的利益就得到了保证，各方对交易的可信度也得到极大提升，减少了传统模式的交易环节，提升业务的安全性、合规性和时效性。

三、区块链供应链金融的局限性与风险

我国的金融机构虽然已经适应了国际市场的种种变化，也积累了一定的经验，但是金融机构的经济全球化经验仍然有所欠缺，因此不管是在使用区块链技术还是原来的本质方面都存在一定的问题，再加上区块链技术自身的技术还不完善，这些情况对于供应链金融会有着后期的影响。

（一）上链数据的隐私问题

区块链供应链金融项目涉及交易信息、信用信息等敏感性商业信息，因此授信平台对数据隐私保护要求很高，数据存储必须有很强的防截获、防破解能力。从目前的情况来看，基于风险管理的考虑，银行仅愿对核心企业有应收账款义务的上游供应商（一级

供应商）提供保理业务（应收账款融资）或是对其直接下游经销商（一级经销商）提供预付款融资或存货融资，这是因为银行信赖核心企业的控货能力或是调节销售能力。另外，在实际操作上银行非常关注应收账款债权转让通知的法律效力，所以都会要求一级供应商或核心企业签回债权转让同意书等，这也涉及大量数据的隐私性。

零知识证明和多方安全技术等隐私保护技术还在发展过程中，未获得大规模商业化应用。

（二）智能合约不等于法律意义上的合同

在控制“违约风险”这个维度，作为区块链技术核心优势之一的智能合约，由于可被预设“到期自动执行”，而被寄予厚望。对应到供应链的场景中，很多人认为这可以自然而然地解决违约或到期不执行的问题。但事实并非如此，这个误区源于对“智能合约”概念的误读，认为它等同于法律意义上的合同。实际上，智能合约是存储在区块链中的一个小型计算机程序，而智能合约“自动执行”的原理和储蓄账户绑定信用卡到期自动还款的原理大同小异，唯一的不同在于区块链分布式账本的原理导致这些智能合约的代码一旦记入便不可篡改、不可撤回，到期程序必定会执行。

（三）区块链技术在供应链金融风控中的作用仍局限于“记录”

目前供应链金融领域规模最大的是应收账款融资，此类融资的核心法律关系为债权转让。众多区块链平台纷纷标榜可以利用区块链技术多方签名、不可篡改的特性，使债权转让得到多方共识，降低在实际操作中的难度。

从法律效力的角度来看，目前区块链技术的相关法律制度还在制定和论证的过程中，相关的案例还比较少。

第三节　区块链供应链金融应用的典型案例

一、应收账款融资案例——壹诺供应链

壹诺供应链是布比区块链推出的供应链金融产品，其参与主体图如图 7－9 所示。该产品在释放核心企业信用的同时打破信息不对称，有助于降低信任成本和资金流转风险。用区块链技术将企业资产转换为一种可拆分、可流转、可持有到期、可融资的区块链记账凭证。该产品的具体优势有：

（1）盘活企业资产，挖掘客户资源。将企业应收账款转化为可信区块链电子结算和融资工具，实现服务范围从服务一级供应商向 n 级供应商延伸，获取更多客户资源。

（2）穿透式底层资产，降低风控成本。区块链多中心网络信任结构及其可追溯特性，保障数据资产完整可验证性，杜绝数据篡改情况，降低风控成本。

（3）改善融资环境，降低融资成本。将核心企业信任有效传递至多级供应商，解决中小企业因缺乏信任背书融资难、融资贵问题，打造高效的产业链生态圈。

（4）智能合约，杜绝履约风险。提供多种业务场景的合约模板，固化执行路径，减

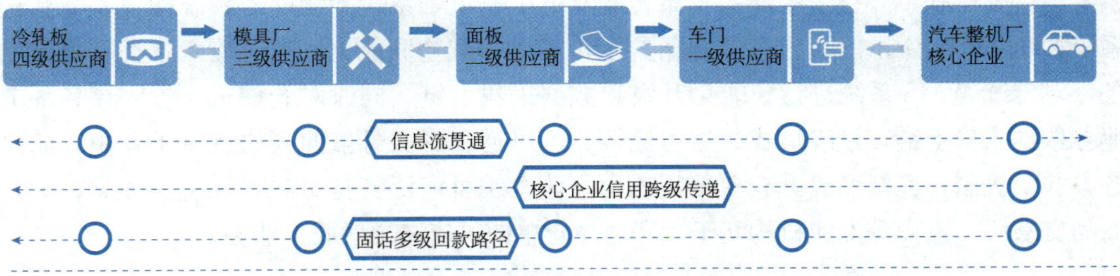

图 7-9 壹诺供应链参与主体图

少人为干预，有效杜绝业务流程中违约风险。

壹诺供应链是第三方平台，使用第三方平台能降低企业各方的维护成本，提高供应链效率。壹诺供应链的运作流程如图 7-10 所示。

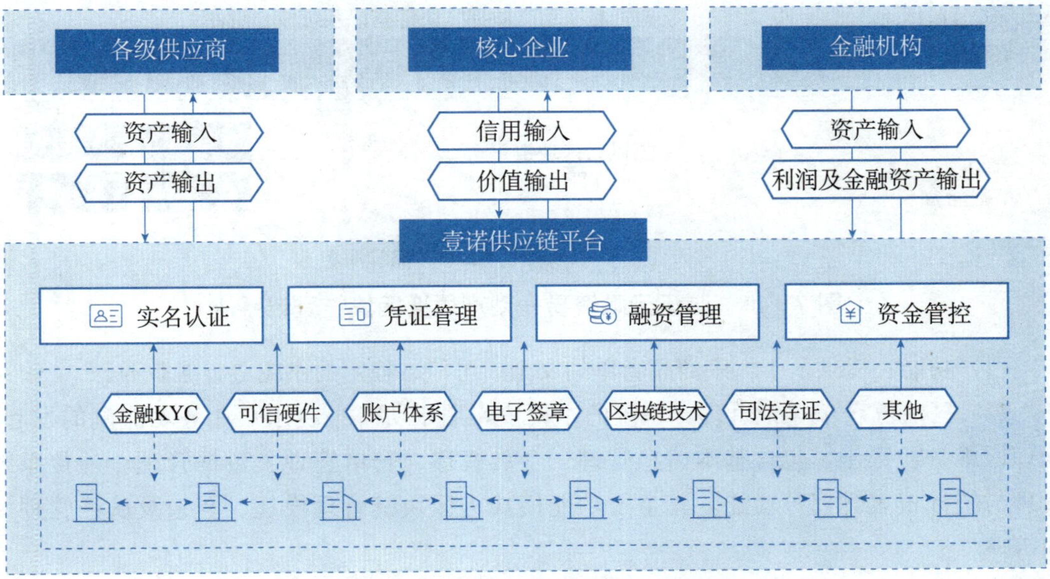

图 7-10 壹诺供应链运作流程图

二、预付账款融资案例——壹企链智能供应链金融平台

壹企链智能供应链金融平台通过链接核心企业与多级上下游、物流仓储、银行等金融机构，实现了区块链多级信用穿透、重新定义核心企业、下游融资全流程智能风控、对接境内外贸易平台和构建跨地区服务联盟等服务。

借助新技术，解决中小企业与金融机构间的信息不对称、推动供应链核心企业信用穿透多级，覆盖更多长尾端中小企业，将从根本上解决部分中小企业融资难题。壹企链智能供应链金融平台的发布，有助于解决这一难题。

三、库存融资案例——腾讯云融资易—动产质押区块链登记系统

腾讯云融资易—动产质押区块链登记系统是支持大宗商品电子仓单区块链化的专业

系统，主要由仓单登记主系统、仓储智能及电子仓单子系统和物联子系统构成，其登记系统如图 7－11 所示。系统充分结合了腾讯 TBaaS 和物联能力，通过接入各类智能化设备，对传统 WMS 系统进行智能化升级和数据采集上链，同时对仓储进、管、存各环节业务数据采集上链，最终形成数据可溯源、不可逆、真实可信的区块链电子仓单，满足各方共识机制，大幅度提升仓单信用效力。该系统可广泛支持金融、保险、证券、大宗商品交易所、电商等专业机构基于大宗商品仓单的供应链金融服务业务。

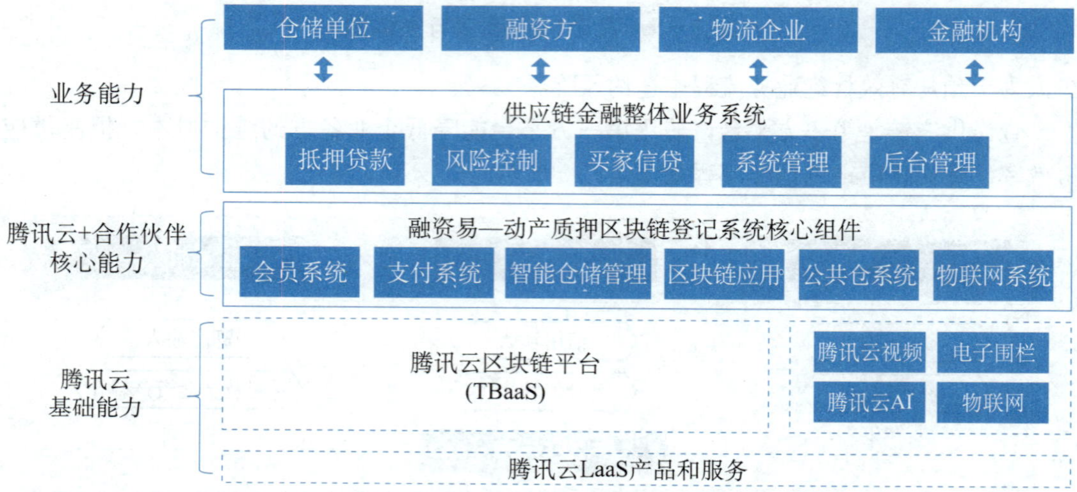

图 7－11　腾讯云融资易—动产质押区块链登记系统

（1）功能：提供基于大宗商品仓单的安全、可信、稳定的供应链金融服务。

（2）区块链仓单登记管理：系统的主模块，用于所有平台用户业务功能侧的发起、管理、维护、操作，包含基本信息管理、会员管理、仓单管理、数据管理、外接系统管理与统计报表管理等功能，其主要功能模块为区块链管理模块、登录及认证管理模块等。

（3）区块链管理：用于仓单上链、确认、流转、注销所有涉及区块链内容管理的偏技术侧功能，包含区块链节点管理、智能合约管理、货品溯源管理等功能，主要依托腾讯 TBaaS 系统后台管理功能实现。

（4）仓储智能化及电子仓单子系统：主要业务支撑模块，用于所有仓储企业涉及物联设备智能化相关偏业务侧的发起、管理以及电子仓单的制作、预生成、注销等，对各仓储企业自有的 WMS 系统提供相关接口进行升级，以满足仓储智能化管理和区块链仓单生成的关键需求，包含电子仓单管理、仓库管理、货品标签管理等功能。

（5）物联子系统：用于对所有接入平台的物联网设备、摄像头、智能终端、定位标签等 AI、IoT 设备进行运维管理。同时，该子系统也可根据功能需要对接入的各类物联系统如第三方电子地图系统、电子围栏系统、实时监控系统、视频点播回放系统、车牌识别系统自动化盘点机器人系统、人员资产定位系统、室外定位系统等进行统一授权与管理。

本章小结

1. 供应链金融是一种金融服务，即银行将核心企业和上下游企业联系在一起提供灵活运用的金融服务的一种融资模式。

2. 供应链金融的主要模式有应收账款融资、预付账款融资、库存融资。

3. 供应链金融应用难点主要体现在信息不对称、贸易背景真实性难辨、操作风险易出现、多层级信用传递衰减和中小企业融资相对较难。

4. 区块链技术应用在应收账款融资中，对金融机构而言，解决了辨伪难题，减少了风控成本；解决了资金闭环问题，使金融机构回款有保障；获取更多小微企业作为客户，拓展了业务范围，提升了金融机构的收益。对融资企业（尤其是中小企业）而言，解决了融资难题，降低了融资成本。对核心企业而言，改善了现金流和资产负债表。改善了核心企业与供应商的关系。

5. 区块链技术应用在预付账款融资中的优势体现在基于不可篡改的特征，区块链助力预付账款融资解决信息透明度问题；基于资产数字化的特征，区块链助力预付账款融资实现多层级信用传递；基于去中心化和智能合约的特征，实现多主体高效合作。

6. 区块链技术在库存融资中建立了物流、资金流与信息流的全程可视的追溯体系；建立了以区块链为核心的交易平台；将区块链技术应用于仓单管理。

7. 区块链供应链金融的局限性与风险主要包括上链数据的隐私问题、智能合约不等于法律意义上的合同、区块链技术在供应链金融风控中的作用仍局限于“记录”。

课后习题

一、单选题

1. 以下（　　）不是供应链金融的主要模式。

A. 应收账款融资　　B. 存货质押融资

C. 固定资产抵押融资　　D. 预付账款融资

2. “传统的供应链金融中，核心企业的信用背书，往往只能覆盖直接与其有贸易往来的一级供应商和一级经销商，无法传递到更需要金融服务的上下游两端的大量二级、三级乃至链条尾端的多级供应商、经销商。”这说的是供应链金融应用的（　　）难点。

A. 信息不对称　　B. 贸易背景真实性难辨

C. 多层级信用传递衰减　　D. 中小企业融资相对较难

3. 下列不属于区块链技术应用在应付账款融资的优势是（　　）。

A. 对金融机构而言，解决辨伪难题，减少风控成本

B. 改善核心企业的现金流和资产负债表

C. 改善核心企业与供应商的关系

D. 建立以区块链为核心的交易平台

4. 下列不属于区块链供应链金融的局限性与风险的是（　　）。
A. 上链数据的隐私问题
B. 智能合约不等于法律意义上的合同
C. 区块链技术在供应链金融风控中的作用仍局限于“记录”
D. 政府的强监管性
5. 以下（　　）平台是区块链在供应链金融库存融资的应用。
A. 腾讯云融资易—动产质押区块链登记系统
B. 壹企链智能供应链金融平台
C. 飞洛供应链金融服务平台
D. 易见天树可追溯的供应链金融平台

二、多选题

1. 在供应链金融中，参与的主体有（　　）。
A. 金融机构　　B. 中小企业
C. 支持性企业　　D. 核心企业
2. 下面关于供应链金融说法正确的是（　　）。
A. 供应链金融是供应链管理里对应资金流的重要环节
B. 供应链金融是为整条供应链提供融资等整体解决方案
C. 供应链金融的成因是我国拥有发达的直接融资市场
D. 供应链金融融资须基于真实的贸易背景
3. 以下（　　）是传统的供应链金融遇到的挑战。
A. 贸易真实性问题　　B. 业务操作风险
C. 缺乏政策支持　　D. 信息不对称
4. 以下（　　）是区块链供应链金融的优势。
A. 信用传递可达多级供应商
B. 帮助解决信息孤岛问题，信息流转全链条贯通
C. 不需要核心企业参与
D. 不需要银行等金融机构参与
5. 区块链能在（　　）方面解决供应链金融的痛点。
A. 帮助解决信息不对称问题　　B. 帮助解决贸易真实性问题
C. 帮助减少业务操作风险　　D. 帮助解决资金闭环问题

三、判断题

1. 供应链金融是银行将核心企业和上下游企业联系在一起提供灵活运用的金融服务的一种融资模式。（　　）
2. 供应链中的经销商是债权融资需求方，以核心企业的应收账款单据凭证作为质押

担保物。(　　)

3.“区块链+供应链金融平台”可以让供应商方便地转让和拆分数字债权和获得融资，缓解了供应商的资金周转压力，从而降低了其对核心企业债期的长短的敏感性。(　　)

4. 壹企链智能供应链金融平台用区块链技术将企业资产转换为一种可拆分、可流转、可持有到期、可融资的区块链记账凭证。(　　)

5. 腾讯云融资易—动产质押区块链登记系统是支持大宗商品电子仓单区块链化的专业系统，其主要由仓单登记主系统、仓储智能及电子仓单子系统和物联子系统构成。(　　)

四、简答题

1. 简述供应链金融的定义。

2. 简述供应链金融的三种模式及对比。

3. 简述供应链金融应用难点。

4. 简述区块链供应链金融的定义。

5. 简述区块链技术应用在应付账款融资的优势。

6. 通过互联网搜索引擎，查阅资料，寻找区块链在供应链金融行业中反向保理、保兑仓融资、应收账款融资以及供应链金融 ABS 等应用场景案例。

第八章

区块链国际贸易

思维导图

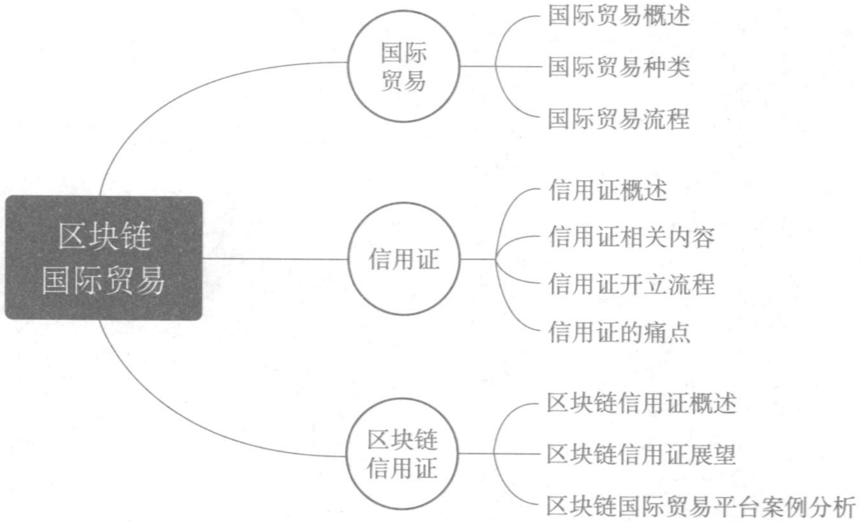

知识目标

1. 掌握国际贸易的定义、种类和流程；
2. 了解信用证的概念；
3. 熟悉区块链背景下国际贸易的运作。

能力目标

学会区块链技术在信用证等国际贸易常用工具中的应用逻辑。

案例导入

中国跨境电商实现区块链全程溯源

2020 年 6 月 3 日，在青岛海关隶属黄岛海关监管下，1 300 单韩国进口面膜从中国（山东）自贸试验区青岛片区的青岛西海岸综合保税区顺利通关，标志着全国首次利用区块链技术实现了跨境电商商品的全程溯源。

跨境电商商品的质量是购买者最为关注的问题，而实现全程溯源是保证跨境电商商品质量的有效手段。中国（山东）自贸试验区青岛片区大力发展数字经济，提升国际贸易数字供应链平台的核心竞争力。该平台整合了跨境电商产业链上下游的六大系统，涵盖国际服务站、海外云仓、卖家商城等各个企业节点，每个节点数据都由自身密钥加密后再入链，其他节点主体经授权后可以读取相应数据，但不能修改，确保信息相互验证、传递和管理。

以该批跨境电商商品为例，国内消费者下单、品牌供货商发货出库、打包集拼、报关出口、国际运输、入境通关、快递派件等十几个环节信息，全部纳入区块链中进行管理，保证信息相互留存、相互印证、不可篡改，从而实现信息流、物流、资金流、关务流的全链条闭环互通互认和数字化运行。

“传统的溯源体系需要管理机构绝对可靠并付出极大成本用以保障跨境电商数据安全。而运用区块链技术，跨境电商各个环节的参与者可以共同维护数据，数据不可被篡改，从而实现溯源的去中心化和高安全性。”青岛海关工作人员介绍说。

黄岛海关积极推动跨境电商业务发展，支持运用区块链技术实现跨境商品全程溯源，提升跨境电商购物体验。海关对接数字供应链平台，可以实时全面查询商品、消费者和企业的相关信息，跨境电商通关更加及时高效，降低企业运营成本，提升消费者收货时效。

实际上，2020 年以来，中国（山东）自贸试验区青岛片区聚焦培育贸易新业态新模式，加快发展海洋特色产业和探索中日韩三国地方经济合作，利用区块链技术提升产业链、供应链的稳定性和安全性。

为了促进区域优势产业的高级化和产业链现代化，中国（山东）自贸试验区青岛片区以延伸产业链、提升价值链、融通供应链为目标，用区块链技术，联合海尔集团、中储发展股份集团、京东集团打造了相关企业服务平台，提升产业供应链稳定性和竞争力，做优做强区域特色优势产业集群，着力打造“广义电子商务贸易”，完善升级消费供应链配套；同时通过中国庞大的国内市场，吸引全球产业链和高水平外资落户和投资青岛，打造和提升青岛在亚欧国际贸易中的重要枢纽城市地位。通过引入数字经济供应链系统服务商 Tradeany，联通青岛、日韩、中亚五国、中东欧，形成国际供需循环，打造青岛的国际贸易数字供应链平台核心竞争力。

据悉，中国（山东）自贸试验区青岛片区将持续探索和发展国内国际双循环格局下的新业态、新模式，实现贸易全链条闭环数字化运行，加快发展数字化贸易的新突破。

思考：将区块链技术应用于跨境电商领域有哪些优点？这种溯源还可以运用在哪些领域呢？

第一节 国际贸易

一、国际贸易概述

（一）国际贸易

国际贸易（International Trade）泛指世界各国或地区（仅限单独关税地区）之间所进行的以货币为媒介的商品交换活动。它既包含有形商品（实物商品）交换，也包含无形商品（劳动、技术、货币、咨询）交换。

（二）对外贸易

对外贸易（Foreign Trade）是指国际贸易互动中的一国或地区同其他国家或地区所进行的商品、劳务、技术等的交换活动。

广义的对外贸易包括货物贸易、技术贸易和服务贸易；狭义的对外贸易则只包含货物贸易。

二、国际贸易种类

（一）按照商品的移动方向分类

按照商品（含各种劳务）的移动方向不同，国际贸易可分为出口贸易、进口贸易、转口贸易、过境贸易、复出口贸易和复进口贸易。

1. 出口贸易

一国的商人将本国所生产或加工的商品（或劳务）输往国外市场进行销售的交换活动，称为出口贸易（Export Trade）或输出贸易。净出口是指一国或地区某一时期某类或某种商品的出口量大于进口量的部分。

2. 进口贸易

进口贸易（Import Trade）是指一国的商人将外国生产或加工的商品（含劳务）购买后，将之输入本国市场进行销售的商品交换活动，也称输入贸易。净进口是指一国或地区某一时期某类或某种商品的进口量大于出口量的部分。

3. 转口贸易

转口贸易（Interpret Trade）是指商品生产国与商品消费国不直接买卖商品，而是通过第三国参与进行的商品买卖。第三国对此类商品的买进，是专为销往商品消费国的。第三国参与了这笔买卖的商品价值转移活动，但不一定参与商品的实体运动，即这批货物可以运往第三国的口岸，但不能入境；也可以直接运往商品消费国。

4. 过境贸易

过境贸易（Transit Trade）是指商品生产国与商品消费国之间进行的商品买卖活动，其运输过程必须穿过第三国的国境。第三国要对此批货物进行海关监管，并把此类货物作为过境贸易额加以统计。

5. 复出口贸易

复出口贸易（Re-export Trade）也称为再出口贸易，是指一国商人把外国生产或加工的商品买进后，未经加工又输出到国外的商品贸易活动。

6. 复进口贸易

复进口贸易（Re-import Trade）也称为再进口贸易，是指一国商人把本国生产的商品输出到国外后，在境外未对其加工又重新输入本国国内市场的贸易活动。

（二）按照贸易政策分类

按照贸易政策不同，国际贸易可分为自由贸易、保护贸易、统制贸易和管理贸易。

1. 自由贸易

自由贸易（Free Trade）一般指一些国家的贸易政策中不过多地干涉国与国之间的贸易往来，既不对进出口贸易活动设置种种障碍，也不对本国的出口商品活动给予各种优惠，而是鼓励和提倡市场交易活动的自由竞争。

2. 保护贸易

保护贸易（Protect Trade）是指一些国家的贸易政策中广泛地使用各种限制措施去保护本国的国内市场免受外国企业和商品的竞争，主要表现在限制外国商品的进口；同时，对本国的出口商所从事的出口本国商品的活动给予各种优惠甚至补贴，以激励本国出口商更多地从事出口贸易。

3. 统制贸易

统制贸易（Control Trade）是指一些国家设置专门的政府机构，利用其政府的力量，统计、组织和管理进出口贸易活动的行为。

4. 管理贸易

管理贸易（Management Trade）是西方经济学家对美国克林顿政府时期经济政策特

点的一种概括。政府一方面通过签订大量协定和条约来处理和协调国与国之间的贸易关系；另一方面又颁布大量的法律和法规来管理与约束本国商人的进出口贸易行为。这一政策被称为管理贸易政策。

（三）按照交易对象的性质分类

按照交易对象的性质不同，国际贸易可分为有形商品贸易和无形商品贸易。

1. 有形商品贸易

有形商品贸易（Tangible Goods Trade）是指传统的商品进出口，也叫作货物贸易，主要有食品、化工原料、矿物燃料等。

2. 无形商品贸易

无形商品贸易（Intangible Goods Trade）是指在国际贸易活动中所进行的没有物质形态的商品交易，主要指劳务技术、旅游、运输、金融、保险等。

（四）按照国境与关境分类

按照国境与关境不同，国际贸易分为总贸易和专门贸易。

1. 总贸易

总贸易（General Trade）是指以国境为标准划分的进出口贸易，凡进入国境的商品一律列为进口，凡离开国境的商品一律列为出口。前者叫总进口，后者叫总出口。

2. 专门贸易

专门贸易（Special Trade）是指以关境作为划分进口和出口标准的统计方法。当外国商品进入国境后暂时存入保税仓库，不进入关境，一律不列入进口。只有从外国进入关境的商品以及从保税仓库提出进入关境的商品，才列为进口，称为专门进口。对于从国内运出关境的本国品以及进口后未经加工又运出关境的商品，则列为出口，称为专门出口。过境贸易不属于专门贸易。

（五）按照参与贸易活动的国家多少分类

按照参与贸易活动的国家多少不同，国际贸易分为双边贸易、三角贸易和多边贸易。

1. 双边贸易

双边贸易（Bilateral Trade）是指发生在两国（或异地支付在双边基础上进行），各以向对方的出口支付从对方的进口，不用向对方的出口来支付从其他国家的进口。

2. 三角贸易

三角贸易（Triangular Trade）如图 8－1 所示，中间商 C（甲国）一方面与进口商 B（乙国）订立销售货物的买卖合同，另一方面与出口商 A（丙国）订立采购货物的买卖合同，货物则由丙国直接运往乙国。货款的清算，一方面由进口商 B 支付给中间商 C，另一方面由中间商 C 支付给出口商 A。

3. 多边贸易

多边贸易（Multilateral Trade）是指三个或三个以上国家（或地区）作为一个整体，

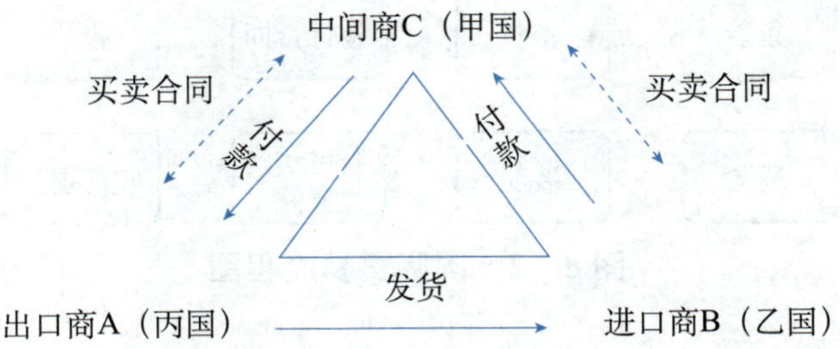

图 8-1 三角贸易示意图

相互间发生贸易并保持贸易收支的贸易形式。

（六）按照清偿方式的不同分类

按照清偿方式的不同，国际贸易分为现汇贸易、协定贸易和易货贸易。

1. 现汇贸易

现汇贸易（Spot Exchange Trade）是指在国际贸易中以货币作为清偿工具的贸易。其特点是通过银行逐笔支付货款以结清债权债务。目前国际贸易中能作为支付工具的货币，主要有美元、欧元、日元等。

2. 协定贸易

协定贸易（Agreement Trade）是指两个国家（或地区）签订贸易协定，通过记账方式交易，而不是直接动用外汇，在一定时期内（通常为一年）进行结算。贸易差额结转到下一年的账户。

3. 易货贸易

易货贸易（Barter Trade）是指经过计价以货物作为清偿工具的贸易，以货易货可以使贸易双方在外汇不足的情况下达到交易的目的。

课堂讨论

新冠疫情在美国持续了较长的时间，美国医疗卫生系统存在非常严重的问题，美国多个州的医护人员已经多次表示医用口罩、呼吸机、消毒液、手套、防护服等医疗物资出现了严重短缺。而我国疫情防控取得了显著成绩，口罩产能不仅能满足国内需求，并且有了出口国际的能力。如果你是一个口罩生产商，你将如何将口罩卖到海外？

三、国际贸易流程

国际贸易的主要流程包括报价、签订合同、备货、包装、通关、装船、获得运输文件、收汇退税，如图 8-2 所示。

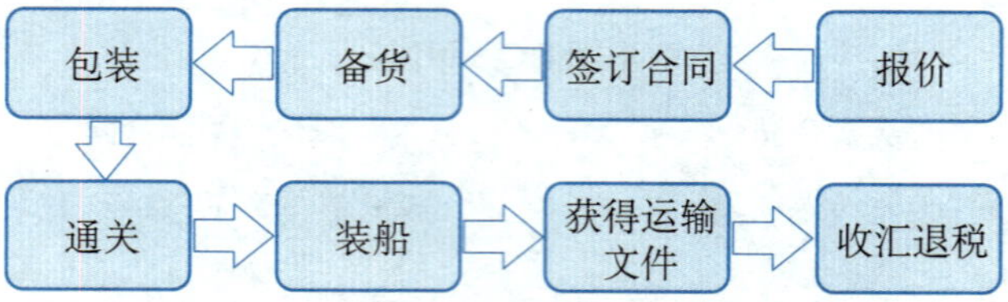

图 8-2 国际贸易流程图

（一）报价

报价是指买方向卖方询问产品价格以求达到交易的过程。一般涉及的内容如下：

（1）货物条件：产品的规格、数量、包装、商品检验。

（2）价格条件：单价、总价、贸易术语。

（3）交货条件：交货时间、地点、运输方式、保险。

（4）支付条件：支付方式和时间。

（二）签订合同

贸易双方就报价达成意向后，就需要签订购货合同。合同内容包括：买卖双方的名称与地址、货物的名称与品质条件、数量条件、包装条件、单价与总价条件、交货条件、运输条件、保险条件、支付条件以及违约条件等。

（三）备货

备货是指进出口企业根据合同或信用证的规定，向有关企业或者部门采购和准备货物的过程。

（四）包装

按照货物的特性选择包装形式，比如纸箱、木箱、编织袋等。

（五）通关

按照出口货物的要求，准备货物相关的证明材料，通过单一窗口合法合规办理通关手续。

（六）装船

根据货物的数量以及特性决定装船方式。

（七）获得运输文件

办理完出口通关手续、海关放行后，船舶承运人会签发提单给发货人，发货人准备整套运输单据给收货人，以便收货人办理进口手续和提货手续。全套运输单证中，以提单最为重要，因为它是货物的所有权证明，是具备国际公认的法律效力的物权证明。

（八）收汇退税

常用的收汇方式有信用证（Letter of Credit，L/C）、电汇（Telegraphic Transfer，T/T）、付款交单（Document against Payment，D/P）、承兑交单（Document against Acceptance，D/A）。

其中信用证使用最多，电汇其次，付款交单和承兑交单较少。信用证是风险较小的付款方式，也是国际贸易中最常用的支付方式。

退税指对出口货物退换其在国内生产和流通环节实际缴纳的增值税、消费税。

第二节　信用证

一、信用证概述

（一）信用证的定义

信用证全称为跟单信用证，是指一项安排，不论其名称或描述如何，该项安排构成开证行对相符交单予以承付的确定承诺。信用证的功能如图 8-3 所示。

图 8-3　信用证的功能

信用证是一项约定，即在单证相符的情况下，开证行向受益人或其指定人付款（即期付款或远期付款）或承兑汇票并付款；或授权另一银行（被指定银行）付款或承兑汇票并付款；或授权另一银行议付。

（二）信用证的基本特征

1. 信用证是一种银行信用

信用证下，开证行负有第一付款责任，开证行的付款依据是单证相符、单单相符。信用证的主旨在于向受益人提供了一个付款担保，受益人一旦提交了符合要求的单据，便能得到偿付。受益人无须也不得直接找申请人付款，而是凭单据直接向付款行或开证行索偿。图 8-4 为中国银行的信用证。

信用证是独立于贸易合同的自足文件。就其性质而言，信用证与可能作为其开立基础的销售合同或其他合同是相互独立的交易，即使信用证中含有如此类合同的任何援引，银行也与该合同无关，且不受其约束。因此，银行关于承兑、议付或履行信用证项下其他义务的承诺，不受申请人基于其与开证行或与受益人之间的关系而产生任何请求或抗辩的影响。

信用证的开立虽然是以贸易合同为基础，但是银行并未参与合同的签订，不是合同的当事人。信用证与合同是相互独立的两个契约。

受益人依据信用证的规定填制并提交单据，银行向受益人付款的依据是与信用证相符的单据。

中国银行

BANK OF CHINA

170 People Avenue, Shanghai, China

FAX:86-21-52896599

信用证通知书

NOTIFICATION OF DOCUMENTARY CREDIT

日期:170829

TO 致: AIGE IMPORT & EXPORT COMPANY ROOM 2501, JIAFA MANSION, BEIJING WEST ROAD, SHANGHAI 200001, P.R.CHINA		WHEN CORRESPOND NG PLEASE QUOTE OUT REF NO.	AD94001A40576
ISSUING BANK开证行 THE BANK OF TOKYO-MITSUBISHI, LTD.		TRANSMITTED TO US THROUGH 转递行 REF NO.	
L/C NO.信用证号 002/0000026	DATED 开证日期 20170829	AMOUNT 金额 JPY 1200000	EXPIRY PLACE 有效地 CHINA
EXPIRY DATE 有效期 20170930	TENOR 期限	CHARGE 未付费用	CHARGE BY 费用承担人 BENE
RECEIVED VIA 来证方式 SWIFT	AVAILABLE 是否生效 VALID	TEST/SIGN 印押是否相符 YES	CONFIRM 我行是否保兑 NO

DEAR SIRS 敬启者:
WE HAVE PLEASURE IN ADVISING YOU THAT WE HAVE RECEIVED FROM THE A/M BANK A(N) **LETTER OF CREDIT**, CONTENTS OF WHICH ARE AS PER ATTACHED SHEET(S).
THIS ADVICE AND THE ATTACHED SHEET(S) MUST ACCOMPANY THE RELATIVE DOCUMENTS WHEN PRESENTED FOR NEGOTIATION.
兹通知贵公司,我行收自上述银行信用证一份,现随附通知。贵司交单时,请将本通知书及信用证一并提示。

REMARK备注:
PLEASE NOTE THAT THIS ADVICE DOES NOT CONSTITUTE OUR CONFIRMATION OF THE ABOVE L/C NOR DOES IT CONVEY ANY ENGAGEMENT OR OBLIGATION ON OUT PART.

THIS L/C CONSISTS OF SHEET(S), INCLUDING THE COVERING LETTER AND ATTACHMENT(S).
本信用证连同面函及附件共 纸。

IF YOU FIND ANY TERMS AND CONDITIONS IN THE L/C WHICH YOU ARE UNABLE TO COMPLY WITH AND OR ANY ERROR(S), IT IS SUGGESTED THAT YOU CONTACT APPLICANT DIRECTLY FOR NECESSARY AMENDMENT(S) SO AS TO AVOID AND DIFFICULTIES WHICH MAY ARISE WHEN DOCUMENTS ARE PRESENED.
如本信用证中有无法办到的条款及/或错误,请迳与开证申请人联系,进行必要的修改,以排除交单时可能发生的问题。

THIS L/C IS ADVISED SUBJECT TO ICC UCP PUBLICATION NO.600.
本信用证之通知系遵循国际商会跟单信用证统一惯例第600号出版物办理。

此证如有任何问题及疑虑,请与结算业务部审证科联络,电话:86-21-52896588

YOURS FAITHFULL

FOR 中国银行

中国银行 信用证通知专用章

图 8-4 中国银行的信用证

2. 信用证的标的是单据

信用证业务中,银行处理的是单据,而不是可能涉及的货物、服务或履行行为。

(三)信用证的当事人

1. 申请人

申请人(Applicant)是指要求开立信用证的一方。在货物贸易中,通常是买方(进口商)根据买卖合同所确定的付款条件,由其向往来银行申请开立信用证。因此,开证申请人通常为买方(Buyer)或进口商(Importer)。

2. 开证行

开证行（Issuing Bank）是指应申请人要求或者代表自己开出信用证的银行。当信用证规定的单据全部提交指定银行或开证行，并符合开证行的条款和条件，便构成了开证行确定的付款承诺。因此，在信用证交易中，开证行所起的作用最为重要。

3. 通知行

通知行（Advising Bank）是指应开证行的要求通知信用证的银行。信用证也可由开证行直接寄给受益人，但因为银行间有印鉴、密押关系，经银行核验信用证的真实性，有利于保护受益人的权益，所以大多数信用证都是由通知行通知的。

如果通知行选择不通知信用证，必须不延迟地将其决定告知开证行。通知行决定通知信用证时，应合理谨慎地审核所通知信用证的表面真实性——核对信用证的签字或密押相符。如果通知行无法审核信用证的表面真实性，仍可将信用证通知受益人，但必须如实告诉受益人它无法确定该证的表面真实性。否则，受益人就可以假定通知行已确定该证的表面真实性。因此，开证行在接受信用证时，应特别留意通知行在信用证通知书上有无特殊批注。

4. 受益人

受益人（Addressee/Beneficiary Accreditee）是指接受信用证并享受其利益的一方。在信用证交易中，一般而言，受益人大多是卖方（Seller）或出口商（Exporter）。因为其有权利使用或享受信用证的利益，所以称为受益人。

5. 指定行

指定行（Nominated Bank）是指信用证可在其处兑用的银行。如信用证可在任一银行兑用，则任一银行均为指定行。

6. 保兑行

保兑行（Confirming Bank）是指根据开证行的授权或要求对信用证加具保兑的银行。有些开证行的规模较小，或信用等级较低，或所在地国家经济、政治、社会状况不稳定，而需由开证行另请家为受益人所熟悉（通常是出口地的通知行）或其他信用较好的银行对其所开信用证进行保兑。这一家依照开证行的授权或要求，而对开证行所开信用证承担保证兑付责任的银行即为保兑行。保兑行对受益人的保兑行为无追索权。

7. 交单人

交单人（Presenter）是指实施交单行为的受益人、银行或其他人。

二、信用证相关内容

（一）关于信用证本身的内容

（1）开证行；

（2）通知行；

（3）信用证种类；

（4）信用证号码；

（5）开证日期；

（6）受益人；

（7）申请人；

（8）可利用金额，即信用证金额；

（9）有效期限；

（10）信用证使用地点。

（二）关于汇票的内容

（1）出票人；

（2）受票人，即付款人；

（3）汇票期限；

（4）汇票金额。

（三）关于单据及商品的内容

（1）单据：商业发票、运输单据、保险单据等；

（2）商品：商品描述、数量、单据、贸易条件等，装运地、目的地，装运期限。

（四）其他事项

（1）有关议付行应注意的事项：如将押汇金额在信用证背面背书，即 endorsement。议付行议付后，向开证行寄单索偿；如果开证行发现单据有不符信用证要求的情况存在，拒绝偿付，则议付行有向受益人或其他前手进行追索的权利。

（2）开证行担保兑付（honor）的条款应注意：不可撤销条款；可撤销信用证时的免责条款；开证行有权签字人是否签字。此外还需注意其是否遵守《跟单信用证统一惯例》的条款。

三、信用证开立流程

如图 8－5 所示，信用证的开立有以下流程：

（1）开证申请人根据合同填写开证申请书并交纳押金或提供其他保证，请开证行开证。

（2）开证行根据申请书内容，向受益人开出信用证并寄交受益人所在地通知行。

（3）通知行核对印鉴无误后，将信用证交受益人。

（4）受益人审核信用证内容与合同规定相符后，按信用证规定装运货物、备妥单据并开出汇票，在信用证有效期内，送通知行议付。

（5）通知行按信用证条款审核单据无误后，把货款垫付给受益人。

（6）通知行将汇票和货运单据寄开证行或其特定的付款行索偿。

（7）开证行核对单据无误后，付款给通知行。

（8）开证行通知申请人付款，后收回付款赎单。

（9）申请人提货。

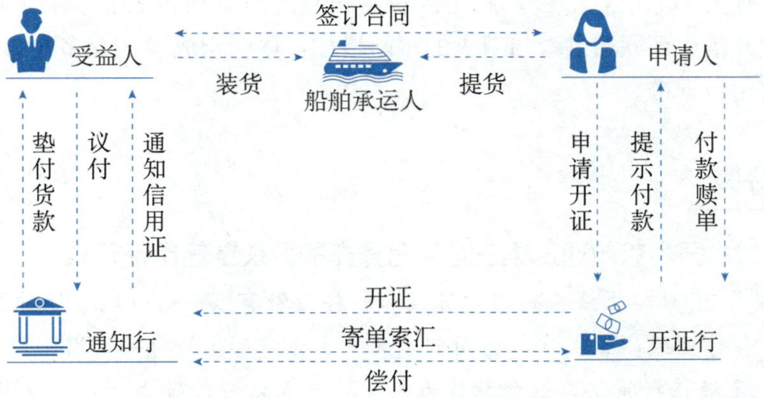

图 8-5 信用证的开立流程

四、信用证的痛点

（一）安全问题

（1）银行缺乏手段来核实业务的贸易背景真实性，难以防范发票、第三方单据等纸质证重复使用、造假的可能性。

（2）SWIFT 不支持中文，国内难以有效监管，国内企业容易因为语言问题受到信用证欺诈。

（二）流程不透明

（1）客户只能查询到开户行内的业务进展情况，无法了解到对方银行的处理情况，透明度较差。

（2）无法根据信用证检索整个贸易流程，信用证没有贯通业务全程。

（三）成本过高

（1）各贸易主体间相互不信任，只能采用高成本的中介增信方式。

（2）SWIFT 手续费高（目前只能使用 SWIFT 的 MT799 报文）。

（四）效率低下

（1）多种纸质票据、流程烦琐、审核周期长，一般需要 3～7 天才能开具信用证。

（2）信件虽然使用频率低，但仍然有许多票据需要依靠邮寄，而邮递方式耗时长，安全性差。

第三节 区块链信用证

一、区块链信用证概述

（一）区块链信用证的定义

区块链信用证基于区块链密码学及共识机制，将代开信用证中设计的各种纸质凭证、合同、发票、报关单等信息上链，利用区块链信息不可篡改的特性保护其信息安全性。同时，随着代开信用证联盟链参与节点的不断增加，逐渐构成了一套多方参与、多节点、安全完整的信用证据链。

案例分享

国内首单通过第三方平台操作的区块链信用证开立

2018 年 5 月 22 日，上海银行与江苏润和软件股份有限公司（以下简称润和软件）签署区块链战略合作协议，正式揭幕共同创建的“上银润和区块链平台”。

2018 年，上海银行将供应链金融作为发展的重点之一，致力于运用区块链、大数据等技术手段搭建线上平台，旨在打造“合作、开放、共赢”的供应链金融服务体系，以解决中小企业融资难、融资贵的难题，切实履行金融机构社会职责。

润和软件作为国内金融行业软件服务上市企业，在区块链领域有着丰富的开发体验以及产品体系。这次上海银行与润和软件携手搭建区块链平台，合作双方发挥各自在不同领域的优势，以便于加快供应链金融发展创新的步伐。

揭幕式当天，上海银行还与中国建设银行签署了区块链合作协议，并开出了国内首单基于区块链技术的信用证。

此后，上海银行与润和软件在更多领域建立合作关系，包括通过利用区块链技术的应付账款拆分、保税仓、福费延等业务都在继续向前推进。润和软件产品、技术、平台的优势与上海银行客户、资金提供的能力相结合，双方形成互惠互赢的良性互动，使信贷资金流入实体经济。

区块链的共识机制和不可篡改性在金融界广受重视。在中国，各大银行与上市公司在对区块链的探索上都十分积极，北京银行在其业绩发布会上透露其未来几年的零售战略关注方向之一将是运用智能投顾和区块链来进行数据深度学习；“四大国有银行”中的中国工商银行和中国银行都有提交或发布区块链专利的消息放出。

（二）区块链信用证的特点

1. 高效

传统信用证系统模式下的跨境贸易业务需要耗时数周甚至数月，而基于各业务方组成的联盟链所搭建的区块链信用证系统，整个业务的流程耗时几乎只等于货物的运送时间加上必要的人工审核时间和业务沟通时间。利用区块链将业务很好地进行了合理切割，业务参与方会根据每个环节的依赖关系，将原本的串形业务顺序变成效率更高的并行业务顺序，让原本并无依赖的业务步骤可以并行执行，提升效率。两种信用证模式对比如图 8 - 6 所示。

2. 低成本

在传统信用证系统的模式下业务成本非常高，1 万美元的开证金额，需要总共接近

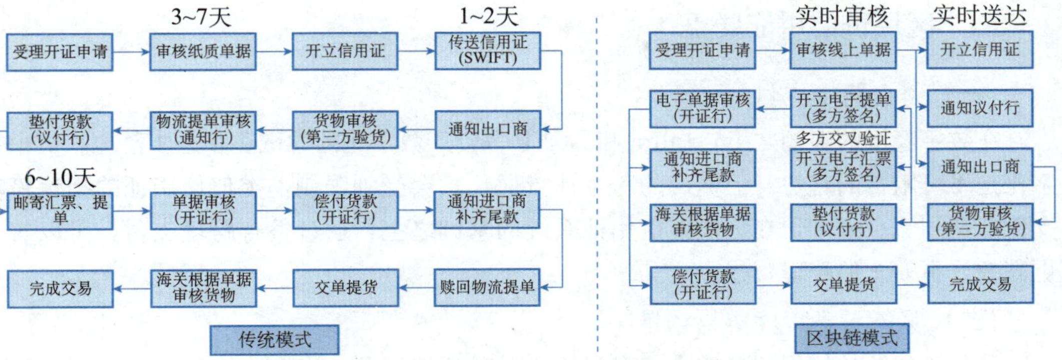

图 8-6 两种信用证模式对比

300～500 美元的额外费用。而事实上这并非是银行漫天要价，更多的原因在于其本身的信用证业务系统的设计不够合理，采用 SWIFT 电开虽然能让信用证的传输效率变高，但无法保证业务流程的单据都可传输，反而增加了多方核对所带来的沟通成本。

采用基于区块链所打造的区块链信用证系统，几乎可以省去所有的沟通成本，只需要搭建系统的边际成本，支付物流费和必要的人工审核费即可，一次搭建，永久免费。而且开证费用再也不需要和开证金额挂钩，只需要支付一个固定的物流与人工支出即可。例如 1 万美元的额外费用是 100 美元，但 10 万美元的额外费用可能也只有 100 美元。

3. 透明

在传统信用证系统的模式下，进口商只能查到开证行的业务进展情况，出口商只能查到通知行的业务进展情况。这不仅会让各参与方对贸易的真实性存疑，同时会增大贸易双方的沟通成本，影响贸易进展。

区块链模式下业务信息本身就是透明的，但为了保障业务信息的隐私性和安全性，根据业务对共识群组（信用证的当事人）进行了分割。在保证系统的高可用性和相对透明性的前提下，可以让各业务方毫无顾虑地参与进来，无需担心自身隐私数据的安全性，也无需担心对方数据的真实性。并且对于一些可公开信息，能让业务的协同方（海关、物流、第三方验货机构）及时获取，这可以大大增加业务的效率。

4. 更易扩展

传统的信用证系统中，因为各方银行对单据的要求不同，即使用 SWIFT 电开信用证也会存在部分字段无法传送的现象，因此 SWIFT 系统无法传送许多单据（例如物流提单）。对于报文的扩展性是信用证数字化的基础特性之一，但 SWIFT 作为庞大的系统，并不会因为一方的要求而对系统进行扩展，这也就导致信用证业务大多还停留在纸质单据的审核与邮寄。

而利用区块链技术，各机构在同一群组内可以共同维护一份相同的业务数据，如果需要对业务的单据或者业务流程进行横向扩展，只需在链上发起一笔交易，重新部署一份稍加改动的智能合约即可。各业务方节点互联，对于新的事务会迅速同步，以此实现高效的横向扩展，无需大幅度改造核心系统即可实现信用证业务的横向扩展。

二、区块链信用证展望

（一）整合跨境支付

在数字经济的浪潮之下，Libra 和 DCEP 等资产数字化的尝试正在逐步落地，货币数字化是不可阻挡的趋势。但资产的跨主体流通仍然会受到限制，类似信用证的担保跨境支付会是主流。未来，在区块链信用证系统的基础之上，通过整合跨境支付，可以实现更高效、更安全的跨境贸易。

（二）服务更多跨境贸易场景

受限于传统的信用证高成本、高门槛、低时效的问题，许多跨境贸易场景（例如跨境电商）无法使用信用证支付。这使得许多跨境合作都因为信任成本过高无法达成。而通过搭建区块链信用证平台，在未来不断探索更好的业务模式，以更便捷、更低成本、更安全的服务，促成更多的跨境贸易合作。

（三）建立标准化跨境贸易平台

跨境贸易是供应链全球化的基础，一个标准化跨境贸易平台可以大大减少企业间合作的边际成本。而 SWIFT 系统虽然形成了一定程度的标准化，但代价是很低的效率与很高的成本。

（四）穿透贸易监管

通过区块链信用证系统，可以把整个贸易环节产生的真实数据与业务状态都保存起来，引入税务、仲裁、评级等机构的多方参与，建立穿透式监管的跨境贸易闭环，以此更好地维护各国的金融稳定性。

三、区块链国际贸易平台案例分析

传统的信用证平台存在安全问题、流程不透明、成本过高和效率低下的问题。

2020 年 5 月，星展银行宣布它成为第一家加入贸易融资区块链网络 Contour 的新加坡银行，该网络建立在 R3 的 Corda 区块链基础上，可以将诸如信用证的创建、交换、批准和签发等全球贸易流程数字化。

Contour 提供了一个基于区块链的分布式的贸易网络，使跨境贸易主要步骤的协作程度得以提高，允许银行、企业和合作伙伴进入网络，所有参与者都可以利用该区块链贸易网络实时创建和更新贸易数据，解决全球贸易中长期以来的低效率问题。Contour 网络运作流程如图 8－7 所示。

Contour 网络的目标是将全球贸易流程数字化，例如基于区块链信用证的创建、交换、批准和发行。其目的是通过区块链技术在平台上实时跟踪交易并提供完整的审计跟踪以提高透明度，同时减少贸易单据的周转时间，而且使各方在交易的每一步都可以访问实时状态的更新。

全球首张以离岸人民币计价结算的跨国区块链信用证已由渣打银行通过 Contour 平台开出，用以支持中国宝武钢铁集团有限公司从澳大利亚进口铁矿石的交易。在此次交

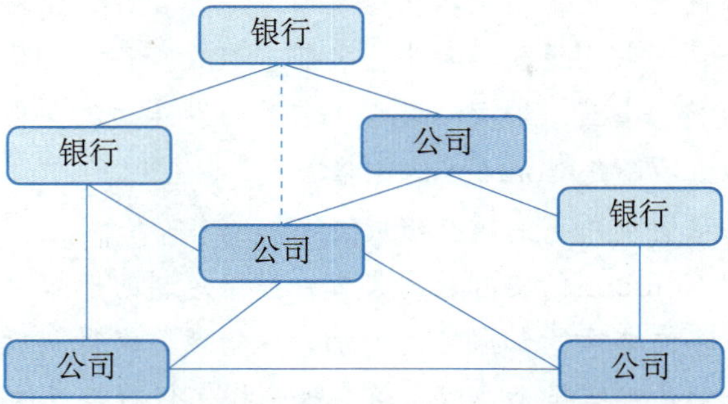

图 8－7 Contour 网络运作流程

易中，中国宝武钢铁集团有限公司、澳大利亚铁矿石出口商、渣打银行及其他交易相关方以线上合作的方式，完成了买卖合约签署、信用证开立、议付和交单的全部流程。

总的而言，Contour 平台的优势在于企业越来越多地选择多银行组成的区块链贸易平台。与单一银行主导的区块链贸易平台相比，随着 Contour 参与者和附加服务的增加，网络效应将得到放大。究其原因是：一个信用证贸易平台组成核心在于开证行，开证行通常会因地理范围和信用风险的考虑承接所在区域内知根知底的公司的开证需求，当开证行和越来越多的贸易公司出现在 Contour 平台上，就可以跨越地理的因素结合平台上的贸易数据来产生未来更加广泛和高效的合作。银行也可以利用 Contour 的实时数据来为客户提供量身定制的融资和设计满足客户即时需求的产品，为银行客户提供低成本的全方位贸易服务。另外，Contour 与现有的银行贸易融资平台整合，降低长期的服务成本。Contour 还为企业提供透明的实时贸易数据，从而提高企业及企业合作方的效率和成本。

本章小结

1. 信用证是指一项安排，不论其名称或描述如何，该项安排构成开证行对相符交单予以承付的确定承诺。信用证是一种银行信用，信用证的标的是单据。

2. 信用证的当事人包括申请人、开证行、通知行、受益人、指定行、保兑行以及交单人。

3. 传统信用证有安全问题、流程不透明、成本过高、效率低下等痛点。

4. 区块链信用证有高效、低成本、透明以及更易扩展的优势。

课后习题

一、单选题

1. 下列（　　）选项是正确的出口操作流程。

A. 报价—签订合同—备货—包装—通关—装船—获得运输文件—收汇退税

B. 报价—签订合同—备货—通关—获得运输文件—装船—包装—收汇退税

C. 报价—签订合同—收汇退税—备货—装船—通关—备货—获得运输文件

D. 签订合同—报价—备货—通关—装船—包装—获得运输文件—收汇退税

2. 以下（　　）选项不是 Contour 的优势。

A. Contour 贸易平台由单一的银行组成

B. 银行可以利用 Contour 的实时数据为客户提供定制的产品

C. 随着 Contour 参与者和附加服务的增加，网络效应将得到放大

D. Contour 平台的优势在于企业越来越多地选择多银行组成的区块链贸易平台

3. 全球首张以（　　）计价结算的跨国区块链信用证已由渣打银行通过 Contour 平台开出。

A. 离岸人民币　　B. 美元　　C. 日元　　D. 欧元

4. 以下对信用证特点说法正确的是（　　）。

A. 信用证是一种银行信用，开证行承担第一付款责任

B. 信用证是一项独立文件，它依附于贸易合同而存在

C. 信用证是非单据业务，银行处理的是货物、服务及其他行为

D. 信用证在跨境贸易当中使用不多

二、多选题

1. 以下（　　）是传统信用证的痛点。

A. 安全问题　　B. 流程不透明　　C. 成本高　　D. 效率低

2. 区块链信用证系统相比传统有（　　）这些优势。

A. 高效　　B. 透明　　C. 成本低　　D. 耗时久

3. 信用证的当事人包括（　　）、指定行、保兑行以及交单人。

A. 申请人　　B. 开证行　　C. 通知行　　D. 受益人

4. 以下（　　）是区块链信用证的解决方案。

A. 让原本并无依赖的业务步骤可以并行执行，提升效率

B. 开证费用无需和开证金额挂钩，降低业务成本

C. 让业务的协同方及时获取公开信息，增加业务效率

D. 使用新技术过多让原有业务流程更复杂

5. 汇票的内容包括（　　）。

A. 出票人　　B. 受票人，即付款人　　C. 汇票期限　　D. 汇票金额

三、判断题

1. 信用证开证申请人通常为卖方或出口商。（　　）

2. 劳务技术、旅游、运输、金融、保险等贸易属于有形商品贸易。（　　）

3. 信用证是一种银行信用。（　　）

4. 单据包括商业发票、运输单据、保险单据等。（　　）

5. 全球首张以离岸人民币计价结算的跨国区块链信用证是由渣打银行通过 Contour 平台开出的。（　　）

四、简答题

1. 区块链信用证有哪些优势？
2. 区块链信用证未来有哪些应用场景？
3. 传统信用证模式存在哪些问题？

第九章

区块链保险

思维导图

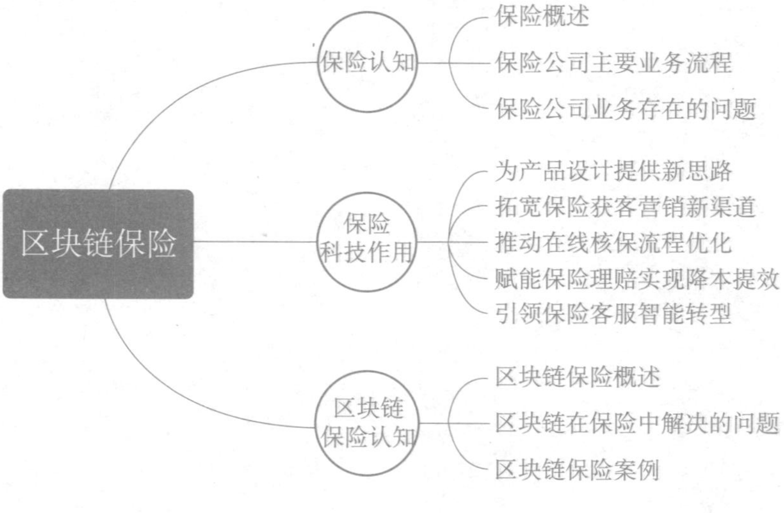

知识目标

1. 了解区保险的定义和分类；
2. 掌握保险科技的作用；
3. 了解区块链保险的意义；
4. 掌握区块链保险对保险行业意义。

能力目标

能够分析保险科技对行业的影响，能够对区块链保险的商业模式进行解读。

案例导入

全球首单区块链理赔

2018年12月4日，全国首单区块链保险理赔诞生在浙江台州，从提交申请到理赔款到账，全程只需5秒。浙江台州从事个体生意的吴先生前往台州中心医院门诊就医，作为支付宝“码商”，他积累了一笔“多收多保”免费医疗金。就诊后，经过授权，他在自己支付宝“发票管家”中找到了就诊发票。补充完善相应理赔材料后，点击“提交”后5秒，97.73元理赔款就打进了他的支付宝账户。在理赔过程中，患者用支付宝缴纳挂号、门诊和住院费后，相关电子票据就会即时发送到支付宝“发票管家”中。只要是参与“多收多保”的“码商”，都可以享受“一键提交”“秒级理赔”，节省了大量重复排队时间。蚂蚁区块链全程可溯源、不可篡改是一键保险理赔的关键。

2020年我国保险公司已采用区块链技术处理相关理赔。拥有1.04亿用户的“相互宝”就是采用区块链技术来防止诈欺并更快地处理理赔。

思考：你在生活中是否接触过保险理赔？你认为传统理赔流程存在哪些问题？

第一节　保险认知

一、保险概述

（一）保险定义

保险，是指投保人根据合同约定，向保险人支付保险费，保险人对于合同约定的可能发生的事故因其发生所造成的财产损失承担赔偿保险金责任，或者当被保险人死亡、伤残、疾病或者达到合同约定的年龄、期限等条件时承担给付保险金责任的商业行为。

（二）保险分类

按照保险标的不同，保险一般分为财产保险和人身保险。

1. 财产保险

财产保险是以财产及其有关利益为保险标的的保险，包括财产损失保险、责任保险、信用保险等保险业务。

（1）财产损失保险是以各类有形财产为保险标的的保险。其主要包括的业务种类有：企业财产保险、家庭财产保险、运输工具保险、货物运输保险、工程保险、特殊风险保险和农业保险等。

（2）责任保险是指以被保险人对第三者的财产损失或人身伤害依照法律应负的赔偿责任为保险标的的保险。其主要业务种类有：公众责任保险、产品责任保险、雇主责任保险和职业责任保险，以及各种专业技术人员在从事职业技术工作时，因疏忽或过失造成合同对方或他人的人身伤害或财产损失所导致的经济赔偿责任为承保风险的责任保险等。

（3）信用保险是以各种信用行为为保险标的的保险。其主要业务种类有：一般商业信用保险、出口信用保险、合同保证保险、产品保证保险和忠诚保证保险等。

2. 人身保险

人身保险是以人的寿命和身体为保险标的的保险，包括人寿保险、健康保险、意外伤害保险等保险业务。

（1）人寿保险是以被保险人的寿命作为保险标的，以被保险人的生存或死亡为给付保险金条件的一种保险。其主要业务种类有：定期寿险、终身寿险、两全寿险、年金保险、投资连结保险、分红寿险和万能寿险等。

（2）健康保险是以被保险人的身体为保险标的，使被保险人在疾病或意外事故所致伤害时发生的费用或损失获得补偿的一种人身保险业务。其主要业务种类有：医疗保险、疾病保险和收入补偿保险等。

（3）意外伤害保险是指以被保险人的身体为保险标的，以意外伤害而致被保险人身故或残疾为给付保险金条件的一种人身保险。其主要业务种类有：普通意外伤害保险、特定意外伤害保险等。

二、保险公司主要业务流程

图 9－1 为保险公司主要业务流程图，具体包括：

（一）保险产品研发

保险产品研发指保险公司根据市场需求，对保险费、保险费率、保费交付方式、保险期限、保险赔款方式等进行开发创新。

（二）保险销售

保险销售指以保险产品为载体，以满足消费者的需求为中心，运用整体销售手段，实现保险公司长远经营目标的一系列活动，主要包括：准客户开拓、调查并确认客户的保险需求、选择最优保险方案、疑问解答并促成签约。

（三）保险承保

保险承保指保险人对投保人所提出的投保申请进行审核，继而决定是否承保和如何承保的过程，主要环节有核保、承保决策以及收取保费。

（四）保险投资

保险投资指保险公司在组织经济补偿的过程中，将积聚的各种保险资金加以运用，使资金增值的活动，是保险公司盈利的主要来源。保险企业可运用的保险资金是由资本金、各项准备金和其他可积聚的资金组成。

（五）保险理赔

保险理赔指在保险标的发生风险事故后，保险人对被保险人或受益人提出的索赔要求进行处理的行为。

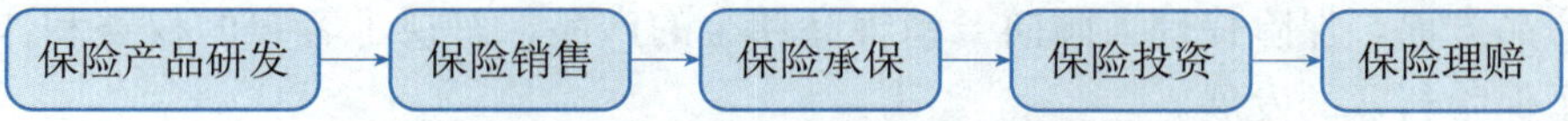

图 9－1　保险公司主要业务流程图

三、保险公司业务存在的问题

（一）信息不对称问题

对于保险公司而言，其难以准确、全面地了解保险标的的风险情况。投保人为降低保费或获得更高保险金额，有可能刻意隐瞒对自己不利的信息，增加保险公司的风险评估难度。而在投保成功后，投保人也有可能故意放松对标的物的保护，甚至通过故意损毁标的物进行骗保。

对于投保人而言，因为投保人只能被动接受保险合同，不具备对合同条款的解释权，所以保险消费者天然处于被动地位。再加上近年来保险公司拒赔、销售人员故意误导消费者等负面新闻频发，导致保险消费者在心理上和保险公司处于对立关系，保险购买呈现被动性。

（二）保险中介问题

传统信息不对称的保险市场非常依赖中介人或机构对于信息、资源的整合。

由图 9－2 可见，2021 年，互联网财产保险业务各渠道保费收入占比呈差异化发展。其中，专业中介渠道累计保费收入 412 亿元，占 48%，同比提升 16 个百分点；保险公司自营平台累计保费收入 195 亿元，占 23%，同比下滑 1 个百分点；营销宣传引流包括互联网平台、保险从业人员引流至保险公司自营平台的业务，独立统计，未纳入前述保险公司自营业务，其累计保费收入为 248 亿元，占 29%，同比下滑 13 个百分点。这足以证明我国保险市场对中介渠道的依赖度越来越高。

保险代理人和保险公司有着不同的利益出发点，代理人以拿到佣金为目的，注重短期效益，而保险公司则要考虑公司的长期发展。此外，保险代理人行业门槛低，业务人

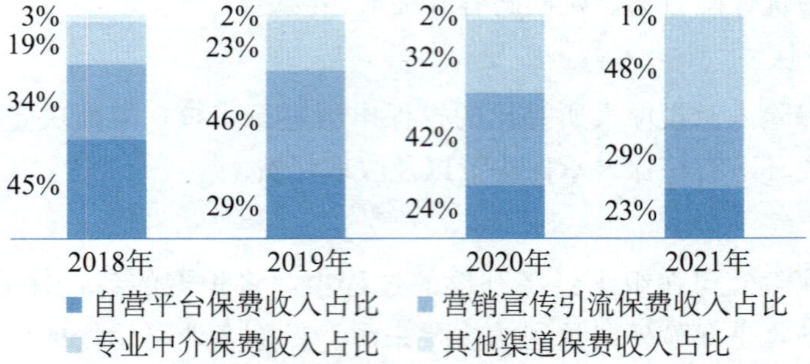

图 9－2　互联网财产保险业务渠道保费收入占比

（资料来源：2021 年互联网财产保险发展分析报告）

员受教育程度整体不高，有些销售人员为了拉到保单不择手段，甚至不惜欺骗消费者，导致外界对保险行业的评价下降。

在产品方面，保险代理人倾向于销售高佣金的产品，忽视了客户的权益和体验，这也阻碍了保险行业的发展。

（三）信息安全问题

随着保险行业进入互联网时代，保险公司网络安全和信息保密的重要性日渐凸显。信息安全事件不仅使客户利益遭受损失，还会严重影响保险企业的声誉。客户对保险公司不再信任，也会提高保险公司获取真实信息的难度。

（四）工作效率问题

在保险业务方面，传统的营销业务的产品销售、人员调动、资金核算等工作需要经过层层上报，占用了大量资源配置。在投保层面上，投保人不能参与合同制定，保险合同无法满足所有投保人的特殊保障需求。在核保时，大量烦琐的审查工作耗费了大量资源。在理赔时，理赔速度慢的问题一直被客户诟病，保险公司难以与客户建立直接联系也导致沟通低效。

保险行业需要新技术来代替人工完成保单审核、理赔等机械工作，同时需要构建一个新的交易模式、管理模式来完成效率革命。

第二节　保险科技作用

保险科技的起点是互联网保险。互联网保险是指保险机构依托互联网建立保险合同、提供服务的保险经营活动，其主要内容包括传统保险公司信息化、专业中介平台网销、第三方电商平台、网络兼业代理、专业互联网保险公司。互联网保险主要是打通销售渠道，实现客服、产品和用户三端在线。

随着大数据、云计算、人工智能等新一代信息技术手段的不断发展，基于新技术的保险业务价值重塑成为保险行业的重要主题。各大保险公司加大科技投入，促进行业转型升级，据艾瑞咨询测算，2021 年中国保险机构的科技投入达 430 亿元，年增长保持在

20%以上。2021年中国保险行业协会发布《保险科技“十四五”发展规划》，这是中国保险行业首次以行业共识的方式发布保险科技领域中长期专项规划。该规划提出，要进一步加大保险科技投入，推动实现行业平均保险信息技术投入占营业收入比率超过1%。其中，大中型保险公司保险信息技术投入占比超过1%，小微型保险公司占比超过1.8%。优化组织价格和人才队伍，推动行业信息科技人员数量占正式从业人员数量比率超过5%。

保险科技的应用主要体现在价值重塑，利用科技赋能保险业务全流程。依托大数据、云计算、人工智能、区块链等新一代信息技术手段，保险机构在产品、营销、核保、理赔、客户服务、风险控制等领域的创新优化与价值重塑方面均取得了明显的成效。

一、为产品设计提供新思路

移动互联网时代，联网设备快速增加，丰富了可应用的数据资源维度和数量。同时，各类新技术如5G、物联网、区块链等进一步形成数据资源支持，例如对物联网设备如工业设备、智能家居、可穿戴设备和车联网设备等数据的访问。保险公司可以在诸多传统或新型场景下，更精准地进行产品需求开发和精算定价，进而实现保险产品的创新。

传统保险产品开发和定价主要依赖大数定律，受数据处理能力的限制，往往采用抽样的方式进行数据选取和测算。在数据类型庞杂、数据维度众多、数据样本差异巨大的环境下，往往无法满足保险产品精准定价和快速开发的需求。借助云计算和大数据等技术，产品开发人员可以实现对全量数据样本的数据分析，从而根据完整的数据表现，进行更全面的风险评估，开发出更符合市场需要的保险产品。

随着人工智能技术的发展，大数据领域的保险定价、模型搭建等拥有了更加便利的工具。通过大数据分析和深度学习，基于人工智能的保险精算就可以提供更精准的风控方案和定价模型，为客户订制个性化的保单。尤其是在小额、高频、碎片化的场景化保险产品开发过程中，大幅提高产品开发成效。

二、拓宽保险获客营销新渠道

新技术的应用有望拓宽保险获客与营销渠道。依托互联网平台，保险公司可以通过网页、App、微信小程序等渠道多管齐下，为客户提供产品的宣传、推广、咨询等线上服务。同时，通过大数据挖掘及智能化技术对客户进行画像，准确识别潜在客户及其保险需求，利用智能保险顾问推荐合适产品，改变以往保险行业主要依赖销售队伍人海战术和销售人员个人经验进行产品销售的模式，从而降低营销成本、提高销售成功率。随着保费增速放缓，叠加监管禁止部分理财型产品的销售，更加强了保险公司特别是中小保险公司，对于互联网销售渠道的需求。

三、推动在线核保流程优化

传统核保流程中存在流程烦冗、效率低下、风控手段单一等诸多问题，伴随着保险公司线上展业的转型，各保险公司积累的保单数据、客户数据、赔付数据等深度数据正逐步实现共享，形成保险行业级数据；搜索、社交与电商平台、可穿戴设备等外部来源提供了更多有用数据。在此背景之下，智能核保也应运而生，通过整合新技术与互联网平台数据优势，极大地推动保险公司核保流程优化，移动在线核保成为趋势。

智能核保为保险公司在提升核保效率及客户体验方面带来质的飞跃。智能核保能够实现产品展示、信息采集、基础数据分析和对接公司后台，兼具技术性和平台价值。利用人脸识别、电子签名等技术，保险公司可以实现对用户身份的在线验证与核实，支持远程办理业务。通过引入智能核保机器人，保险公司能够为客户提供全天候、高精度的人工智能核保服务，打破传统健康告知异常处理流程对于时间、地点的严苛要求，从而有效提升客户体验度，提高核保效率。同时，在规则引擎支持自动化核保的基础上，保险公司能够进一步依靠人工智能在识别、判断、决策等方面的优势，替代核保员进行决策，简化投保流程，提升核保效率，防范承保风险。例如：健康出现异常的自助投保客户，可以通过智能交互问答直接获得核保结论，其核保时效可由原来的几天缩短至实时。此外，智能核保也为保险公司带来承保风控环节的优化。对于投保的客户，只需要客户输入身份信息，保险公司就可以通过大数据建立的风险控制模型，多维度对不良信息进行筛查，在投保阶段将高风险、不适合承保的客户拒保，避免欺诈行为的发生。

四、赋能保险理赔实现降本提效

受益于新技术的应用，保险理赔环节也取得了显著的创新优化。对寿险公司而言，第三方专业理赔公司的介入有助于提升理赔效率，降低核赔成本。传统的人身保险理赔普遍需要具有医学背景的专业人士来参与审核，人力、物力成本均较高。而目前市场上已有承接保险公司核赔业务的专业理赔公司，这些公司借助保险科技，通过全新的电子化技术，能够实现在没有医学背景核赔人员的情况下完成理赔。只要将医疗处方和药品目录录入电子系统，当客户申请理赔时，再将医疗票据的信息录入，之后就可自动计算理赔结果。

五、引领保险客服智能转型

随着保险业线上化、智能化转型趋势加速，保险公司智能客服也迎来了高速发展的机遇。在保险公司经营价值链中，作为保险公司人工作业较为密集的客户服务领域具有技术密集型和劳动密集型双重特点，技能型人才需求量大，服务的标准化和人性化要求高，从业人员长期从事情绪劳动，因而存在招聘难、培训难、流失快、整体人员素质低和运营成本高等行业痛点。随着人工智能技术的不断应用，客户服务成为人工智能应用场景最丰富的领域，智能客服通过借助以自然语言处理、语音识别、图像识别、机器学习等为主的人工智能技术，能够有效地使提升客户体验、防范金融风险、优化运营成本，达到有机平衡与统一。

第三节 区块链保险认知

一、区块链保险概述

区块链保险是指利用区块链去中心化、点对点通信、分布式存储等特点，连接各个保险参与主体及上下游产业链，在保险产品研发及定价、投保、核保、理赔、再保、保险资产管理等业务环节发挥价值。

据普华永道的不完全统计，目前全球正在进行的区块链应用场景探索中，有20%以上涉及保险。作为将信任视为核心价值主张的行业，保险与天生携带信任“基因”的区块链技术本就是“天生一对”，保险成为区块链最理想的落地场景之一，由此带来的颠覆性改变值得期待。

二、区块链在保险中解决的问题

(一) 增加信息披露透明度，降低信息不对称风险

此处不妨假设有一个投保人想要在某保险公司购买金额较大的重大疾病保险，同时声称自己健康状况良好。但问题在于，投保人有可能为了赔付金隐瞒自己的病史。在传统保险行业中，为了获取投保人的真实情况、做出合理的评估，保险公司需要去调查投保人的社保记录、去医院查询投保人的医疗记录等，成本高且工作量大。这也导致保险公司无法调查每一个投保人的情况，只能有目的性地选择（如大额保单）或者随机抽查一些保单。但如果有一个成员包括保险公司、医院、投保人的联盟链，并且各方都将相关信息上链，这个问题就能迎刃而解。因为区块链采用的是分布式账本技术，所以链上的信息会在各个节点间同步。保险公司只需要申请一定的权限，就能轻松获取投保人的就诊信息。这些信息在上链前经过了医院的审查，信息的内容是真实的，而上链后就无法再被篡改，所以投保人想要造假也是不可能的。这样一来，信息的透明度就提高了，信息不对称的风险自然也下降了。

(二) 推动相互保险的发展，避免传统保险代理人模式的缺陷

在传统的保险模式下，投保人对代理人的依赖是很高的。但是由于利益冲突以及代理人的个人操守等因素，投保人的利益经常受到侵害。虽然也出现了“相互保险”这样的新型保险，但是却也因为资金流向不够透明、有走向非法集资的风险等，没有得到很好的发展。如果能引入区块链技术，区块链技术的不可篡改特性就可以保证相互保险在经营过程中的数据真实可靠（前提是数据来源是可靠的，需要保证这一点，还需要其他技术、制度的协助）。这使得相互保险的资金流转信息公开、透明，可供政府、媒体及其

他社会主体随时检查，从而消除了相互保险的资金乱用问题。此外，区块链技术的可溯源性也有利于保险机构审查相互保险参与者过往是否有过恶意申请行为，从而尽可能将恶意申请人排除在外，提升了保险机构的风险防控能力，增加了相互保险的稳定度。因此，区块链技术可以在很大程度上推动相互保险的发展，从而避免了传统保险代理人模式存在的一些缺陷。

（三）提升效率

在传统的保险模式下，处理业务需要经过多道人工手续，效率低下的同时浪费了大量人力、物力资源。而在区块链中，通过智能合约可以做到用程序来取代人工在传统保险核保、理赔等步骤中的作用，程序的自动执行将为保险公司节省大量成本。

以飞机延误为例，传统国内航班的延误险理赔流程是比较烦琐的，在确认航班超过一定时限未起飞后，投保人需要告知保险公司提起理赔，准备相关材料，例如延误证明、机票、登机牌，还要准备身份证复印件等，寄送到保险公司后，等待保险公司审核完毕打款。但如果有智能合约，投保人只需要将赔付条件、赔付金额等信息写入合约，在飞机延误的条件触发后，合约就会自动将钱款划入受益人的账户。

（四）构建信任体系

由上文可见，区块链技术在保险行业的诸多方面都能发挥出作用。但区块链对保险行业的核心价值还在于它能解决保险行业的互信问题，重塑保险行业的信任体系。区块链技术通过分布式账本、共识机制等特性，使得保险业务不再依赖中心节点，而是通过多个节点，基于真实数据分别进行计算，再进行交叉验证，从而形成了公平、有效的新信任模式。这对于降低机构间的信任成本、推进保险行业（乃至跨领域）的数据融合与共享，是有着非常大的意义的。

三、区块链保险案例

（一）区块链保险理赔案例

对保险行业而言，区块链是一个降低交易成本、减少对可信度的质疑、提升可转让资产和保单流动性的巨大机遇。

在保险实践中，健康保险的理赔处理可能耗时很长，而蚂蚁金服在2018年末推出了一个新的基于区块链的票据系统，极大地提升了流程的效率。蚂蚁金服理赔流程如图9-3所示。

在新的系统中，医院、蚂蚁金服后端、保险公司等利益相关方都以“共识节点”（Consensus Node）的形式接入区块链中，即时同步数据和信息流。共识节点的设计旨在确保多个参与方在网络中的高可靠性，即网络中的基本分布式单元，并遵照特定的协议或算法达成一致（共识）。只要支持区块链的基础设施运行良好（即信号基站、Wi-Fi带宽、LaaS云配置等），就可以在几秒钟内完成保险理赔的处理和验证。

当患者前往医院时，只需携带已安装支付宝App的智能手机。一旦患者完成治疗并付款，医院就会将电子发票开具至支付宝平台上的“发票管家”，供患者即时查看。只需

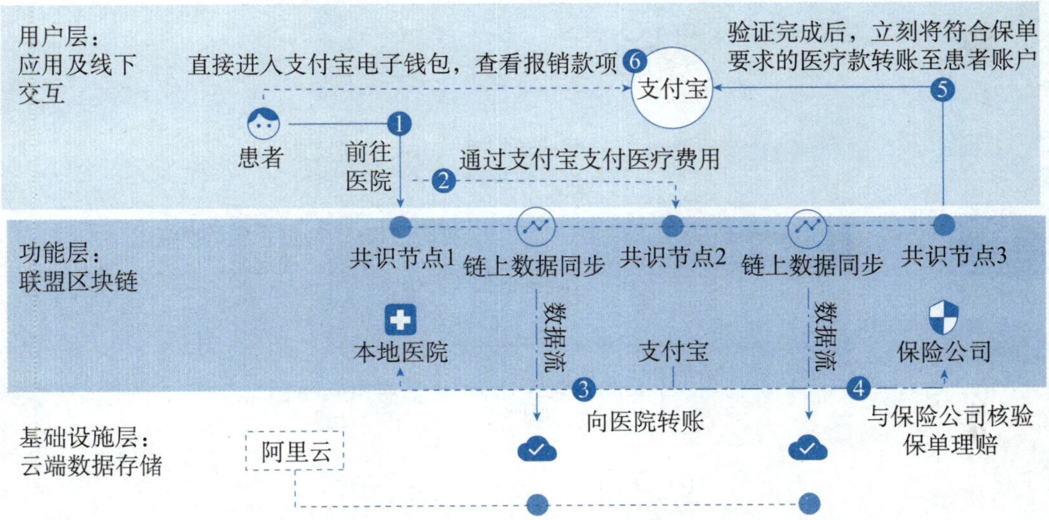

图 9-3　蚂蚁金服理赔流程

几次点击，同意保险条款和条件，理赔流程就会自动启动，患者将在约 5 秒内收到报销款项。

从医院的角度来看，防篡改的发票可以直接在区块链上生成并发布，无需担心验证过程是否可靠。验证结果可为支付宝所接受，并供其他共识节点进行信息同步。

从联盟区块链的角度来看，其就像一个链上客观中立的第三方，负责验证及同步必要的数据信息、连接重要的利益相关方。依赖于区块链本身不可篡改、可存证、可信流转的机制，其可充分消除该生态内其他参与方的信任顾虑。对于蚂蚁金服之外的各参与方而言，医疗票据流通过程中由于不信任而产生的交易摩擦、时间和人力成本得以充分降低，生态系统的多样性也将大大丰富。

从保险公司的角度来看，共识节点旨在提升理赔效率。如果采用传统的线下运营模式，患者即便通过电子钱包完成支付，也仍然需要提交许多纸质理赔材料，与理赔专员见面，或前往保险公司在当地的线下门店，并至少等待 10 个工作日才能获得赔款，而这还仅仅是在患者遵照要求提供了材料的前提下才成立的。试想一下，如果在发票生成时就运用区块链进行跟踪同步的话，就可以用高效的自动化识别技术替代烦琐的核验流程。这样就可以从源头杜绝超标理赔、虚假理赔、发票欺诈等问题，这也正是验证过程可以如此顺畅迅速的原因。只需等待患者同意和系统响应，即可立即进行理赔资金划拨。

（二）区块链相互保险案例

Teambrella 是一个基于区块链的点对点保险项目，平台上的用户根据需求组成小团体，一般由朋友、熟人发起。若有成员遭遇事故，则由团体成员投票决定理赔额度，最终理赔额度取平均值，并由团体内成员分担。该平台的投票环节、互助金额的缴纳和发放都在区块链上进行，如图 9-4 所示。

Teambrella 从源头上消除利用冲突，不使用任何形式的资金池。小组成员直接使用

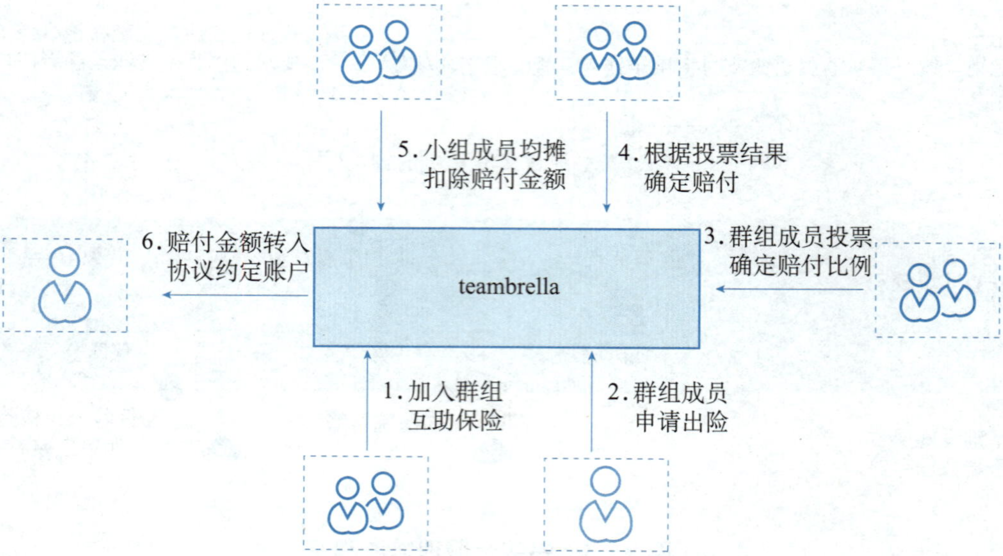

图 9-4　Teambrella 理赔流程

所控制的区块链账户支付理赔申请款项，拒绝理赔申请并不能获得任何收益。通过这种与传统保险完全不同的理赔受理和支付协调方式，避免被保险人和保险提供者之间的利益冲突，从而让互助保险脱离利益和利润的陷阱，回归互助的本质。

公平与否是主观的，Teambrella 让用户将心比心，来决定什么是公平，这点可以运用在小组规则的制定、组员准入以及决定理赔金额的过程中。如果投保人提出了有效的理赔申请，但是群组中有人投票要求不对投保人进行理赔，而群组成员的投票记录是所有人都可查看的；那么当他自己提出理赔申请时，他将会受到相同的待遇。运用同理心的方式，形成投保与理赔之间的制约，这样更加有利用保险机制良性的运转。通过基于区块链可信机制的博弈，让群组参与人员对理赔和赔付行为回归客观和理智，实现真正基于专项保险条款的群体共识。

现实情况下，大部分的组员受时间和专业知识方面的限制，并不能随时响应理赔进行投票。在 Teambrella 平台中，每位组员都可以指定一位或多位代理人代表他们进行投票。实际进行了投票的组员与代理人将获取由小组发放的补偿。优秀而公正的代理人能够积累自己的公信力，也就能够获得更多收益。在确保每个组员都能够参与理赔投票的前提下，通过投票代理机制大大提升了保险理赔的效率。同时，依靠代理人的专业性和公信力，可以逐步完善规范保险理赔的操作。

（三）区块链再保险案例

传统的再保险流程复杂且低效（见图 9-5）。对于临时再保险，其中每一项风险都需要单独核保，在正式签约前合同需经过双方长达三个月的推敲。而保险公司通常会购买多份再保险，意味着数据需要在多方间交换以处理赔案。机构间各异的数据标准常导致对于合同执行的不同解释。区块链有希望通过压缩现阶段原保险人和再保险人间经由共享账本实现的信息交流过程，简化再保险流程（见图 9-6）。借助区块链，原保险人和再保险人的系统内可同时保存有关保费和损失的详细数据，从而避免了在每起赔案发生时双方繁杂的文书来往。

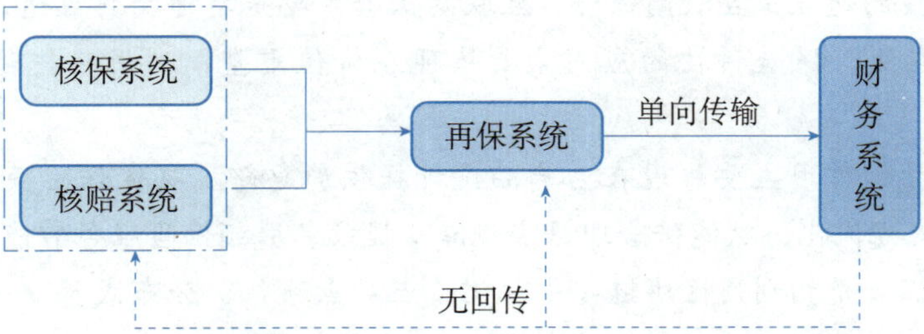

图 9-5　传统再保险流程

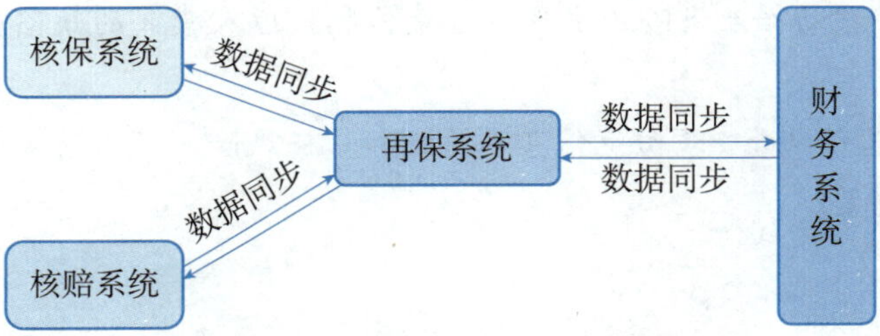

图 9-6　区块链再保险流程

2016 年 10 月，欧洲保险业的五大巨头——安联保险集团（Allianz）、荷兰全球保险集团（Aegon）、慕尼黑再保险公司（Munich Re）、瑞士再保险公司（Swiss Re）和苏黎世保险集团（Zurich）联合组建了区块链研究组织联盟 B3i。目前联盟成员机构已达十几家，主要是通过区块链技术实现再保险业务流程的简化以及机构间的信息共享，在再保险赔偿情形中，通过将赔偿信息上链，所有的合同主体，包括保险人、再保险人以及承保代理人等均可实时监测到保险赔偿的进展，能够及时处理保险理赔，大大提升了效率，并有效降低保险公司的运营成本。

B3i 平台提供的主要功能是建立、修订保险公司与再保险公司间的电子合同，通过电子签名来进行合同的签署，合同上链后可以实时共享给指定的交易各方，并通过智能合约实现预存保费核算和理赔自动核算。

本章小结

1. 保险是指投保人根据合同约定，向保险人支付保险费，保险人对于合同约定的可能发生的事故因其发生所造成的财产损失承担赔偿保险金责任，或者当被保险人死亡、伤残、疾病或者达到合同约定的年龄、期限等条件时承担给付保险金责任的商业保险行为。

2. 保险一般分为财产保险和人身保险。财产保险包括财产损失保险、责任保险、信用保险等保险业务，人身保险包括人寿保险、健康保险、意外伤害保险等保险业务。

3. 保险公司主要业务流程包括保险产品研发、保险销售、保险承保、保险投资以及保险理赔。

4. 保险科技的起点是互联网保险，互联网保险主要是打通销售渠道，实现客服、产品和用户三端在线。保险科技的应用主要体现在价值重塑，利用科技赋能保险业务全流程。

5. 保险科技的作用主要体现在为产品设计提供新思路、拓宽保险获客营销新渠道、推动在线核保流程优化、赋能保险理赔实现降本提效、引领保险服务智能转型。

6. 区块链保险是指利用区块链去中心化、点对点通信、分布式存储等特点，连接各个保险参与主体及上下游产业链，在保险产品研发及定价、投保、核保、理赔、再保、保险资产管理等业务环节发挥价值。它主要解决以下问题：增加信息披露透明度，降低信息不对称风险；推动相互保险的发展，避免传统代理人模式的缺陷；提升效率；构建信任体系。

7. 区块链技术可以进一步防范信息不对称和信任风险，可以有效降低成本，提升保险行业整体服务质量。

课后习题

一、单选题

1. 以下属于财产保险的是（　　）。

A. 信用保险　　B. 人寿保险　　C. 健康保险　　D. 意外伤害险

2. B3i 提供针对（　　）保险业务的服务。

A. 相互保险　　B. 再保险　　C. 人身保险　　D. 医疗保险

3. 关于保险科技，以下说法不正确的是（　　）。

A. 保险科技更精准地进行产品需求开发和精算定价，进而实现保险产品的创新

B. 保险科技能够拓客

C. 保险科技能够推动在线核保流程优化

D. 保险科技能够提升理赔效率，但无法降低核赔成本

4. 区块链技术对于保险行业的核心价值是（　　）。

A. 推动创新产品开发　　B. 解决保险行业的互信问题

C. 降低信息不对称风险　　D. 反保险欺诈

5. 投保人为降低保费或获得更高保险金额，有可能刻意隐瞒对自己不利的信息，增加保险公司的风险评估难度，这属于保险当中的（　　）问题。

A. 工作效率　　B. 信息泄露　　C. 信息不对称　　D. 风险暴露

二、多选题

1. 保险的作用包括（　　）。

A. 经济补偿　B. 资金流通　C. 贮藏手段　D. 社会管理

2. 以下关于保险参与者的说法中，正确的是（　）。

A. 投保人指的是保险公司

B. 保险人指的是购买保险的人

C. 被保险人指的是被保险公司保障的人

D. 代理人指的是销售保险的人

3. 保险公司主要业务环节包括（　）。

A. 保险产品研发　B. 保险承保　C. 保险投资　D. 保险理赔

4. 区块链保险面临的挑战有（　）。

A. 标准/平台尚未出现　B. 缺少专业人才

C. 缺少有效监管手段　D. 技术不完善

5. 区块链技术在保险行业的应用方向有（　）。

A. 保险销售　B. 保险核保　C. 保险理赔　D. 保险推广

三、判断题

1. 定期寿险、终身寿险、两全寿险、年金保险等都属于人寿保险。（　）

2. 保险行业当中一直存在信息不对称的问题。（　）

3. 目前，互联网保险信息泄露问题比较严重。（　）

4. 区块链技术与互联网保险行业有非常高的契合度。（　）

5. 区块链研究组织联盟B3i是由欧洲保险业的五大巨头——安联保险集团、荷兰全球保险集团、慕尼黑再保险公司、瑞士再保险公司和苏黎世保险集团联合组建的。（　）

四、简答题

1. 简述区块链技术是如何解决保险行业当中信息不对称问题的。

2. 简述保险科技在推动传统保险行业发展的过程当中起到了什么作用。

3. 为什么说区块链技术和保险行业是“天生一对”？

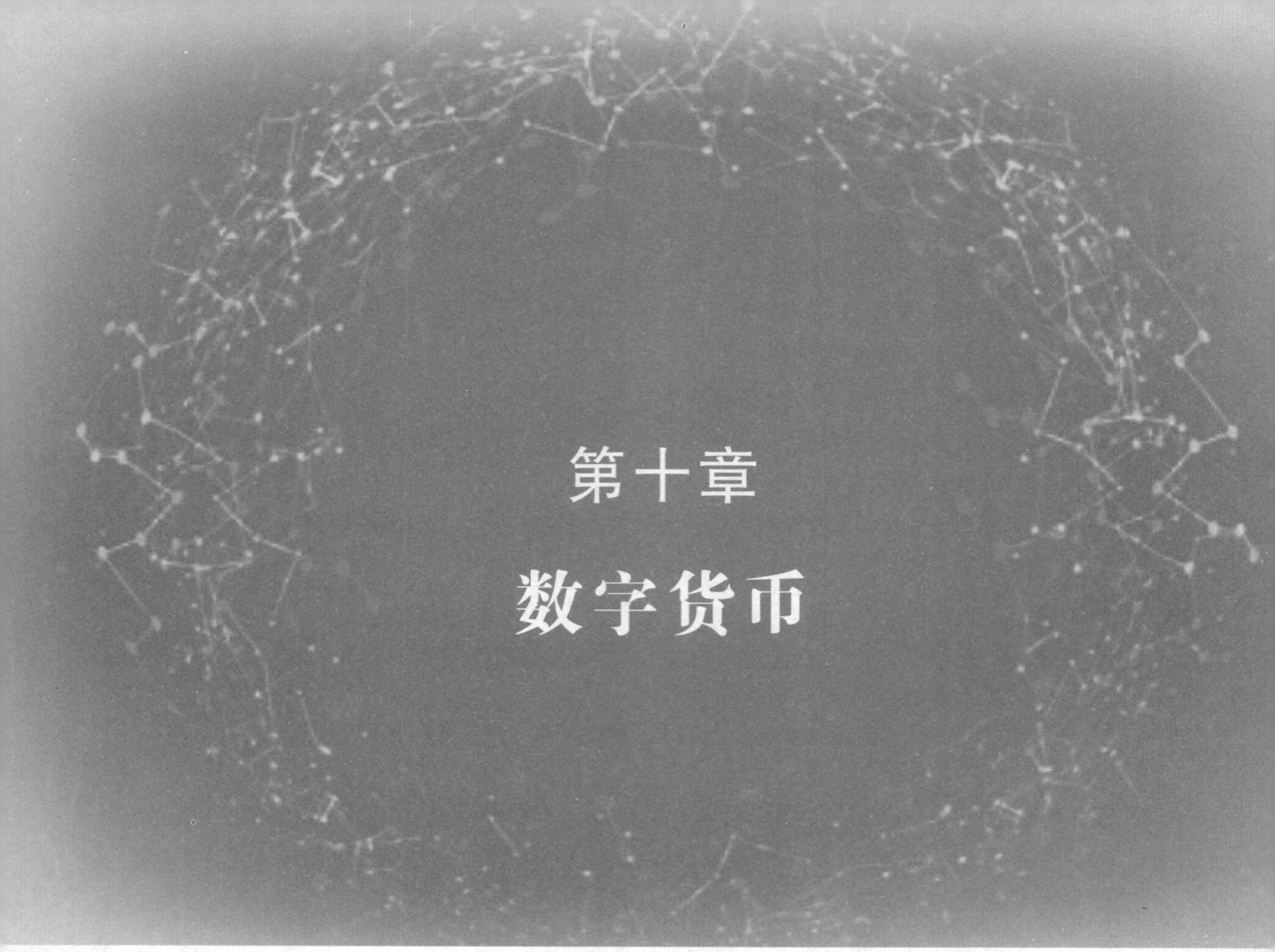

第十章 数字货币

思维导图

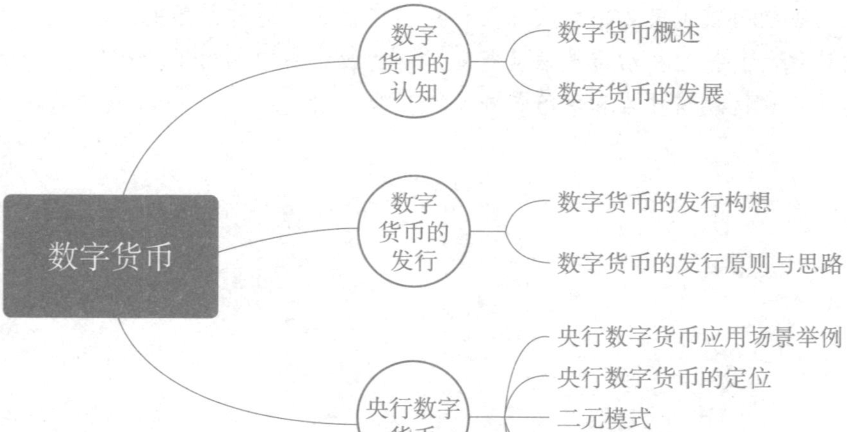

知识目标

1. 了解数字货币概述；
2. 了解各国数字货币情况。

能力目标

对数字货币从宏观到微观的发展有判断能力。

案例导入

数字人民币红包

2021 年 2 月 21 日，四川成都启动了一次“数字人民币红包迎新春”活动，面向成都市民发放 20 万个总金额 4 000 万元的数字人民币红包。红包数量约 20 万个，中签个人可获得 178 元或 238 元金额的红包。中签个人可于当年 3 月 3 日 0 时至 3 月 19 日 24 时在线下成都市 11 000 余家活动指定商户（门店）和线上京东商城选定自营商品范围内消费使用。

2022 年“五一”期间，广东深圳福田区发放 1 500 万元数字人民币红包和 1 500 万元普通消费券。其中，数字人民币红包随机抽签发放，红包自动派发至中签人预约时选择机构的数字人民币钱包中，无门槛红包面值分为 68 元、98 元、128 元、168 元四档。

思考：你所在的地区是否推出过类似的活动？你知道什么是数字人民币吗？

第一节　数字货币的认知

一、数字货币概述

（一）定义

关于数字货币的定义，目前并没有统一标准，不同主体的定义不甚相同。维基百科将数字货币定义为电子货币形式的替代货币，依靠校验和密码技术来创建、发行和流通的电子货币。反洗钱金融行动特别工作组（FATF）将数字货币定义为能通过数据交易并发挥流通手段、记账单位及价值储存功能的数据表现形式，没有国家的信用保证。欧洲央行则在 2015 年 2 月的报告中将数字货币定义为价值的数据表现形式，并非由某一国央行发行，在某种情况下可以充当补充货币。国际货币基金组织将数字货币定义为由私人发行的面额不定的账户单位，通过电子形式使用。

（二）特点

数字货币应是电子货币和实物货币的一体化和数字化；数字货币是推动主辅币消亡

的余额化数字，其本身可能是不必加密的；数字货币是放置在加密数字账户体系中的基础货币。因此，总体上，数字货币并不会引起法人机构和金融机构、金融机构和央行之间支付清算的颠覆性变革。

1. 电子货币和实物现金实现数字化和一体化

目前个人广泛使用在线钱包、信用卡和储蓄卡，也使用支票和现金。中国人民银行原数字货币研究所所长姚前指出，数字货币是电子货币和实物现金的一体化。美联储圣路易斯分行的一则工作报告也给出了与姚前相似的结论，该报告从央行货币控制和发行的视角出发，从商品本位货币、分布式数字加密货币和央行电子货币等多个维度讨论了现金、电子货币和数字货币的关系，并强调法定数字货币是当下电子货币等支付工具的数字化，在未来的无现金社会中，数字钱包比数字货币更重要。

2. 货币余额化是数字货币的重要特征

人类已经习惯了实物货币的主辅币形态，例如我国居民习惯了从 1 元到 100 元的纸币主币，以及各种硬币辅币。这种观念如此根深蒂固，以至于我们忽略了支票、银行卡，以及支付宝和微信钱包等具有的明显的余额化特征。余额化带来的任意分割性，是支付便利性的重要前提。未来数字货币对电子货币和实物货币的替代，必然意味着主辅币概念的消亡，货币将只是一个余额数字，个人支付清算则是垂直总分式账户或分布式账户的账户余额变化。

3. 法定数字货币可能仅涉及流通货币数字化

法定数字货币属于央行发行的基础货币范畴，即基础货币的数字化范畴。基础货币包括流通货币和存款准备金两种，这两种形态可以相互转化，其中，存款准备金目前已经实现数字化，各国央行抓紧研究的实质是流通货币数字化的基础可行性。金融机构和企业法人机构之间的支付清算早已实现电子化和余额化，因此法定数字货币很可能仅涉及流通货币数字化的可行性研究，即推动电子货币和实物货币的数字化。

（三）分类

数字货币按照发行主体可以分为私人数字货币和法定数字货币。

1. 私人数字货币

目前主要的私人数字货币有比特币（BTC）、莱特币（LTC）、瑞波币（XRP）和以太币（ETH）等。比特币仍为主流的私人数字货币，瑞波币和莱特币的市场份额却逐渐被异军突起的以太币攫取，并且随着价格的攀升和市值的增加，以太币成为仅次于比特币的第二大数字货币。对于这些“代币”究竟应当算作私人数字货币还是虚拟货币，至今争议仍存。

2. 法定数字货币

法定数字货币是指由国家信用背书的数字货币。早在 2017 年，中国、厄瓜多尔、巴巴多斯政府就已率先推出了国家版数字货币，英国、荷兰测试了数字货币，印度、瑞典、澳大利亚正在研讨发展数字货币的计划。其中，英格兰银行自 2014 年以来持续关注数字货币的发展，并计划推出 CBDC（Central Bank Digital Currency，中央银行数字货币），即由中央银行（简称央行）授权全国发行的、国有货币主导的、计息的电子货币。英格兰银行设想可以设定 CBDC 的利率，并且允许私人部门通过买入和卖出 CBDC 来控制数字货币的数量，或者是由中央银行设定 CBDC 的数量，允许私人部门通过竞价推高或者拉低数字货币的利率从而达到市场出清的目的。

二、数字货币的发展

(一) E时代与数字货币冲击

现如今，中国从长期依赖商品货币、较晚才由央行掌控信用货币发行的滞后状态，一跃成为在电子货币、移动支付和现代清算体系都较为出色的领先者。当下，货币载体的演化分为电子货币、虚拟货币和数字货币三个阶段，而数字货币则存在法定和私人数字货币之争；当前数字货币对于央行所形成的挑战中，以各种代币发行机制 ICO（Initial Coin Offering，意为首次货币发行）之下的虚拟币最为混乱，风险性多于创新性，因此政府对于数字货币的发行和管控是必然的趋势。

1. 现代货币支付方式的演变

中国货币载体历经了商品货币、金属货币、金属铸币、信用货币阶段，当前我们仍处于信用货币时代，而货币支付方式却不断发生着新的进化与演变。目前主要的支付方式可以划分为现金和非现金两大类，而随着技术手段的不断提升和互联网的大规模应用和发展，非现金的支付形式开始占据越来越重要的位置，这也使现代货币金融发展局面发生了天翻地覆的变化。中国在纸币之后几乎越过了纸质支票支付时期，直接进入电子票据和银行卡时代。

中国的非现金支付划分为两个较为明显的时代：一个是相对传统的银行卡支付时代，另一个则是当前新兴的以支付宝、微信为代表的互联网金融时代。虽然互联网金融强势崛起之后，银行卡作为直接发付手段的时代开始渐渐远去，但由于电子支付（网上支付、移动支付）手段仍对银行卡多有依附，银行卡产业在当前仍在继续高速扩张。中国银联的发卡量已多年位居全球卡组织第一，2020 年以 59%的份额在全球大幅领先。截至 2020 年 12 月，中国银联银行卡累计发卡量为 90 亿张，境外市场累计发卡 1.4 亿张。

随着互联网技术的发展，中国在货币支付领域的创新一跃成为全球领先。在中国，电子支付已逐渐取代传统的直接银行卡刷卡支付成为更加主要的支付渠道。中国人民银行数据显示，2021 年全年中国电子支付涉及金额高达 2 796.22 万亿元人民币，较 2020 年增加了 264.41 万亿元。其中网上支付和移动支付涉及金额分别为 2 353.96 万亿元和 526.98 万亿元人民币，两者同比增速分别为 8.2%和 9.3%。毫无疑问，当下中国的移动支付正处在高速平稳增长当中。Worldpay 全球支付报告数据显示，中国以支付宝、微信支付为首的电子钱包发展迅猛，在支付结构中占比高达 83%，远远超出其他主要国家的水平，而在全球范围内，电子钱包支付占比也仅为 48.6%。

由于许多发达国家的信用卡消费习惯已经较早养成，银行卡支付仍是其无现金支付的主要体现形式，而中国在尚未建立起信用卡时代时就迅速迎来了互联网金融与移动支付的新时期，这一时代机遇使中国的无现金社会相对无阻力地进入了新的快速发展阶段。

当前中国的无现金渗透率处于中游水平，与法、德、日、意、葡、澳大利亚水平基本相当，同时具有相对更高的发展增速，但与加拿大、英国、美国和部分北欧国家相比仍有不小的差距。不过随着电子商务的加速发展，中国电子钱包的使用预计还将会有进一步的扩大与渗透，同时传统的银行卡支付也可能借助近场支付（NCF）等新兴技术继续巩固其市场份额。

因此，未来中国无现金支付的继续壮大值得期待，其带来的挑战也更多。无现金社会可能大大增加货币政策价格工具的空间，零利率甚至负利率使得“流动性陷阱”几乎不复存在；无现金社会也将使货币乘数波动性加大，社会信用总量的调控难度加大。

当前，互联网支付正在带动数字化货币运营机构（第三方支付机构、银行、信用卡网络等）经历深刻变革，而数字货币也逐步渗透进消费者的工作与生活，越来越多的国家正在尝试进入无现金社会。而在这一巨大的发展浪潮之下，数字货币开始壮大崛起。

2. 从电子货币到数字货币之路

若按照货币对象来划分，从技术基础上看，所有依托于现代通信技术流转的货币都属于广义电子货币，而广义电子货币（非实物货币）又分为（狭义）电子货币、虚拟货币和数字货币。电子货币本质上是法定货币的电子化和网络化，按照发行主体和应用场景分为储值卡、银行卡、第三方支付（支付宝、微信支付等）等；虚拟货币是指由网络运营商发行，并应用于虚拟网络，购买互联网服务的类法币，例如Q币、论坛币、游戏币等；数字货币是指基于节点网络和数字加密技术的虚拟货币，如比特币等。电子货币、虚拟货币和数字货币对比如表10－1所示。

表10－1　三种货币的对比表

纸币种类	电子货币	虚拟货币	数字货币
发行主体	金融机构	网络运营商	不定｜货币当局
适用范围	不限	网络环境	不限
发行数量	法币决定	发行主体决定	数量一定｜数量不定
货币价值	与法币对等	与法币不对等	与法币不对等｜与法币对等
信用保障	政府信用	企业信用	网民信用｜政府信用
交易安全性	较高	较低	较高
交易成本	较高	较低	较高｜较低
典型示例	银行卡、公交卡	Q币、论坛币等	比特币｜央行数字货币

拓展阅读

数字货币与电子支付究竟有何不同

2020年，中国人民银行表示法定数字货币封闭试点顺利启动，下半年将积极稳妥推进法定数字货币研发，中国工商银行等“国有四大行”也正在大规模内测央行数字货币App，各家银行此前数月已就落地场景等进行测试。央行数字货币和我们常用的支付宝和微信支付等电子支付有什么本质区别呢？数字货币会给我们的生活带来什么样的变化呢？我们可从价值维度、技术维度、实现维度和应用场景4个方面，了解央行数字货币的本质内涵。

首先，央行数字货币从价值维度而言是信用货币。一方面，央行数字货币是人民币发展到数字经济时代的新形态，顺应了数字经济潮流；另一方面，央行数字货币仍是中央银行对公众发行的债务，以国家信用为价值支撑，具有无限法偿性。与实物法币如纸钞或硬币相比，央行数字货币变的是技术形态，不变的是价值内涵。支付宝和微信支付等电子支付工具在结算时，大多用的是商业银行存款货币。从理论上讲，商业银行都可能破产。当然，电子支付机构备付金集中存管以后，情况有所变化。此外，当前一些电子支付机构和平台会设置支付壁垒，比如只支持微信或者支付宝，但对央行数字货币而言，只要是能使用电子支付的地方，就必须接受央行数字货币。总体而言，微信和支付宝等在法律地位、安全性上，没有达到与纸钞、央行数字货币同样的水平。

其次，央行数字货币从技术维度而言使用了加密技术。公众最关心的是货币安全性、隐私性和便利性，加密技术是法定数字货币实现安全性、隐私性和便利性的关键要素。

从安全性而言，央行数字货币将最大限度地保障交易安全性，运用加密技术保证交易过程中端到端的安全，防止被窃取、篡改、冒充，具有无限法偿性。与之相比，互联网支付是基于银行账户的电子支付，难以避免挪用客户备付金、泄露客户信息、虚假交易等问题。

从隐私性而言，央行数字货币可以像纸币和硬币一样易于流通，交易信息和个人隐私不会泄露给其他第三方，只对中央银行披露，实现“匿名可控”。传统的银行卡和互联网支付等，都基于账户紧耦合模式，无法完全满足公众对易用和匿名支付服务的需求。央行数字货币保持了现钞的属性和主要特征，在为用户提供不同于传统电子支付的点对点支付体验的同时，通过隐私保护技术确保用户数据安全，避免敏感信息泄露。

从便利性说，央行数字货币只需下载数字钱包就可使用，不需要申请银行账户，且小额场景不需要网络就能支付，支持“双离线支付”，也就是指收支双方都离线时，也能进行支付。只要手机有电，哪怕整个网络都断了也可以实现支付。在极端情况下，比如地震中通信都断了，央行数字货币也能支付。此外，由加密技术等多种技术保障，央行数字货币的流通和防伪成本也大大降低，减少了过去纸钞和硬币的发行、印制、回笼和贮藏等环节成本。

再次，央行数字货币从实现维度而言是算法货币。央行数字货币的出现，让我们可以运用大数据和人工智能算法对货币的发行、流通、贮藏等进行深度分析，了解货币运营规律，为货币政策宏观审慎监管等干预需求提供数据支持。从这个角度，央行数字货币未来的发行将受算法影响。从另一个维度看，在数字货币的实现上采用了多种加密算法来保障安全可信，所以央行数字货币是当之无愧的算法货币。

最后，央行数字货币从应用场景而言有望成为智能货币。货币形式的数字化，将有利于增加货币的可追踪性和可编程性，也有望让货币政策执行变得更加智能。货币的可编程性有非常大的想象空间，我们可以畅想未来的公益捐款，捐出的钱可以指定学校，这些钱在中间过程中不可能被挪用。一旦挪用，其他机构是不会接收的。因此，央行数字货币还可广泛用于精准扶贫和财政拨款。

当然，正如中国人民银行副行长范一飞所说，当前央行数字货币是对 M0 的替代，即承担了价值尺度、流通手段、支付手段和价值贮藏等职能，央行数字货币也不应承担除货币应有的 4 个职能之外的其他社会与行政职能。虽然数字货币的可编程性有很大的想象空间，但在现实应用前还需漫长探索积累。

（资料来源：《光明日报》，作者卢毅，系中国电子商会区块链专委会培训部副主任）

（二）数字货币令央行受到挑战

新兴的数字货币作为支付方式的一种，无疑对央行造成了一定挑战。欧洲央行 2015 年发布报告指出，央行的任务是维护价格稳定、金融稳定和支付系统稳定，并从三个任务出发分析了数字货币可能带来的影响。

从央行职能领域来看，如果数字货币在常规支付中得到更广泛的使用，并与实体经济产生更大的联系，将可能对央行维护价格稳定、金融稳定造成一定程度的威胁。同时，数字货币中用户不受中央银行监督而是直接参与系统的方式也面临一系列信用风险、流动性风险、操作风险和法律风险，由此央行职能之中维护支付系统的稳定方面也将受到影响。除此之外，数字货币在现实生活中的发行与流通将直接从规模上影响国家的铸币税收入。不过，由于当前数字货币的发行量相对较小、使用频率不高、使用范围有限、与实体经济的联系有限，因此对央行职能和铸币税方面的影响暂时相对较小。

一些较为偏向于赞美和拥抱数字货币，认为未来数字货币将是一种非央行发行的、市场依赖金融科技自我控制的观点认为，未来人类面临的还仅是“金融互联网化”对传统金融模式的影响。电子货币与数字货币有着本质区别，真正的数字货币带来的冲击尚未出现。数字货币的核心是发行的去中心化，中央银行之外的任何市场主体都可以成为货币创造乃至信用创造的源泉。这意味着可能出现以下四方面变化：一是国际货币体系可能发生新的变化，主权货币国际化未必那么重要；二是金融活动可能脱离中央银行的货币政策运行，传统货币政策工具或将进一步失效；三是金融统计体系需要重构，金融监管框架需要全面调整，资本项目管制或许逐步退出历史舞台；四是结算清算体系将越来越市场化、社会化，当结算、清算的对象不是主权货币时，中央银行将失去垄断这一体系的基础。尽管全球主要经济体的中央银行对此都持开放态度，但是在相当长久的未来，国家信用尤其是大国信用作为货币发行基础仍然不可或缺。货币有可能加速脱离物质载体形态，甚至银行卡时代，加速成为在金融账户体系中移动的数字信用符号的可行性很大，人类仍然在走向更为开放的数子货币时代，甚至货币大国化时代或区域化时代。对脱离国家信用的纯粹数字货币，应当持有相对谨慎的观察之态。虽然当前私人数字货币对现行的货币体系产生的影响几乎可以忽略不计，但其未来可能达到的发展规模和可能产生的影响却值得重点研究与关注。如果出现以下情况，货币体系乃至整个金融系统的总体情况可能改变：（1）与全球银行系统相互关联的大型金融部门开始提供与数字货币相关的服务；（2）数字货币用户的显著增加和交易量的明显上升，例如大型电子商务商家开始接受数字货币，也就是数字货币成为常规金融系统的一部分而被大规模采用。这种情况下，一个涉及数字货币的重大事件的发生很可能触发数字货币环境其他节点的付款中断，甚至可能通过参与的金融机构向传统的支付系统传递冲击。

从货币发行权的历史演变可以看出，国家对货币发行权的绝对操控既具有客观要求也存在主观动力，数字货币的兴起也不会例外，尤其是在数字货币体量逐渐增加、应用逐渐广泛的情况下。当前中国人民银行开始创立法定化、国家信用化的数字货币，同时加强对数字货币的管管控就是有力的例证。2017 年上半年，ICO 市场火爆异常。到 2017 年 9 月，我国已出台《关于防范代币发行融资风险的公告》，将 ICO 定义为非法公开融资。从野蛮生长到被紧急叫停，我国一直都对 ICO 的发展持相当负面和悲观的判断。一是 ICO 的发行目的和货币发行背道而驰，央行货币发行追求通货稳定，而 ICO 利益相关方却几乎将代币本身的涨价作为道义目的。二是全球经济发展的无限可能，决定了货币发行必须和人类文明及经济发展的无限性相一致，而包括比特币在内的代币往往数量有限且固定，这决定了它们不可能持续充当世界货币。三是货币的本质在于信用背书，载体的便捷性尚在其次，而代币发行机构通常几乎没有信用可言，即便使用区块链等技术手段，也并不能掩盖或改变绝大多数 ICO 缺乏信用这一尴尬事实。四是 ICO 所形成的各种代币不具有一般等价物的性质，反而需要通过所谓的搭建商圈来推广，这和货币天然必须是被广泛认可和接受的一般等价物性质相反。再考虑 ICO 和欺诈、洗钱、传销和暗网交易的密切关系，我国对 ICO 持负面判断。

目前，比特币等虚拟货币并没有表现出更强大的生命力，而是有明显退潮。2015 年底，美联储开始启动加息，此后各国央行货币政策加速常态化。2018 年美国经济复苏明朗化和美联储加息陡峭化之后，全球经济的波动性显著上升，周期加速分化，阿根廷、土耳其等新兴经济体再度陷入动荡，此时比特币等虚拟货币不仅没有表现出避险特性，反而出现价格剧烈下跌和交易萎缩之势，美元指数暗示着美元似乎在充当国际避险货币。这不得不让人想起美联储前主席耶伦对虚拟货币的评价，她指出虚拟货币是“高度可疑”的数字资产。这种数字资产似乎没有能够经受住主要央行货币常态化的冲击。

从货币载体的演化角度看，人类经历了商品货币、金属货币、信用货币等多个阶段，当下正处于信用货币阶段。支付载体的数字化和金融科技的进步大大提升了货币体系的效率和安全，并降低了货币体系的成本。各国央行和大型跨国公司继续探索未来数字货币和金融科技，仍然是值得的。但面对各类令人眼花缭乱的ICO，人们不得不关注其巨大风险。

综上所述，中国货币金融的发展有三条基本脉络：第一，货币载体从商品货币、金属称量货币、金属铸币逐步走向现在的信用货币；第二，政府对于货币发行权的控制欲望存在于大部分的历史时期，但实际的控制能力与国家是否统一、当时的战乱环境和国力直接相关，因此中国的货币发行权在历史各时期收放程度不一，直至新中国成立后，中国的货币发行权才正式完全上收；第三，进入现代社会之后，支付方式发生了巨大变化，从商品、铸币、纸币的交换逐步走向了数字货币和无现金社会。数字货币和无现金社会代表了未来新的发展趋势，而随着私人数字货币规模的进一步壮大和对央行可能产生的影响，政府对其的管控和官方数字货币的产生、发展也成为必然需求。

总结来看，从讨论银行卡和电子货币的崛起、非现金甚至无现金时代的降临以及对未来数字货币的可能取向等的基本认知，我们可以发现，货币本质上仍具有“人类社会最高信用本位载体”的特征。各种信用之间的激烈竞争，最终导致了货币之间的竞争和优胜劣汰。迄今为止，在私人部门和政府之间的信用竞争当中，政府信用（尤其是大国信用）仍然普遍优于私人部门的信用。一些小国的国家信用面临大国信用的挑战，因此才会发生法定的或者事实上的“美元化”现象，即小国发钞权被大国直接替代。同时一些跨国公司的崛起反过来也对国家信用构成挑战。未来以超级跨国公司为代表的私人部门信用，是否有可能超越国家信用，这些超级跨国公司是否更适宜于发行数字货币，这些仍然有待未来的证实。而众多ICO案例显示，这些杂乱无序的资金募集和未来私人数字货币的创新机制并没有什么关系，代币也并非数字货币。

哈耶克在晚年著作《货币的非国家化》（*Denationalization of Money*）中，颠覆了正统的货币制度观念：既然在一般商品、服务市场上自由竞争最有效率，那为什么不能在货币领域引入自由竞争？据此他给出了一个革命性的建议：废除中央银行制度，允许私人发行货币并自由竞争，这个竞争过程将会发现最好的货币。有人认为，全球化的深化和电子货币的发展，有可能让哈耶克的货币非国家化的判断在未来变成现实。货币存在非国家化的可能性，但至今之所以没有再度出现私人部门拥有货币发行权并和央行就发钞权展开竞争的奇特格局，就在于私人部门的信用事实上并不优于国家央行。中央银行，尤其是大国央行对货币发行权的垄断，正是漫长的信用竞争的结果。随着金融科技的进步和人工智能的崛起，即便有可能存在货币非国家化的可行性，它也会率先在私人部门和大国央行之间，以就数字货币发行展开竞争作为开端。将数字货币发行权化定为由私人部门掌握，可能高估了私人部门信用，低估了国家信用，尤其是大国信用。

第二节 数字货币的发行

比特币等私人数字货币不具备成为法定数字货币的可能，由中央银行主导的数字货币才是真正的法定数字货币。未来数字货币系统的构建可以从货币本身、存储账户体系和授权使用账户的特征码三个层面进行，只有当三个体系构建完成后数字货币才真正诞生。在现行货币体系向数字货币体系过渡的过程中，采用“中央银行-商业银行”的二元发行结构是相对较好的选择。在关键技术的选取上，央行数字货币的容错率极低，因此要多方考察金融科技，审慎选取底层技术。各国央行和金融机构大力探索的区块链系统能够运用数据加密、时间戳、分布式共识等手段，在节点无须互相信任的分布式系统中实现点对点交易，具有时序数据且不可篡改和伪造、安全和隐私保护等显著优势。但是，区块链技术只是一种可选技术，尚没有成熟的产品和服务，是否采用以及如何运用有待商榷。另外，数字货币的发行需要考虑与现有货币体系的衔接、法律问题的规范、流通环境的建设等多方面问题。

一、数字货币的发行构想

（一）数字货币的基本架构

数字货币包含三个层面的要素：第一个层面是数字货币本身，第二个层面是记录、存储数字信息、总分账式的数字金融账户体系，第三个层面是使用账户的数字身份验证系统。只有当三个层面的要素合而为一时，数字货币才算真正完成。

第一层，数字货币。数字货币是底层架构，所有的数字货币都被存储在流水账户体系，唯一能够注入账户导致账户余额变动的只有央行，即央行独享数字货币发行权。私人部门的 ICO 可能消失，而私人部门发行的网络虚拟货币，如 Q 币等在一定程度上剥夺了央行的发钞权，未来很有可能消失。未来央行将继续充当货币发行和结算的核心角色，而职能赖以实现的底层系统就是数字货币。

第二层，数字金融账户体系。未来的账户体系一定是实名且聚类的，与金融机构、企业、个人或其他实有项目挂钩。首先，匿名体系不会被接受，包括对匿名数字的改写等，否则会破坏整个账户体系。这也是比特币根本不可能成为数字货币的原因之一，其匿名的特点容易滋生洗钱、黑市交易等违法犯罪行为。其次，账户将依照法人、家庭、个人拥有的不同财产类型归类，一个自然人或者法人机构可能拥有多个用户和多个账户。尽管一人多账户，但从中央银行的角度观察是挂在一个人或者法人机构下面的同一账户，因此一个自然人或者法人在多个银行的金融行为会被归结起来聚类，从而由央行当局监管归总的行为结果。聚类后的每个实名账户可以看作一个节点，在复杂网络系统中节点与节点相互连接，构成数字货币系统的账户层。

考虑到央行支付体系的互联互通，金融机构账户、非金融机构法人和自然人账户所构成的税制总分账体系，有可能由央行将其作为金融基础设施来构建、运行和维护，第三方支付体系有可能逐渐退出历史舞台。

第三层，数字身份验证系统。数字货币存储在实名账户中，授权使用这些账户需要证明身份，因此需要数字身份验证系统，这可能是多重加密系统，既有生物特征码，也有传统和人工智能加密技术。当前，金融机构的账户使用需要多重授权验证，如通过 U 盾、指纹识别、输入密码等。未来，要进入数字货币账户体系，需要相应的法人识别码体系和自然人识别码体系。法人识别码包括工商注册、行政登记信息，自然人识别码则可能更多地使用生物特性，比如指纹、虹膜验证。

因此，未来的数字货币体系可能是“数字货币—数字金融账户体系—数字身份验证系统”三层结构。根据三层结构，未来的工商管理、法律诉讼甚至社保等，针对的企业和个人是两个识别码体系，识别码映射到实名账户体系，再往下是数字货币。只有当上述三个层面合而为一时，数字货币时代才算真正到来。在这个过程中，央行需要考虑的是确保数字货币的安全性、聚类的实名账户体系的有效性、验证码授权使用的规范性，以及可能需要强制交易留痕、交易可追溯等。

（二）数字货币是政府治理的底层架构

未来，数字货币将更像是社会管理和经济管理的底层结构，金融系统、税收系统、社保系统等都将嵌入数字货币交易系统中。例如：数字货币是用来交易和存储的，存储过程中的资本利得和交易背后的商业行为需要纳税，当数字货币纳入税收系统时，淘宝、京东等电商和一些金融机构的增值税和其他税收将伴随交易自动生成，交易和征税同步进行。一旦资金转移、数字货币变动，电子税票就会自动生成，因此通过刷单进行的虚假交易和偷漏税行为将在很大程度上被抑制。未来电商交易量越大，那么监管方面对于税收系统的嵌入需求就会越强烈。社会保障系统的嵌入则会使政府对民众的救助救济、养老支付、医保支付等直接支付到个人账户上，一方面通过将特征码与账户对应使财政支付和补贴的使用更加透明、准确，另一方面垂直、扁平化的支付体系将极大提高政府效率和账户的可监管性。

二、数字货币的发行原则与思路

（一）数字货币的发行原则

1. 中国人民银行发行数字货币的基础与需求

中国人民银行数字货币研究项目组分析了中国发行法定数字货币的基础。一是金融基础设施建设起步晚，因而具有后发优势；二是中国已经成为全球电子商务最活跃的经济体，数字货币应用前景广阔。中国人民银行也一直关注数字货币的演化，并深入探究法定数字货币的发行、流通和标准体系。

2016 年 1 月 20 日，中国人民银行数字货币研讨会在北京召开，时任中国人民银行行长周小川明确提出“争取早日推出央行发行的数字货币”，“央行发行的数字货币主要是替代实物现金，降低传统纸币发行和流通的成本，提高便利性”。在周小川看来，数字货币作为法定货币必须由央行来发行，其发行、流通和交易都应当遵循传统货币与数字货币一体化的思路，实施同样原则的管理。姚前（2016）也明确表态，法定数字货币，必须由国家主权作为保障。

中国的数字货币需要遵循几大原则：要提供便利性和安全性，做到保护隐私与维护社会秩序、打击违法犯事行为的平衡，尤其针对洗钱、恐怖主义等犯罪行为要保留必要的遏制手段；要有利于货币政策的有效运行和传导；要保留货币主权的控制力，数字货币是自由可兑换的，同时是可控的兑换。中国人民银行数字货币研究项目组提出法定数字货币的设计需要综合考虑多方面因素，在技术路线上吸收、改造现有的数字货币信息基础设施，在机制设计上与现行人民币发行流通机制相结合，保持一定的灵活性和可拓展性，在法律法规上遵循与传统人民币一体化管理的思路。

特别需要指出的是，法定数字货币体系的设计对财富分配的影响几乎是完全中性的，也就是从电子货币向数字货币体系的转换，不会导致总分账户体系中任何账户的余额变化。即从“电子货币—金融账户—电子结算体系”向“数字货币—数字金融账户体系—数字身份验证系统”的转化，是一个严格的、一一映射的镜像。

2. 其他央行和金融机构的态度

各国央行对于中央银行发行法定数字货币的态度不一。以德国为代表的欧元区国家认为通过中央银行垄断数字货币的发行，一定程度上能保证货币安全，但也极有可能阻碍数字货币的发展。英格兰银行对于法定数字货币的发展前景则较为乐观，其主管货币政策的副行长布罗德本特称，央行可能利用分布式账本技术让更多的主体参与央行的资产负债表操作，并已经开始研究如何有效利用区块链技术发行法定数字货币。美联储密切关注以比特币等为代表的数字货币对银行业务、经济活动和金融稳定的影响，但美联储内部对数字货币的监管以及法定数字货币的发行仍有不同声音。

花旗银行研究团队给出了央行发行的数字货币应该具备的特性，归纳了包含 30 个大项、81 个子项的清单，关键特性总结如下。一是总体架构和合理的社会成本。央行发行的数字货币应该是在社会中广泛分布的，并且可以不需要依赖单个和固定记账中心的系统，同时具有合理的社会成本。二是货币属性，即央行发行的数字货币应该具备实际货币所具有的价值尺度、支付手段、流通手段、贮藏手段和世界货币的职能。国家货币当局应当致力于保证货币价值的稳定，避免发生劣币驱逐良币的现象，促进数字货币的流通，同时应当建立货币修复和回收机制。三是安全性。数字货币应该杜绝双重支付问题，即同一个数字货币可能被使用两次。为此，央行应当针对线上和线下各种场景制定规则，避免因节点验证延迟和完美复制货币引起的双重支付问题。四是方便性。现存的私人数字货币达成交易的时间较长，如比特币为 10 分钟，央行发行的数字货币应该尽可能缩短验证时间，并保证交易可以随时进行；应该支持线下支付，有一个广泛分布的系统，可以使收款人在线下立即验证交易；应该便于携带，可以方便接入各种设备，并且同一个账户可以在不同设备上使用。五是国家支持。央行发行的数字货币应该是可以调节供应量的，以方便实施货币政策进行调控；应当是可以监管的，在保持个人的隐私的同时，能够进行身份验证、交易记录查询等，保持可追溯性；应当具有较好的延展性，可以将国民经济活动所需要的商业逻辑、法律规则等植入区块链中。

3. 其他原则

除了上面这些原则，未来数字货币的发行原则还可做如下概括。

（1）法定原则。数字货币必须坚持法定原则，除非私人部门能够证明其自身比中央银行更具有持续的公信力。

（2）物理虚化原则。从电子货币到数字货币，物理形态存在的实体货币的必要性日益丧失，数字货币有可能最终摆脱实体货币形态，成为纯粹的数字金融账户系统的余额。

（3）一一映射原则。未来数字货币发行和运作体系，必然是当下电子货币体系的一一映射集。

（4）复杂网络实名原则。数字货币的发行和转移，是基于数字账户体系和数字身份体系的，可编码、可留痕和可追溯。

（5）小世界原则。数字货币是数字经济时代推动货币发行、流通、支付和储藏体系在全球范围形成紧密互联互通的小世界。

（6）免密原则。考虑数字货币之上的数字账户和数字身份的强有效实名验证特性，数字货币本身可以免密。加密货币是私人代币暗网特性所决定的，它和法定数字货币体系既不相容，也无必要。

（7）金融基础设施国有原则。数字货币必然涉及国民基础大数据的建设、维护和使用问题。金融基础设施的敏感性决定了其最终会由中央政府建设和拥有，私人部门可能发挥辅助性作用。

（8）三重架构原则。即我们反复强调的数字货币、数字账户和数字身份三大体系，这个架构仅对央行而言是开放的，对其他任何参与者都是封闭的。

（9）全球协调监管和区块隔离原则。数字货币将推动包括中央银行支付清算体系在内的账户互联互通，这使货币金融领域的全球协调监管更为重要。同时，在一国面临巨大金融困境或重受国际金融制裁时，该国的数字金融体系可以被作为特定区块有效隔离。

（二）数字货币的发行模式及比较

1. 发行模式分类及优劣分析

从人类货币历史上看，货币材料的统一往往通过两种方式来实现：一种是随着交换的发展自然形成，另一种是依靠国家政权统一币制。因此，无论是由国际组织或主权国家为数字货币提供信用背书，还是由某一种数字货币不断升级完善，数字货币都有可能成为用于现实流通的货币或准货币。类似地，中国人民大学国际货币研究所特约研究员吴志峰（2016）提出了三种数字货币运行模式并分析了相应的优劣势。

第一种模式是由中央银行直接面向公众发行法定的数字货币，个人、企业和金融机构同时在央行账户开户，实现点对点支付。这种模式的优点是缩短了业务流程、减少了交易成本，但会破坏现有的货币创造和调节机制。第二种模式是保留现有的货币发行机制并由央行和各商业银行合作发行数字货币。这种模式可以实现平稳过渡，但有可能降低央行的管控权。第三种模式是继续现有的分散发行数字货币模式，任由其自然演化，最后再由央行统一不同货币的记账模式和转化机制。这种模式可以促进数字货币的竞争和优胜劣汰，但极有可能造成货币混乱，影响经济秩序。

姚前（2016）提到中国人民银行数字货币研究项目组经过审慎考虑，认为相对于中央银行直接面对客户，实行“中央银行-商业银行”二元结构目前来看可能是更好的选择。在二元体系框架下研究数字货币发行、流通、交易和回笼机制，重点在于考察数字货币如何与现有的支付体系衔接协同，以及会对效率带来怎样的影响，同时要不断进行密码学的技术探索以保证交易安全。

2. 央行发行数字货币的优点和风险

央行发行数字货币具有显著的优点。

(1) 有利于降低货币的发行和管理成本。截至2021年年末，中国流通的纸币有9.08万亿元人民币左右，对这些纸币的印刷、发行、更换、储存等成本每年超千亿元人民币，如果发行数字货币，发行管理成本将大大下降。

(2) 有利于货币掌控和监管。如果由商业银行发行数字货币，可能出现为争夺铸币收益而竞相发行货币的混乱局面；如果由第三方机构发行，则面临价值波动剧烈、信用公信力弱等问题。因此，由央行出面发行数字货币可以实现总量可控、价值波动较小。数字货币的流通和交易都会被存储，形成大数据库，有利于货币政策和财政政策的效果观测。同时，央行可以及时掌握金融市场情况，制定更为合适的相关货币政策。

(3) 有利于交易信息完整透明。在数字货币流转过程中，可以记录包含货币起源、支付原因、支付路径等交易信息，数据的完整和开放解决了信息不对称问题，有利于促进货币向医疗、教育、公共福利等领域流动。

(4) 有利于降低风险，增强安全性。相对于商业银行等其他机构，中央银行发行法定数字货币的信用风险几乎为零，可有效规避其他机构倒闭的风险。同时，有助于国家追踪非法交易，减少违法犯罪行为，同时兼顾隐私保护。

(5) 通过主权国家的数字货币创新，以若干主导货币国家的数字货币为依据，有利于改革、完善现有的国际货币体系，维护币值稳定和金融秩序。

(6) 较为激进的设想是，由于区块链的交互数据是时序化的，这使数字货币也可以设计成有期限或者有半衰期的，这有助于央行在应对经济周期时，实现货币存量的自动增长或衰减。同时，作为底层架构的数字货币也存在更大的利率调节空间，例如，附带半衰期的数字货币，其利率很可能是负利率。

央行发行数字货币也面临诸多风险。一是与私人部门发行一样，法定数字货币会面临网络安全风险，且央行发行导致的风险可能重大，一旦出现安全问题，将严重影响中央银行的公信力；二是由于央行货币发行的垄断地位，相较于私人部门发行，在市场经验、技术力量和创新性方面可能有所欠缺，同时可能对商业银行和第三方机构发行的数字货币产生挤出效应，造成竞争缺位和效率损失；三是由于庞大的交易数据存储，系统的运行和维护成本可能明显上升。

3. 央行发行数字货币需要考虑的问题

(1) 私人与法定数字货币的衔接。目前尚未有国家能够创造出一套独立发行数字货币的技术而完全隔绝私人数字货币，因此如何处理法定数字货币与比特币等私人数字货币的关系，是需要考虑的关键问题。美国将比特币归类为大宗商品，私人数字货币须以美元计价，这为后来者提供了经验借鉴。

(2) 姚前（2016）在法定数字货币原型构想中表明，数字货币的设计须考虑实行单一的实名或匿名制度或是两者结合，能够支持在线与离线并行，并参照不同额度的交易金额权衡便捷与安全的关系。同时，要高度重视用户的隐私保护，保障交易安全。

(3) 王晟（2016）阐释了对本位货币的控制权问题和货币发行规模问题。对于法定货币的控制权，如果发行去中心化的区块链货币，其总量或增长规则将在发行之初被确定，无法由政府独自修改。这类货币在减轻通货膨胀预期的同时却也削弱了政府的货币政策调控能力。如果发行由政府控制的中心化货币，则难以消除中心节点滥发货币的倾向。对于发行规模，如果采用类似比特币的规模恒定的发行机制，则可能有通货紧缩的隐患。由此看来，可以采用以恒定增长率生产区块链数字货币的方式。

(4) 流通环境建设问题。首先，传统银行业金融机构需要对软件和硬件升级，并且需要专门的部门提供数字货币服务，增加经营成本。其次，数字货币使用有一定门槛，而公民群体素养差异明显，加之中国地广人多，对推行数字货币造成一定阻碍。最后，数字货币应用场景的搭建也将是一项重大的挑战。

(5) 法律问题。现有的《中华人民共和国中国人民银行法》《中华人民共和国人民币管理条例》及《中华人民共和国反洗钱法》等法律效力都是建立在实物货币基础上，并未将数字货币纳入其中，难以对数字货币的发行依据、法律地位及实际过程中的金融纠纷做出权威性的解释，且对于代理数字货币发行机构准入门槛、数字货币交易规范也没有具体的实施细则和评判标准。而数字货币作为一种虚拟货币，在发行、流通上与实物货币有着很大的差异。

4. 一体化的管理思路

现有的法律法规与数字货币的运行不相适应，甚至还存在诸多矛盾，需要考虑创新法律法规体系以适应新的货币体系要求。刘向民（2016）将有关法律问题总结为货币发行依据、货币法偿性、货币所有权转移、反假币、个人信息保护等问题，并提出基本解决思路，包括对《中华人民共和国人民币管理条例》进行部分修订、对数字货币发行和使用涉及的多部法律逐一修改，甚至制定专门的《数字货币法》。

（三）数字货币的发行体系

目前央行的数字货币设计思路，采用“中央银行-商业银行”的二元模式，由中央银行负责数字货币的发行与验证监测，商业银行从中央银行申请到数字货币后直接面向社会，负责提供流通服务于应用生态体系构建。其中，货币产生时利用密码学保证设计的安全性，货币流通时参考区块链技术建立簿记登记中心，全程记录货币从创造到消亡的过程，货币交易时采取芯片技术保证货币转移的安全性，在此过程中通过大数据分析中心分析、监管支付行为，进一步保障交易安全。

系统架构从是否能够多节点协同处理的角度可分为集中式与分布式系统架构。集中式系统架构扩展性不足，处理海量并发交易的能力相对有限，交易处理效率不高。法定的数字货币体量将十分庞大，需要系统有很强的并发处理能力和交交易实时性，因而王永红（2016）撰文建议法定数字货币采用分布式的系统架构，并结合云计算的优势部署业务系统。2016 年 2 月，时任央行行长周小川表示区块链是一项可选技术，但却存在资源占用过大等问题。目前整个数字货币体系总体架构初步定为基于账户的“央行数字货币私有云＋高性能数据库＋移动终端”的分布式系统架构。其中，底层基础设施是央行数字货币私有云，核心要素为一种币（央行数字货币）、两个库（数字货币发行库和数字货币商业银行库）和三个中心（认证中心、登记中心和大数据分析中心），用户通过下载客户端（移动终端）即数字钱包参与数字货币的流通过程（见图 10－1）。

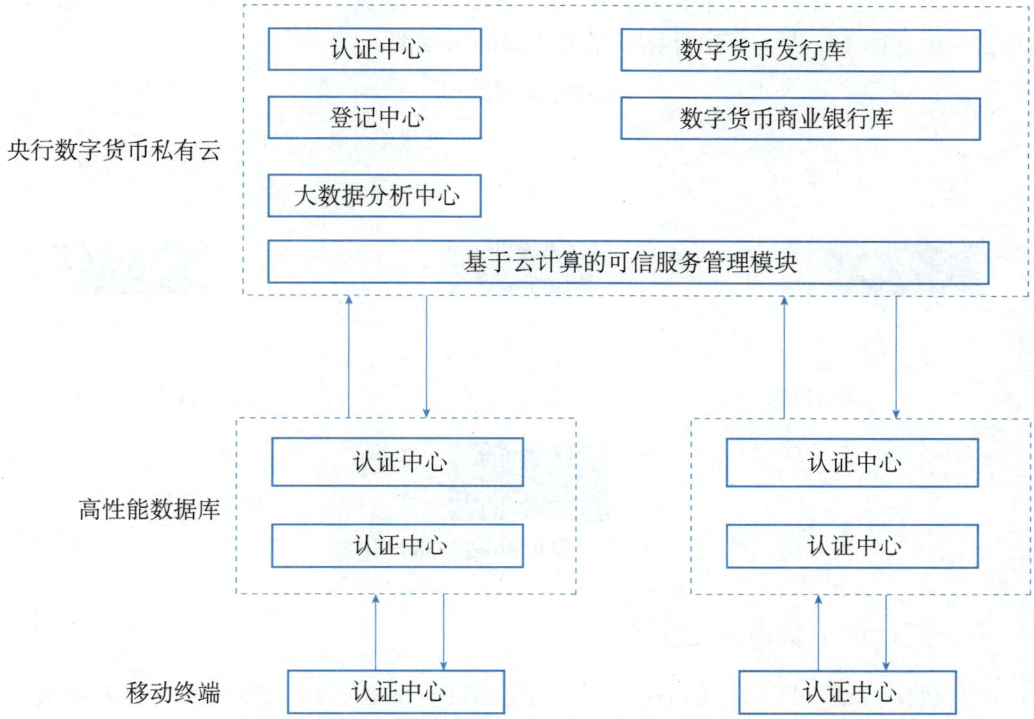

图 10－1 数字钱包参与数字货币的流通过程

具体的发行和流通过程如下：由央行统一生成数字货币存放到库中，产生方式是按照单元面额还是按流通中实物货币数额可以通过参数设置。当商业银行发出需求申请时，央行将数字货币发送到商业银行库。当用户申请提取数字货币时，数字货币从商业银行库进入用户的数字钱包，再进入流通环节。

如果数字金融账户体系和数字身份验证体系是安全的，那么数字货币本身需要加密吗？如果数字货币并不是类似从磁条卡向芯片卡的 MEV（兆电子伏特）迁徙，那么数字货币还需要基于加密芯片的实体数字货币吗？如果央行支付体系是庞大而完整的垂直覆盖央行、金融机构、法人和自然人的总分账体系，那么还需要类似纸币时代那样的银行库吗？这些问题都值得进一步斟酌。

第三节 央行数字货币

一、央行数字货币应用场景举例

假设某部委发放专项补贴款，逐级下发至获取补贴款的企业或个人。

如果要跟踪补贴发放的实际到位情况，传统模式下难以实现，往往需要逐级汇总报送上来，信息流和资金流不能做到完全匹配，执行中各地存在落实不到位、以拨列支等现象。

依托数字货币的可跟踪的特性，辅以一定的智能合约权限管理，该部委将可以不依赖其他业务参与方，直通式掌握各级补贴发放情况，避免下级机构挪用补贴的风险，实现专款专用。图 10－2 为专项补贴款精准追踪的示意图。

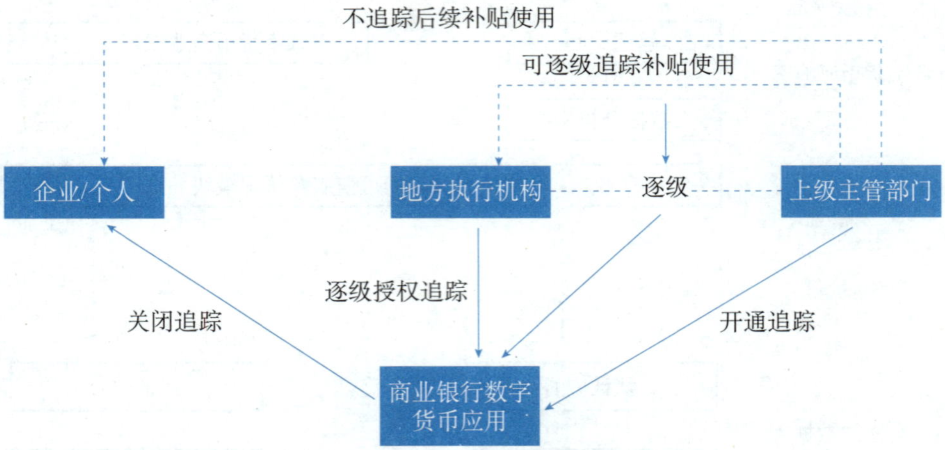

图 10－2　专项补贴款精准追踪

二、央行数字货币的定位

央行数字货币（Digital Currency Electronic Payment，DCEP），即数字人民币（见图 10－3），是由央行（中国人民银行）主导，在保持实物现金发行的同时发行以加密算法为基础的数字货币，即 M0 的一部分由数字货币构成。

图 10－3　数字人民币

不变的货币逻辑，央行数字货币的定位是流通中现金（M0）的部分替代，因此其功能和属性与目前的纸钞、硬币一样，具有三个属性：

一是本质是央行对货币持有者（居民或企业）的负债，因此具有国家主权信用背书，即无限法偿性；

二是可以不需要账户就实现价值转移，也即本身具有“价值特征”；

三是不计付利息。

三、二元模式

“中央银行-商业银行”的二元模式将是确定性选择。

第一，DCEP 完全是针对 M0 的替代，不涉及 M1、M2；

第二，实际上，M1、M2 现在已经实现了电子化、数字化，没有必要再去做一次重复替代，因为不仅无助于提高支付效率，而且会对现有的系统和资源造成巨大浪费；

第三，依据 M0 属性来看，DCEP 主要针对小额零售高频等业务场景。

因此商业支付机构将是重要的参与主体，包括阿里巴巴、腾讯、银联等（二维码和 NFC）都参与其中，这有利于宏观调控。

四、央行数字货币的特性

央行数字货币具有可追踪性和可编程性，这两个特性将会使数字货币焕发全新功能。

第一，可追踪性让央行可以追踪和监控数字货币投放后的流转信息，获取货币全息信息；

第二，可编程性让央行有望利用大数据等技术为货币政策提供参考，避免货币“脱实向虚”。

根据法律规定，央行数字货币是对 M0 的替代，即承担了价值尺度、流通手段、支付手段和价值贮藏等职能，央行数字货币不应承担除货币应有的四个职能之外的其他社会与行政职能。

五、央行数字货币的意义

既然有支付宝和微信支付等渠道，人们在生活中已经感受到处处便利，我国为何还要发展 DCEP 呢？

首先，DCEP 采用最新的技术，用起来方便，而且能够打破很多的流程。比如用支付宝，申请账后用户要绑定一张银行卡，还要实名认证后才能使用。如果扫码支付，钱从用户的银行卡到别人的支付宝账户，别人还得从支付宝提现到银行卡，最终都绕不开银行，而且流程很长。

其次，企业的信用和国家的信用也是无法相提并论的，如果使用 DCEP，用户申请数字钱包，充值进入数字钱包，绕过银行也能交易的，简化流程。要是偏远山村里的老百姓，网络信号不好，兜里没现金，DCEP 支持无网络支付，使用甚至可以脱离手机，其他电子设备也能支持。如此看来，这是一项真正的民生工程技术。

再次，电子化信息时代，印钞成本高，需要有模板、专用印钞纸、油墨和机器等，还要有防伪技术等，纸币在现实流通中还会有各个环节的费用，比如运钞车还有押运人员等，成本支出多。而 DCEP 只要有手机就行，各种成本全都被砍掉，用了 DCEP，就不用担心哪家的孩子还能够把钱撕成两半，而且每一张电子人民币的流通都有数字记录，犯罪分子的行为都能一目了然。

最后也是最重要的战略意义，那就是助力人民币的国际化。目前美元是通用的国际货币，我们辛苦生产的产品出口到美国，支付用美元，看起来合情合理，但是仔细分析，产品消耗的是资源、劳动力和时间，而美国却是可以无限量印钞的。

2020—2021 年，美国发行了大量的货币。2020 年 4 月，美联储就印钞 3 万亿美元，2021 年印钞 2.8 万亿美元，加起来就是 5.8 万亿美元，这已经超过了日本全年的 GDP，超过英国一年半的 GDP，超过中国几十年的外汇储备。即使美国大量发行美元，美元也并没有大规模价值缩水，道理很简单，因为美国在进行通胀转移。美国这次多印的 5.8 万亿美元，很快就会流向全球，成为其他国家的外汇储备，让全球为美国买单。把风险压力转嫁给其他国家，风暴过后，美国几乎没受什么影响，但其他各国一地鸡毛。

别的国家辛辛苦苦赚几年甚至几十年的收入，美国可以轻轻松松地就直接印出来。如果我国有最新的 DCEP，用起来简洁方便，然后通过援助第三世界国家、中日韩自贸区以及“一带一路”沿线等相关区域，一步步把人民币在国际上的影响力扩大，绕过美元结算，就会被越来越多的国家接受。跨境支付可能才是 DCEP 能够发挥最大效能的领域，并有机会帮助中国建立一套新的多元化国际支付清算服务体系，打破美元垄断地位，助推人民币国际化。

DCEP 具备成为“世界货币”所需的条件：(1) DCEP 与人民币可以 1∶1 自由兑换，支持连接中央银行；(2) DCEP 采用“中央银行-商业银行”的二元模式，适应国际上各主权国家现有的货币体系；(3) DCEP 是主权货币，是纸质人民币的替代，可以确保现有货币理论体系依然发挥作用；(4) DCEP 可以基于特殊设计，可以不依赖于网络进行点对点的交易。总之，DCEP 不仅可以实现“世界货币”的功能，而且可以节省发行资金，更准确地计算通货膨胀率和其他宏观经济指标，更好地遏制洗钱、恐怖分子融资等非法活动，可以更便利地在全球范围内进行汇兑流通。

总体来看，央行数字货币发展领先，但也任重道远。

拓展案例

为什么需要普及央行数字货币？

2020 年，深圳市政府再次发放超 2 000 万元的 DCEP 红包以拉动消费，此举也被看作 DCEP 研发过程中的一次常规性测试和大范围普及。

如果说三四年前“数字货币”还只是个稀有名词的话，那么近一两年国家联合央行的多方举措都在把这一支付创新日常生活化。也许你会问：为什么现在微信、支付宝都这么好用了，还需要普及数字货币？回答这个问题之前必须先搞清楚微信、支付宝等第三方支付和数字货币究竟有什么不同。

首先，最大的一点区别就是微信、支付宝等都属于支付渠道，是目前在各个领域广泛被使用的一种支付手段而已；但 DCEP 不一样，它是由中国人民银行发行的数字形式的法定货币，地位和现金货币是一样的。

其次，二者在发行方、安全性、使用条件等方面也存在差别。

数字货币最核心的用途，就是提升支付快捷性和安全性，打击犯罪；同时，省去很多纸币流通环节造成的浪费和污染。要知道，目前的现金流通过程是完全匿名的，现金只要兑换出去，在哪里使用、怎么使用是不能被追踪的；但非银行支付又都是实名的，在哪里使用、怎么使用都是明确的，这又对用户隐私、信息保护造成一定的隐患。

所以说，数字货币在快捷支付和隐私保护方面找到了比较好的平衡点，既能够及时追踪货币流向，又有央行的信用背书，在反洗钱、反恐怖融资以及打击偷税、逃税等方面发挥了重大作用。

加上在未来老龄化愈加严重的社会里，对接多方银行账户的电子支付往往更不适合老人群体，但数字货币在无需联网、无需切换任意银行账户的前提下就可以实现直接的转账支付，非常方便。

（资料来源：腾讯网）

本章小结

1. 数字货币的特点是电子货币和实物货币的数字化和一体化，货币余额化是数字货币的重要特征，法定数字货币可能仅涉及流通货币数字化。

2. 数字货币按照发行主体可以分为私人数字货币和法定数字货币。

3. 数字货币包含三个层面的要素：第一个层面是数字货币本身，第二个层面是记录、存储数字信息、总分账式的数字金融账户体系，第三个层面是使用账户的数字身份验证系统。

4. DCEP 不仅可以实现“世界货币”的功能，而且可以节省发行资金，更准确地计算通货膨胀率和其他宏观经济指标，更好地遏制洗钱、恐怖分子融资等非法活动，可以更便利地在全球范围内进行汇兑流通。

课后习题

一、单选题

1. 以下对数字货币理解正确的是（　　）。

A. 数字货币不可以基于中央银行集中式账户发行

B. 数字货币必须基于区块链发行

C. Q币属于数字货币

D. 数字货币可以定义为“价值的数字表达”

2. 下面对 DCEP 说法错误的是（　　）。

A. DCEP 的功能和属性和纸钞类似

B. 无需网络可进行离线支付

C. 可以选择拒绝接受 DCEP

D. DCEP 完全是针对 M0 的替代，不涉及 M1、M2

3. 下列关于央行数字货币 DCEP 的说法，（　　）是不正确的。

A. DCEP 的安全性比支付宝和微信支付高

B. DCEP 具有法律效力，所有的组织机构不得拒绝 DCEP 支付

C. DCEP 具有无限法偿性

D. DCEP 不能进行离线支付

4. DCEP 和人民币一样具有不变的货币逻辑，没有体现在（　　）属性。

A. DCEP 具有国家主权信用背书，即无限法偿性

B. 载体依然是实物

C. 可以不需要账户就实现价值转移，也即本身具有价值特征

D. 不计付利息

5. 下列法定数字货币的场景应用正确的是（　　）。

A. 某部委发放专项补贴款，逐级下发至获取补贴款的企业或个人

B. 交易技术

C. 专项资金无法精准追踪

D. 比特币技术

二、多选题

1. 以下对数字货币理解正确的是（　　）。

A. 我国对私人发行的非法定数字货币采取严格监管态度

B. 各国对数字货币采取不同的法律监管态度

C. 各国央行开始加大对法定数字货币的研究

D. 数字货币的定义目前不局限于比特币一类的加密货币

2. 以下（　　）是法定数字货币须具有的特性。

A. 代表国家信用　　　　B. 可以安全存储

C. 能够安全交易　　　　D. 可以匿名流通

3. 下面关于央行数字货币说法正确的是（　　）。

A. 央行数字货币是 M0 属性

B. 央行数字货币具有无限法偿性
C. 央行数字货币是国家主权性用背书
D. 央行数字货币安全性比支付宝低
4. 下面关于法定数字货币的应用场景说法正确的是（　　）。
A. 法定数字货币未来可用于专款发放
B. 法定数字货币可依托数字货币的可跟踪性增加应用场景
C. 法定数字货币未来有望实现专项补贴款的精准追踪
D. 法定数字货币有望全面用于金融反洗钱中
5. 下面不属于数字货币包含三个层面的要素的是（　　）。
A. 数字货币　　　　　　B. 国家金融体系
C. 税收系统　　　　　　D. 社保系统

三、简答题

1. 简述数字货币的种类。
2. 简述数字货币的特点。
3. 简述央行数字货币的特点和意义。

第十一章

区块链金融监管

思维导图

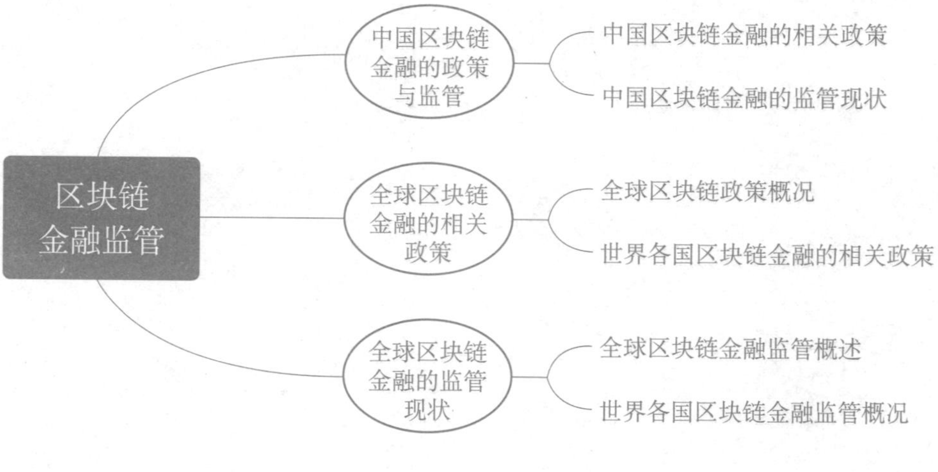

知识目标

1. 了解我国目前区块链金融监管情况；
2. 了解全球区块链金融的相关政策。

能力目标

能够及时掌握区块链金融的相关动态和政策。

案例导入

美国区块链监管机制

美国是由50个州和1个特区（哥伦比亚特区）组成的联邦制国家。美国监管立法上分为州立法与联邦立法，州的立法独立于联邦政府的立法。所以在美国经营虚拟货币业务和ICO，要分别满足联邦层面以及美国各州层面的法律监管要求。其中，联邦层面的法律监管具有全局性和根本性。

就联邦层面对区块链领域的监管而言，主要监管机构包括美国证券交易委员会（Securities and Exchange Commission，SEC）、美国商品期货交易委员会（Commodity Futures Trading Commission，CFTC）、美国国家税务局（Internal Revenue Service，IRS）和美国金融犯罪执法网络局（Financial Crimes Enforcement Network，FinCEN）等。其中，SEC负责美国证券监督和管理工作，是美国证券行业最高监管机构，具有准立法权、准司法权和独立执法权；CFTC主要负责监管美国商品期货、期权、金融期货、期权市场，保护市场参与者和公众不受与商品和金融期货、期权有关的诈骗、市场操纵和不正当经营等活动的侵害，保障期货和期权市场的开放性、竞争性的和财务上的可靠性。

SEC和CFTC联合起来的监管职能近似中国证监会，其对虚拟货币的态度代表美国的整体立场。作为联邦政府对金融市场的监管机构，SEC与CFTC肩负为投资者和市场参与者建立监管环境的责任，以促进创新、市场诚信和消费者信心。为此，SEC在虚拟货币、ICO和相关资产监管方面采取一系列措施，比如要求虚拟货币交易平台登记注册。

美国联邦机构在监管过程中，一项很重要的工作就是加强投资者风险教育和警示，减少欺诈行为得逞的可能。SEC承认ICO背后的技术手段可能给金融交易市场的融资提供有效帮助，同时认为ICO缺少监管，存在很高的欺诈和市场操纵风险，因此在其官网为投资者提供“3R”信息，即风险（Risks）、奖励（Rewards）和责任（Responsibilities）相关信息。

2017年7月，SEC宣布开设ICO投资者公告页面，专门对投资者进行区块链、ICO相关知识普及，发布相关信息以及提醒投资者需要考虑的关键点。2017年11月，SEC

发布《投资者警示：名人代言》。警示的内容表明，随着ICO的火爆，很多区块链项目开发团队为吸引更多投资人，邀请社会各界名人为其项目代言。这表明存在名人和其他人潜在非法推广ICO和其他投资，并提醒投资者不要仅根据名人代言就做出投资决策。

在2018年，SEC和CFTC合作，逐步加强对区块链领域监管。2018年1月，SEC和CFTC发布《关于对虚拟货币采取措施的联合声明》，两家机构将继续打击虚拟货币领域的违法行为。联合声明提到，不论是以虚拟货币、代币还是其他名义开展的违法违规行为，SEC和CFTC都要进行穿透分析，判定其业务实质并依法采取监管措施。此外，两家监管机构多次向投资者发布警示公告，提示市场操纵和欺诈风险。同月，CFTC对三家虚拟货币交易平台提起诉讼，称其欺骗客户并违反了大宗商品交易规则。2018年2月，CFTC在虚拟货币及区块链监管讨论会议上宣布成立虚拟货币委员会和区块链委员会，前者重点关注虚拟货币行业，后者则加强区块链技术在金融领域的应用。

思考：为什么美国监管层要加强对区块链相关领域的监管？

第一节　中国区块链金融的政策与监管

一、中国区块链金融的相关政策

区块链在金融领域的逐渐应用为行业监管带来新的挑战，区块链技术的发展必然促进金融服务跨界与更多产业的融合，增加资产和信息的互动性，加强不同金融业务之间的关联和渗透，也使得金融风险更加隐蔽化、复杂化。随着金融服务的深入和融合，传统的分业监管模式易引发金融监管缺失的风险。

区块链金融已有落地基础，且伴随金融科技协同发展，金融业的区块链投入与落地速度相对领先其他行业。金融业是区块链政策鼓励下的重点落地方向，涉及金融基础设施重构、模式创新等重要环节，但同时是风险集中度最高的领域。对行业参与者而言，金融机构将主要以银行业、头部保险及证券等金融机构业务探索先行，技术服务商以技术输出和联合运营为主。一方面，区块链技术优化金融服务的潜力已得到广泛认可。区块链和分布式账本技术已成为金融稳定理事会评估主要金融技术创 新领域的一部分。《G20数字普惠金融高级原则》建议各国在防范风险和保障安全的前提下，探索分布式账本技术在提高金融基础设施透明度、有效性、安全性和可得性方面的潜力。世界银行和国际货币基金组织也认为，分布式账本技术可以创新数据记录和共享的模式，从而减少信息不对称。另一方面，区块链技术在金融领域应用探索的力度较大。据国际数据公司测算，2019年全球区块链应用支出为27亿美元，同比增长80%，2023年全球区块链支出金额将达159亿美元，并在2018—2023年的五年预测期内实现60.2%的年复合增长率。其中，银行业将引领预测期内全球区块链支出，占比约为30%。

我国高度重视并在金融领域积极布局区块链。提前布局区块链等战略性前沿技术，已成为推动我国信息化水平提升的重大任务之一。为此，我国先后出台了一系列政策、法规，以促进区块链金融的健康发展，表 11-1 列出了截至 2019 年我国区块链金融相关政策。

表 11-1　我国区块链金融相关政策

日期	机构	事项	详情
2013 年 12 月	中国人民银行、工信部、银监会、证监会和保监会	发布《关于防范比特币风险的通知》	明确比特币是一种特定的虚拟商品，不能且不应作为货币在市场上流通使用，提出各金融机构和支付机构不得开展与比特币相关的业务。
2017 年 9 月	中国人民银行、中央网信办、工信部、工商总局、银监会、证监会和保监会	发布《关于防范代币发行融资风险的公告》	要求立即停止各类代币发行融资活动；提出任何所谓的代币融资交易平台不得从事法定货币与代币、“虚拟货币”相互之间的兑换业务，不得买卖或作为中央对手方买卖代币或“虚拟货币”，不得为代币或“虚拟货币”提供定价、信息中介等服务。
2018 年 1 月	中国人民银行支付结算司	发布《关于开展为非法虚拟货币交易提供支付服务自查整改工作的通知》	要求各单位及分支机构开展自查整改工作，严禁为虚拟货币交易提供服务，并采取措施防止支付通道用于虚拟货币交易。
2018 年 8 月	中央网信办、公安部、中国人民银行、市场监管总局、银保监会	发布《关于防范以“虚拟货币”“区块链”名义进行非法集资的风险提示》	一些不法分子打着“金融创新”“区块链”的旗号，通过发行所谓“虚拟货币”“虚拟资产”“数字资产”等方式吸收资金，侵害公众合法权益。此类活动并非真正基于区块链技术，而是炒作区块链概念行非法集资、传销、诈骗之实。
2019 年 1 月	中央网信办	发布《区块链信息服务管理规定》	规定明确了区块链的监管对象和范围，以及较为宽松的监管原则。要求区块链信息服务提供者在网信办备案、对区块链信息服务使用者进行真实身份信息认证等。
2019 年 3 月	中央网信办	发布《关于第一批境内区块链信息服务备案编号的公告》	公告发布了第一批共 197 个区块链信息服务名称及备案编号，涉及多行业领域、多家上市公司，区块链行业逐步进入规范轨道。
2019 年 4 月	国家发改委	发布《产业结构调整指导目录（2019 年本征求意见稿）》	将虚拟货币“挖矿”活动列入“淘汰类”产业，国家允许范围内的区块链信息服务属于鼓励类产业。

续表

日期	机构	事项	详情
2019年8月	中国人民银行	召开2019年下半年工作电视会议	会议强调：加快推进我国法定数字货币研发步伐，跟踪研究国内外虚拟货币发展趋势，继续加强互联网金融风险整治。
2019年10月	中央网信办	发布《关于第二批境内区块链信息服务备案编号的公告》	公告发布了第二批共309个区块链信息服务名称及备案编号，金融领域占多数。
2019年10月	中共中央政治局	就区块链技术发展现状和趋势进行第十八次集体学习	区块链技术的集成应用在新的技术革新和产业变革中起着重要作用。要把区块链作为核心技术自主创新的重要突破口，明确主攻方向，加大投入力度。
2019年10月	人大常委	十三届全国人大常委会第十四次会议	会议表决通过《中华人民共和国密码法》，自2020年1月1日起施行。
2019年11月	中国人民银行及上海、北京、深圳、东莞、内蒙古等多地监管部门	密集发布了一系列区块链监管政策	对数字货币交易相关活动发布风险提示，后续则陆续对交易平台进行摸底排查、关停整顿。
2019年11月	国家发改委	发布《产业结构调整指导目录（2019年本）》	在《产业结构调整指导目录（2019年本征求意见稿）》中曾被列入淘汰类产业的虚拟货币“挖矿”条目被删除。
2019年11月	中国人民银行	发布《中国金融稳定报告（2019）》	报告指出：国内173家虚拟货币交易及代币发行融资平台已全部无风险退出。

二、中国区块链金融的监管现状

（一）区块链技术应用于金融监管

在信息不对称条件下出现的多层激励冲突是造成监管失灵的主要原因，嵌入式监管显然可以缓解信息不对称，提高监管效率，而且可以实现前置监管。在传统的金融监管模式下，金融监管只能在金融风险发生之后，针对其订立新的规则和制度来约束其中的风险，这就使得在金融创新方面监管多属于“事后监管”，由此导致金融创新在发展前期会经历一段时间的“野蛮生长”，造成的后果只能事后去弥补，而导致这种现象的主要原因还是缺乏有效的监管工具。如果将“区块链”和“监管”相融合，可以丰富金融监管手段，打破金融监管方式总是滞后于金融创新的不利局面。其中的技术基础是，只要金融机构或者金融监管部门使用大数据技术搜集到的金融数据，通过云计算技术分析发现不符合事先设定的金融风险标准，则区块链系统将自动执行报警系统。此时，无论是外界条件发生改变，还是人为控制，都无法阻止系统对金融风险的预警，无疑会增强对金融风险的防范能力。

区块链技术给现有的监管模式带来了新的工具，监管机构可作为区块链联盟方参与建设，从层层监管、单一监管转变为共同监管、穿透式监管，在降低监管成本的同时凸显监管的全新效果。未来，在宏观视角下的审计监管和行为监管必然会得到强化，监管机构必将对金融行业的风控能力和风险应对能力提出更高层次的要求。金融行业要密切关注监管动态，配合监管部门全面落实各项监管措施，需要适应区块链应用过程中同步嵌入的监管要求，确保在必要的制度规范和法律保护下进行区块链技术的应用，避免出现业务风险。

（二）区块链金融给监管带来的风险和挑战

区块链的技术运用于金融领域将会是继互联网金融之后又一个金融创新，区块链金融的广泛运用能在很大程度上解决中心化的高昂成本、高人为风险的问题，对预防一些违法犯罪也大有益处。但是区块链技术的本身同时会给金融领域的监管带来一定的挑战和风险。区块链金融的发展要强调“金融为本、技术为用”。然而区块链金融存在一系列问题：一是链上资产和智能合约等方面的法律有效性界定不清晰，发生纠纷时难以寻求法律救济，且分布式账本体系进一步提高了责任主体认定难度；二是部分区块链体系高度自治且数据加密，在缺少必要权限的情况下，违规开展金融业务的行为和潜在风险对金融管理部门等外部者而言相对隐蔽。

科技监管的发展，要与金融发展“同频共振”。金融监管进入科技监管时代，金融行业本身也面临“脱虚向实、服务产业”的业务跨越与监管层“持续穿透管理、严控资金流向”的管理要求之间的矛盾。大宗商品行业具有资金密集型特点，在制造、流通领域高度依赖金融服务的平滑、有序和高效支持。银行等金融机构向产业生态圈的中小企业提供融资时，存在信息不对称、物流监管难、资产处置难等现实障碍。

区块链应用的监管政策逐步完善，区块链应用为金融、物流、版权、电商等实体经济领域的发展带来新机遇，但区块链属于新兴应用，与目前的政策监管体系不协调，尚未被法律监管体系完全覆盖，造成区块链应用存在合规性、合法性争议。例如：基于区块链的供应链金融平台具备电子凭证多级拆分、转让的功能，各级供应商可拆分转让数字凭证获取融资，但现行的法律体系并未对数字凭证的可转让性进行明确规定。若将数字债权凭证视为债权，根据《中华人民共和国合同法》第七十九条规定“债权人可以将合同的权利全部或部分转让给第三者”，但是否可再次转让给其他方，法律并无界定。目前基于区块链的供应链金融业务均按照“法无禁止即可为”的观点开展电子凭证的多级转让操作，但若出现争议，无法律保护，可能造成凭证无效转让，关联方权益受损，不利于供应链金融业务的稳定发展。随着区块链应用的深化，监管政策及配套法律体系需不断完善，协调新技术应用带来的利与弊。2018 年，我国政策对区块链应用的监管取得若干成效，如屏蔽了 100 多个不合法的虚拟货币交易平台，关闭了 3 000 多个从事非法虚拟货币交易的账户，封停了 30 多家非法区块链自媒体，加强整顿了区块链支付结算业务等，未来区块链应用与监管存在的矛盾将得到进一步调和。

法律监管是指通过立法构建完善的法律制度，以确定监管模式、监管内容，建立完善的监管体系。我国目前尚未关于区块链金融交易的立法，更没有交易监管的法律制度，目前与区块链、大数据交易相关的文件包括国家政策、地方性法规、行业规范三类，其中国家政策类文件较多，表 11－2 列出了截至 2019 年我国区块链、大数据交易相关政策。

表 11－2　区块链、大数据交易相关政策

时间	政策
2006 年	《2006—2020 年国家信息化发展战略》
2008 年	《中华人民共和国政府信息公开条例》
2011 年	《关于深化政务公开加强政务服务的意见》
2012 年	《“十二五”国家战略性新兴产业发展规划》
2013 年	《电信和互联网用户个人信息保护规定》
2014 年	《政府工作报告》
2015 年	《促进大数据发展行动纲要》
2015 年	《中共中央关于制定国民经济和社会发展第十三个五年规划的建议》
2016 年	《中国区块链技术和应用发展白皮书（2016）》
2017 年	《互联网金融从业机构区块链技术应用自律规则》
2018 年	《数字中国建设发展报告（2017 年）》
2019 年	《数字中国建设发展报告（2018 年）》

（三）对中国发展区块链金融监管的建议

从全球范围来看，我国央行的监管科技仍然处于起步阶段，监管机构在开发和使用监管科技的过程中也遇到了各种问题和挑战。因此，对于推进区块链金融的监管科技应用，可以提出如下建议：

1. 加强全球范围内的监管科技合作

全球范围内各个监管机构虽然表示都将坚持技术中立原则，倾向于继续维持现有的监管架构，但尚未制定一个全球共识性的区块链金融监管战略。与各国监管机构合作构建区块链金融监管战略，该战略至少应包括以下三个关键要素：第一，远大但可实现的目标（例如：在未来三到五年内，哪些技术将用于监管领域，该技术将如何嵌入组织以及如何获得资金）；第二，对目前数据可用性、数据质量和分析资源的评估；第三，监督机构将战略分解到落地的行动计划。

2. 根据业务场景制定一个更为详细的路线图

可根据监管难度，按跨境结算—智能合约—证券投资的步骤分阶段制定技术标准和监管流程。从目前的应用场景来看，区块链在银行系统的应用相对可控，虽然没有制定统一的规范，但区块链在跨境结算等领域已经展示出明显的优势。智能合约的应用需要一个具备公信力的平台，监管可以参与平台的搭建和维护。类似地，继续保持对ICO、数字货币交易的高压监管态势，以防止对传统金融体系的冲击。

3. 由央行牵头成立专门的机构进行区块链金融监管研究

国际货币基金组织（IMF）最新的报告显示，全球范围内的监管机构都在积极成立监管科技部门，如新加坡金融管理局（MAS）成立了监管科技办公室，作为2017年成立的数据分析集团（Data Analytics Group）的下设机构；荷兰银行（DNB）成立了数据科学中心从事创新技术的试验性应用；澳大利亚证券投资委员会（ASIC）成立了负责数据战略的首席数据办公室和一个数据管理委员会，强化数据的适当性管理；英国金融行为监管局（FCA）也组建了监管科技和高级分析团队，探索使用监管科技。为推进区块链金融监管技术组建合适的、多学科背景的人才团队是一项巨大的挑战。

4. 与外部区块链技术供应商进行紧密合作

从过往经验来看，用于数据收集的Suptech应用程序往往由外部服务提供商开发。如卢旺达国家银行（BNR）将数据仓库的开发工作外包给了商业智能和分析公司（Sunoida Solutions），合作开发了一个电子数据仓库（EDW）系统，实现了自动化和简化报告流程，以促进监督。EDW系统目前覆盖了8家银行、3家小额信贷机构、2家汇款运营商和1家跨国公司，提高了BNR的运营效率，并改善了报告数据的质量、频率和范围。对于拥有复杂信息系统的银行和其他金融服务提供商，EDW允许BNR自动从其系统中提取数据。BNR每天都会提取与交易相关的数据，大大提高了BNR实时监控市场的程度。

5. 探索嵌入式监管

探索通过第三方认证的方式，由具有公信力的第三方来验证写入到区块链中的合约，实现嵌入式监管。考虑到在共识机制内嵌监管规则面临较大的挑战，金融机构往往缺少动力进行自我验证，借鉴京东金融作为第三方推出的基于区块链技术的资产云工厂底层资产管理系统，帮助消费金融服务公司实现交易数据的生成和完成结构化融资的交易案例，由第三方验证者执行KYC/AML或其他法律背景检查，可以通过密钥作为交易的唯一凭证，写入区块链，建立共识机制。

6. 启动内嵌式监管的沙盒试验

监管沙盒是政府给予某些金融创新机构以特许权，使其在监管机构可以控制的小范围内测试其新产品、新服务的一种机制。2018年10月，央行决定在北京市、上海市等10个省市开展金融科技应用试点，随后北京市率先启动金融科技创新监管试点，探索构建包容审慎的中国版监管沙盒。因内嵌式监管是一种新型的监管方式，技术难度大、落地难度高，可以尝试在中国版监管沙盒环境中进行全面测试，特别是对如何内嵌监管要求、确保共识机制、选择合适的应用场景、减少监管成本等进行重点测试，为后续进行全面应用做准备。

第二节 全球区块链金融的相关政策

一、全球区块链政策概况

区块链从诞生至今，已经吸引了全球的目光。面对火遍全球的区块链，各国政府对其态度不一，有些国家设立相关法律法规，将其视为国家未来发展不可缺少的一部分，而有些国家则立法禁止其在国内发展。总的来看，对以虚拟货币为代表的区块链技术持开放态度的国家集中在南欧、中西亚和大洋洲，政策环境最友好的国家是瑞士、马耳他、新加坡和澳大利亚，对其态度相对谨慎、保守的国家是印度和中国。

积极拥抱区块链的国家集中在欧洲，瑞士和英国等资产管理强国走在前列。在北美地区，美国和加拿大都将区块链技术发展视作国家战略级产业。南美各国对于虚拟货币有着不同的定义，整体上相对宽松。大洋洲整体对区块链投资的政策环境都较为宽松，除了澳大利亚外，新西兰、帕劳、马绍尔群岛、斐济、萨摩亚、瑙鲁和巴布亚新几内亚都视比特币为合法交易手段。亚洲各国的态度不尽相同，态度积极的先行国家是日本和新加坡。非洲的区块链行业还处在萌芽阶段，绝大部分非洲国家的加密货币产业基本处于法律空白阶段。

拓展阅读

“2020 全球区块链政策论坛”探讨行业新趋势

巴黎时间 2020 年 11 月 16—20 日，由经济合作与发展组织（OECD，下称“经合组织”）主办的“2020 全球区块链政策论坛”正式召开，本次论坛汇集了国际货币基金组织（IMF）和经合组织的官员、政府部长和高级政策制定者、行业领导者、学者等共同参与，围绕 2020 年区块链生态体系的主要应用和重大政策问题展开了深入交流，通过分享世界各地的最佳实践，共同探讨区块链行业的新兴趋势以及未来政策的方向。

论坛主要聚焦以下方面：

（1）讨论 2020 年区块链生态系统面临的主要应用和重大政策问题，包括资产标记化、央行数字货币和自主权身份等；

（2）审查最新出台的政策，通过经合组织最近的工作，分享世界各地的最佳经验和做法；

（3）展望区块链行业的新趋势，听取利益相关者、专家的意见。

面对突如其来的新冠疫情，Everledger 首席执行官 Lean Kemp 指出，疫情对全球价值链造成了破坏，也改变了传统情境下的决策背景。受疫情影响，许多公司都要克服危机，因而买家、卖家甚至竞争对手间的分界线现在已经开始变得模糊，公司间对透明度和信任的需求会持续增长。区块链可以提供良好的技术支撑，有效解决全球贸易的痛点。火币中国 CEO 袁煜明进一步解释称，“分布式账本可在不同参与方之间共享数据，有效减少信息不对称。共识机制及数字签名，可以保证信息真实可信、不可篡改及可追溯”。由此，可以建立一个透明、可信、共享的环境，从而降低整体成本。如果资产可以映射在链上，公司则可以快速回笼资金，缩短资金流转周期等。

面对复杂的国际环境以及各个国家不同的实际国情，如何科学制定合理有效的区块链政策来推动经济增长已经成为各国急需要解决的问题。

二、世界各国区块链金融的相关政策

（一）英国的区块链金融政策

2016 年，英国政府发布《分布式账本技术：超越区块链》白皮书，肯定了区块链的价值。

2018 年，英国财政部、英国金融行为监管局（FCA）和英格兰银行共同组建“加密资产专项工作组”。同年 10 月，英国政府发布了一系列关于区块链行业的监管措施。

2019 年，FCA 发布了一份名为《加密货币资产指南》的文件。文件指出，根据《国家监管活动令》（RAO）或《金融市场工具指令Ⅱ》中市场监管的“金融工具”规定，加密货币资产可被视为“特定投资”。

（二）瑞士的区块链金融政策

瑞士金融市场监督管理局（FINMA）在 2017 年 9 月发布《ICO 指南》（FINMA Guidance 04/2017, *Regulatory Treatment of ICO*），认可分布式账本和区块链的创新潜力。

2018 年 2 月，FINMA 再次发布《ICO 监管指南》，对早先发布的《ICO 指南》进行补充。

位于瑞士北部的楚格有着“加密谷”的美誉。截至 2021 年，“加密谷”拥有 Ethereum、Cardano、Solana 等 11 家估值超过 10 亿美元的独角兽公司。2021 年 9 月，FINMA 批准了该国首支主要投资于加密资产的基金；同月，瑞士证券交易所旗下的数字交易所获得牌照，意味着其能够提供区块链证券交易和存托服务。

（三）美国的区块链金融政策

美国是参与区块链政策制定较早的国家。

2013 年，美国参议院、国土安全及政府事务委员会召开有关比特币的听证会，首次公开承认了比特币的合法性。

2014 年，美国国家税务局（IRS）将比特币看作一种财产而不是货币。同年，《纽约金融服务法律法规》开始实施对比特币的监管。

2015 年，纽约金融服务部门（NYDFS）发布密码货币公司监管框架 BitLicence。同年，美国商品期货交易委员会（CFTC）把比特币和其他密码货币合理定义为大宗商品，从此受到 CFTC 的监管。

2016 年，美国货币监理署（OCC）发布其“责任创新框架”，旨在监管那些正在研究区块链和其他金融技术的创业公司。

2017 年，美国国会宣布成立国会区块链决策委员会；同年，特朗普政府行政部门呼吁发展区块链在公共部门中的应用。

2018 年，美国证券交易委员会（SEC）发布《关于数字资产证券发行与交易的声明》，并强调 SEC 支持有利于投资者和资本市场发展的技术创新，但必须遵守联邦法律框架，在监管合规的前提下有序进行，同时鼓励区块链新兴技术的创业者聘用法律顾问，必要时可寻求 SEC 的协助。

2019 年，Libra 横空出世，美国国会对加密货币的听证会越来越频繁。但对于区块链技术的态度从最开始的敌视，到逐渐合法化，然后进入操作层面的严格监管以及技术应用上的积极支持。

2020 年 10 月，美国政府公布了“国家关键技术和新兴技术战略”，将区块链纳入管制技术以保护国家基础设施的安全。此外，目前美国绝大多数州政府已明确对区块链技术的监管立场，很多州政府已制定或颁布区块链领域相关法律。

（四）俄罗斯的区块链金融政策

2014 年 2 月，俄罗斯政府一度禁止了比特币在国内的活动。

2017 年 6 月，俄罗斯议会成立了区块链专家组议会，政策开始变得开放。

2017 年 7 月，“俄罗斯联邦数字经济国家计划”正式签署，俄罗斯联邦各大区获准自主发展数字化经济项目，力争在数字经济各方面实现长足发展。

2018 年 4 月，俄罗斯通讯部宣布《ICO 发行指南》。

2018 年 5 月，俄罗斯联邦信息技术和通信部宣布计划于 2019 年实现区块链合法化。

2018 年 8 月，俄罗斯总统普京批准了关于在 Primorski Krai 地区、Oktyabrsky 岛，以及 Russky 岛建立“经济特区”的政策，并于 9 月提出将这些地区发展成“数字发展中心”。

俄罗斯计划在 2019 年颁布《实施去中心化登记和合法证书中技术应用管理的监管法案》，以明确对区块链技术的监管。

2020 年 7 月，俄罗斯签署了一份监管数字资产和加密货币的数字金融资产法案，赋予加密货币作为资产的合法地位，并将使得数字资产交易合法化，但将禁止该国使用加密货币作为支付手段。该法案还包含说明俄罗斯的公司可以通过区块链发行数字证券。该法律定于 2021 年 1 月生效。

（五）日本的区块链金融政策

日本是全球为数不多的为数字资产提供法律保障的国家之一。

2016 年，日本内阁通过投票将比特币和数字货币均视为数字等价货币。

2017 年，日本实施了《支付服务法案》，正式承认比特币是一种合法的支付方式，对于数字资产交易所提出了明确的监管要求。同年，日本新版消费税正式生效，比特币交易不再需要缴纳 8%的消费税。

2018 年，日本金融厅（FSA）指出将对虚拟货币进行严格注册审查和监控。同年，FSA 表示代币发行监管法规修改后将对 ICO 的投资上限实行限额。

2019 年 9 月，日本金融厅下属的数字货币交易所行业协会颁布了《新币发售相关规则》及配套的《关于新币发售相关规则的指导方针》，进一步加强了数字货币的监管规范。

2021 年，区块链继续深入发展，并在多个领域展开应用，而日本在区块链应用方面走在了世界的前沿。日本对于区块链的应用包括房地产登记、身份登记、银行间清算、比特币保险、供应链金融以及消费支付。在政策方面，日本通过了《支付服务法》（PSA），承认加密货币为合法财产，同时将加密货币产生的交易收益视为杂项收入，并相应地向投资者征税。

（六）韩国的区块链金融政策

韩国的区块链金融政策主要体现在对虚拟货币的态度上，政策变动比较大。

2016 年 2 月，韩国央行在报告中提出鼓励探索区块链技术。

2017 年 7 月，韩国政府将比特币汇款方式合法化，允许金融科技公司为用户处理价值高达 2 万美元等值韩元的比特币。

韩国是全球区块链社区的重要组成部分，虚拟货币近年来在韩国十分流行，韩国的炒币“狂潮”在 2017 年一度达到顶峰。2017 年 9 月，韩国金融服务委员会（FSC）禁止国内公司参与 ICO。FSC 表示，代币发行融资模式违反资本市场法，并对参与 ICO 的人员实施严厉处罚。

2018 年，韩国政府将区块链作为税收减免对象，鼓励企业入局区块链领域，但 ICO 仍要面临较为严苛的监管。

2019 年，韩国科学和信息通信技术部表明，韩国政府将在 2020 年对区块链项目投资 约 1280 万美元。

2021 年 3 月，韩国出台的《特定金融信息法》正式施行，规定加密货币交易所必须取得银行实名账户并获得 ISMS 认证，积极履行反洗钱义务。

（七）世界其他国家的区块链金融政策

委内瑞拉支持数字货币以及 ICO。2017 年委内瑞拉发行了石油币，这是委内瑞拉官方发行的数字加密货币。每个石油币都由委内瑞拉的 1 桶原油作为实物抵押。

新加坡承认数字货币的合法性，同时进行积极监管，允许在符合监管的条件下进行数字货币交易和 ICO。新加坡在技术创新方面也投入大量资金，政府于 2020 年 12 月拨款 1 200 万美元以促进区块链的创新和商业用途的采用。

德国是世界上首个承认比特币合法的国家。

印度的央行于 2017 年发布了一份全面的区块链白皮书，认为区块链应用于印度数字货币的时机已经成熟。2017 年 6 月，印度政府委员会宣布支持监管比特币成立专门的任务组，创建监管框架计划短期内全面完成比特币的合法化。

津巴布韦储备银行（RBZ）已经开始研究区块链技术，以便之后采用该技术并将之整合到银行的业务流程中。

2018 年 7 月 4 日，马耳他议会已经通过三项法案，建立区块链技术监管框架。法案包括《马耳他数字创新管理局法案》《创新技术安排和服务法案》以及《虚拟金融资产法案》。马耳他通过三项区块链法案，或将成为第一个围绕区块链技术立法的国家。

澳大利亚政府在 2020 年 2 月发布了长达 52 页的区块链产业路线图，强调了区块链技术的潜力，并提出了设计特定行业监管框架的方法。

萨尔瓦多的比特币法案于 2021 年 9 月 7 日正式生效，萨尔瓦多成为首个采用比特币作为法定货币的国家。

第三节　全球区块链金融的监管现状

一、全球区块链金融监管概述

区块链以及以数字货币为代表的区块链金融自诞生以来面临的就是全球市场。数字资产的种种特性，无论是属性多样、融合创新，还是科技驱动、自由开放，均对金融监管提出了全新的命题和挑战。区块链和数字货币面临的是互联网、金融网、资本网三网全球流动的市场。区块链带来了金融全球化，这意味着区块链金融监管必将成为一个全球性课题。

总的来看，世界各国对于区块链金融的监管态度有相当大的差异。根据全球各国（地区）对数字资产流通的态度、交易平台监管方式、数字资产交易等因素，可以将各国（地区）区块链监管态度分为积极探索、谨慎态度、保守观望三个类别，统计结果如表 11－3、图 11－1 所示。

表 11－3　全球各国（地区）对于区块链金融的监管态度

态度	数量	国家
积极探索	13	日本　新加坡　泰国　捷克　德国　挪威　斯洛文尼亚　瑞典　加拿大　澳大利亚　委内瑞拉　塞舌尔　马耳他
谨慎态度	32	美国　英国　韩国　中国香港　印度　印度尼西亚　伊拉克　马来西亚　菲律宾　丹麦　芬兰　法国　希腊　匈牙利　爱尔兰　意大利　荷兰　波兰　葡萄牙　俄罗斯　西班牙　土耳其　乌克兰　墨西哥　新西兰　阿根廷　巴西　智利　中国台湾　厄瓜多尔　南非　越南
保守观望	5	孟加拉国　中国　伊朗　巴基斯坦　玻利维亚

积极探索的监管态度表现为对数字货币交易持许可态度并要求强制注册制，发放牌照，获得牌照的公司自由度较大；对于首次代币发行持许可态度且监管制度较为宽松；

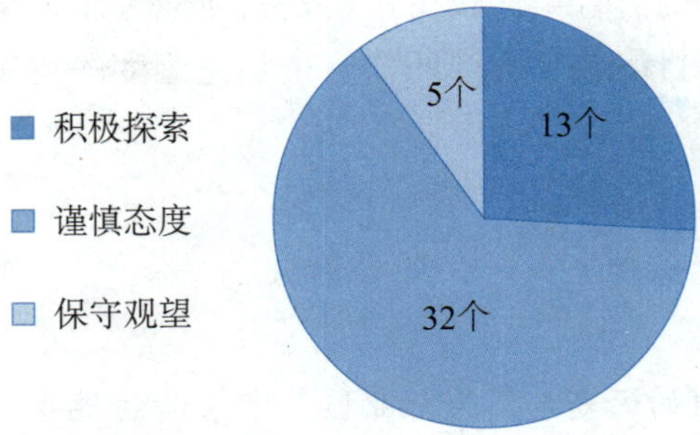

图 11－1　全球各国（地区）对于区块链金融的监管态度

其监管体制基于区块链领域的特性颁布相关法案，或在原有法案的基础之上修改，也可能借鉴项目分类方式，但是分类标准比较宽松。

谨慎的监管态度表现为对数字货币交易的许可态度且需强制注册，并仅以试点为主，例如沙盒机制；同时，发放牌照，公司获得牌照后仍会受到严格的监管；对于首次代币发行持许可态度，但监管制度严格，可能对项目进行性质分类区别对待；其监管体制的目标是尽量将对区块链的监管融入现有金融监管体系之下，对于符合监管要求的项目严格要求，对于不用监管的项目态度比较宽松。

保守的监管态度表现为对数字货币交易、ICO 发放均持不允许态度；在监管体制方面以指导意见为主，对于运用区块链技术的方式比较谨慎，特别是将数字货币交易、融资予以禁止。

二、世界各国区块链金融监管概况

美国对区块链金融监管持谨慎态度。美国承认区块链技术的合法性。对于 ICO、交易和税收，通过豪威测试（Howey Test）将其分为证券类以及非证券类。证券类资产直接适用美国证券法，便于监管，解决了大部分的监管难题。非证券类资产也有多个监管机构协同合作对可能存在风险的领域进行规范，这是横向扩展的监管。在纵向方面，从联邦政府到各个州也有相应的区块链立法，根据各州的具体情况对细分领域进一步加深限制，确保社会稳定和金融安全。总体而言，美国对于区块链的监管和合规机制已经比较健全。

韩国对区块链金融监管持谨慎态度。韩国目前是以监管传统银行的方式监管数字资产交易平台，对于数字资产流通的监管自 2018 年后已经逐渐放宽。同时，由于韩国独特的经济体制（大企业掌握经济命脉），大多数合规区块链项目的背后都有大企业的支持。

日本对区块链金融监管持积极态度。日本在区块链监管领域走在世界的前列，总体上而言是比较支持区块链各种落地应用发展的。但同时日本也规定了商业化用途的区块链场景必须强制登记，受国家监管机构管辖。

新加坡对于区块链的监管是比较宽松的，持积极探索的态度。因为新加坡政府倾向于将数字资产视为货物而不是货币，对 ICO、数字资产交易所偏向于柔性监管，提供了豁免资格、服务牌照及沙盒模式等一系列有利于区块链技术发展的措施。

目前中国对数字资产的监管条例较少，相较其他地区还是比较保守的；但是对区块链技术是非常看重的，从目前数字资产的监管条例完善度的角度去划分，暂且把中国列为保守观望一类。

本章小结

1. 区块链在金融领域的逐渐应用为行业监管带来新的挑战，随着金融服务的深入和融合，传统的分业监管模式易引发金融监管缺失的风险。

2. 我国高度重视并在金融领域积极布局区块链，先后出台了一系列政策、法规，以促进区块链金融的健康发展。

3. 对推进区块链技术的监管科技应用，可以有以下操作：加强全球范围内的监管科技合作；根据业务场景制定一个更为详细的路线图；由央行牵头成立专门的机构进行区块链监管研究；与外部区块链技术供应商进行紧密合作；探索嵌入式监管；启动内嵌式监管的沙盒试验。

4. 全球各国对区块链监管态度分为积极探索、谨慎态度、保守观望三个类别。其中，美国对区块链金融监管持谨慎态度，韩国对区块链金融监管持谨慎态度，日本对区块链金融监管持积极态度，新加坡对区块链金融监管持积极探索态度，中国对区块链金融监管持保守观望态度。

课后习题

一、单选题

1. 2013 年 12 月，中国人民银行、工信部、银监会、证监会和保监会等五部委发布了（　　），明确比特币是一种特定的虚拟商品，不能且不应作为货币在市场上流通使用，提出各金融机构和支付机构不得开展与比特币相关的业务。

A.《关于防范比特币风险的通知》

B.《关于防范代币发行融资风险的公告》

C.《关于开展为非法虚拟货币交易提供支付服务自查整改工作的通知》

D.《关于防范以“虚拟货币”“区块链”名义进行非法集资的风险提示》

2. 我国央行的监管科技仍然处于（　　）阶段。

A. 空白　　B. 起步

C. 成熟　　D. 衰退

3. 在（　　），加密货币资产可被视为“特定投资”。

A. 美国　　B. 英国

C. 法国　　D. 奥地利

4. 世界上首个承认比特币合法的国家是（　　）。

A. 德国　　B. 日本

C. 瑞士　　D. 美国

5. 委内瑞拉发行的数字货币叫（　　）。

A. 石油币　　B. 原油币

C. 汽油币　　D. 能源币

二、多选题

1. 区块链技术给现有的监管模式带来了新的工具，监管机构可作为区块链联盟方参与建设，使得监管变成了（　　）。

A. 层层监管　　B. 单一监管

C. 共同监管　　D. 穿透式监管

2. 全球各国对区块链监管态度分为（　　）。

A. 积极探索　　B. 谨慎态度

C. 保守观望　　D. 严格禁止

3. 下列关于美国区块链金融监管政策说法正确的有（　　）。

A. 2013 年，美国首次公开承认了比特币的合法性

B. 2017 年，美国国会宣布成立国会区块链决策委员会

C. 2014 年，美国开始实施对比特币的监管

D. 2020 年，美国开始收紧区块链金融监管政策

4. 区块链金融监管政策友好的国家有（　　）。

A. 瑞士　　B. 马耳他

C. 新加坡　　D. 澳大利亚

5. 由各国央行牵头成立的专门进行区块链金融监管的机构有（　　）。

A. 新加坡金融管理局（MAS）成立的监管科技办公室

B. 荷兰银行（DNB）成立的数据科学中心

C. 澳大利亚证券投资委员会（ASIC）成立的负责数据战略的首席数据办公室

D. 英国金融行为管理局（FCA）成立的监管科技和高级分析团队

三、简答题

1. 你对于推进区块链技术的监管科技应用有哪些建议？

2. 通过互联网搜索工具查阅沙盒监管的介绍以及已运用的案例。

参考文献

1. 吴志峰．区块链与数字货币发行［J］．国际金融，2016（9）：20-23.
2. 姚前．中国版数字货币设计考量［J］．中国金融，2016（12）：26-27.
3. 王晟．区块链式法定货币体系研究［J］．经济学家，2016（9）：7-85.
4. 刘向民．央行发行数字货币的法律问题［J］．中国金融，2016（17）：17-19.
5. 王永红．数字货币技术实现框架中门［J］．中国金融，2016（17）：15-17.